크로스 플랫폼 데스크톱 애플리케이션

일렉트론과 NW.js를 사용한

크로스 플랫폼 데스크톱 애플리케이션

초판 1쇄 2018년 03월 02일

지은이 폴 젠슨
옮긴이 윤인성
발행인 최홍석

발행처 (주)프리렉
출판신고 2000년 3월 7일   제 13-634호
주소 경기도 부천시 길주로 77번길 19 세진프라자 201호
전화 032-326-7282(代)   **팩스** 032-326-5866
URL www.freelec.co.kr

편 집 이강인
디자인 김혜정

ISBN 978-89-6540-209-1

CROSS PLATFORM

DESKTOP APPLICATIONS

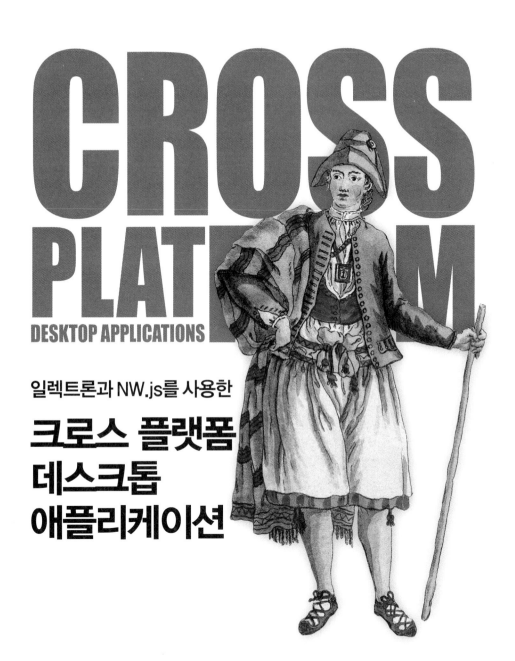

일렉트론과 NW.js를 사용한

크로스 플랫폼
데스크톱
애플리케이션

프리렉

목차

일렉트론 프레임워크는 Node.js가 인기를 얻게 되었던 2013년에 만들어졌습니다. Node.js 커뮤니티는 자바스크립트를 사용해 클라이언트와 서버 모두에서 동작하는 애플리케이션을 만들 수 있다는 것에 감탄하며, 데스크톱 애플리케이션을 자바스크립트로 만들기 위한 다양한 시도를 했습니다.

저도 자바스크립트의 그러한 변화에 굉장히 감탄했습니다. 또한 저는 GUI 프로그래밍을 굉장히 좋아합니다. 그래서 유명한 GUI 툴킷들을 자바스크립트와 바인딩하기 위해 여러 모듈을 만들어보았지만, 기존의 툴킷보다 좋지도 않았고, 주목도 받지 못했습니다.

그러다가 node-webkit라는 재미있는 Node.js 모듈을 발견했습니다. node-webkit는 Node.js를 Webkit 브라우저에 넣어 만든 모듈이었습니다. 이 모듈을 보면서 Chromium으로 웹 페이지를 출력하고, Node.js로 이를 컨트롤하면 완벽한 데스크톱 애플리케이션 프레임워크를 만들 수 있을 것이라는 발상이 떠올랐습니다.

그때 당시에는 node-webkit 개발이 거의 진행되지 않은 상태였습니다. 그래서 해당 모듈 개발에 참여했고, 완벽한 수준의 데스크톱 애플리케이션 프레임워크로 발전시켰습니다. 초기 개발이 어느 정도 완료되었을 때 node-webkit는 크로스 플랫폼 애플리케이션을 완벽하게 만들 수 있는 프레임워크로 성장했습니다.

그동안 GitHub는 비밀리에 웹 기술 기반의 Atom 에디터를 개발했습니다. 그리고 Atom의 웹 런타임(실행 시간)을 너 나은 노구로 교제하는 과성을 진행했습니다. 조기에 GitHub는 Atom을 node-webkit로 마이그레이션 하려고 했지만, 굉장히 다양한 문제에 직면했습니다. 결국 GitHub 개발자들은 저에게 면담을 요청했고, Atom 에디터를 위해 웹 브라우저 기술과 Node.js를 사용해 새로운 데스크톱 프레임워크를 함께 만들어 나가기로 했습니다.

이 새로운 프레임워크의 첫 이름은 atom-shell이었습니다. 그리고 1년 후 오픈 소스로 공개할 때 일렉트론(Electron)이라는 이름을 붙이게 되었습니다. 일렉트론은 node-webkit와 굉장히 다른 구성으로 개발했으며, 훨씬 크고 복잡한 애플리케이션을 만들 수 있게 설계했습니다(현재 node-webkit는 다른 개발자들에 의해 활발하게 개발되고 있습니다. 현재 이름은 NW.js이며 굉장히 널리 사용되고 있는 데스크톱 애플리케이션 프레임워크입니다).

일렉트론은 기존에 복잡했던 크로스 플랫폼 데스크톱 애플리케이션을 쉽고 빠르게 개발할 수 있게 해주며, 많은 개발자의 관심을 끌었고, 빠른 속도로 발전하기 시작했습니다. 현재는 작은 스타트업부터 거대한 기업까지 일렉트론 기반의 제품을 배포하고 있습니다.

그런데 일렉트론과 NW.js를 사용해서 데스크톱 애플리케이션을 개발하려면, 여러 가지 개념들을 알고 있어야 합니다. 데스크톱 애플리케이션 개발은 프런트엔드 프로그래밍과 다르게 접근해야 합니다. 그리고 이 접근 방법은 초보 개발자들에게 굉장히 어렵게 느껴질 수 있습니다. 아마 그런 분들에게 이 책이 도움이 될 것으로 생각합니다.

이 책은 자바스크립트로 데스크톱 애플리케이션을 개발하는 방법부터 배포하는 방법까지 굉장히 통합적인 내용을 다룹니다. 일렉트론과 NW.js에서 제공하는 API를 소개하는 것은 물론이고, 디버깅과 프로파일링, 다양한 플랫폼에 맞게 애플리케이션을 조정하는 방법 등도 다룹니다.

데스크톱 애플리케이션을 개발하고 싶은 모든 사람에게 이 책을 추천합니다. 이 책을 읽으면 자바스크립트와 웹 기술을 기반으로 데스크톱 애플리케이션을 얼마나 쉽게 만들 수 있는지 놀라게 될 것입니다.

쳉 자오(CHENG ZHAO): 일렉트론 프레임워크 창시자 몇 년 전 저는 Axisto Media라는 회사에서 일을 했습니다. 그리고 건강과 관련된 콘퍼런스를 위해 비디오, 세션 정보, 포스터 등이 포함된 데스크톱 애플리케이션을 제작하게 되었습니다. 이때 Adobe AIR를 사용해 애플리케이션을 개발했는데요. 개발이 그렇게 쉽지는 않았습니다. 또한 고객들은 애플리케이션을 사용하기 위해서는 추가적인 플러그인 설치가 필요했습니다. 그래서 더 좋은 방법이 있으면 좋겠다고 생각했고, 더 좋은 방법을 찾게 되었습니다.

2013년 후반에 NW.js(그때 당시에는 node-webkit라는 이름을 가지고 있었습니다)를 알게 되었습니다. 그리고 NW.js로 개발하면, Adobe Flash Player 등의 추가적인 설치 없이, 고객이 애플리케이션을 사용할 수 있게 된다는 것을 알게 되었습니다. 그냥 애플리케이션을 더블 클릭해서 실행하게 만들 수 있는 것은 물론이고, 리눅스까지 지원할 수 있으며, 우리가 회사에서 기존에 사용하고 있던 Node.js를 활용할 수도 있었습니다.

어느 날 기존의 애플리케이션을 새로 만들 기회가 생겼습니다. 우리는 NW.js를 사용해 애플리케이션을 만들었습니다. 콘퍼런스 웹 사이트에서 제공하는 웹 애플리케이션의 HTML, CSS, 자바스크립트 코드를 그대로 사용할 수 있어서 굉장히 쉽게 애플리케이션을 만들어낼 수 있었습니다. 굉장한 성과였습니다.

이후 2014년 6월에 런던에서 열린 Node.js 콘퍼런스에서 프레임워크 사용과 관련된 내용을 프레젠테이션 했습니다. 그리고 이때 사용했던 프레젠테이션 슬라이드를 온라인에 올렸습니다. 몇 개월 뒤에 SlideShare에서 누적 조회 수 20,000을 기록했습니다.

2014년 12월에 Manning 출판사의 Erin Twohey로부터 node-webkit와 관련된 책을 써보지 않겠냐는 메일을 받았습니다. 놓치기에는 너무 아까운 기회였으므로, 기회를 잡아 책을 쓰기 시작했습니다.

그동안 매우 많은 일이 일어났습니다. Node.js 커뮤니티에서는 IO.js라는 프로젝트가 포크 되어 굉장히 빠른 속도로 기능을 추가하기 시작했습니다. 그리고 이후에 다시 IO.js가 Node.js에 머지되었습니다. 또한 node-webkit 프레임워크는 IO.js와 Blink(Webkit가 아니라)를 사용하게 바뀌었으며, 이로 인해 node-webkit라는 이름을 버리고 NW.js라는 이름을 사용하게 되었습니다. 그리고 책을 거의 완성하는 동안 일렉트론이라는 Node.js 데스크톱 애플리케이션 프레임워크가 있다는 것을 알게 되었습니다. 일렉트론을 살펴보니 NW.js와 굉장히 비슷했고, NW.js 개발에 참여했던 사람이 만들었다는 것도 알게 되었습니다. 그래서 책에 일렉트론과 관련된 내용을 추가하게 되었습니다.

두 개의 Node.js 데스크톱 애플리케이션 프레임워크를 다루는 일은 굉장한 도전이었습니다. 하지만 이렇게 출간하게 되었습니다. 이 책은 NW.js와 일렉트론을 사용한 데스크톱 애플리케이션 개발의 핵심을 다룹니다. 물론 프레임워크의 모든 기능을 다루지는 못하지만, 여러분이 다양한 기능을 활용할 수 있는 수준은 충분히 다루며, 어떤 프레임워크를 사용해 애플리케이션을 개발하면 좋을지 선택할 수 있게 만들어줄 것입니다.

NW.js와 일렉트론은 어떠한 데스크톱 애플리케이션 프레임워크보다 쉽게 데스크톱 애플리케이션을 개발할 수 있게 해줍니다. 이 책을 읽고 즐기면 좋겠습니다. 추가로 프레임워크와 관련된 질문이 있고, 저에게 문의를 보내고 싶다면 paulbjensen@gmail.com으로 메일을 보내주세요. 또한 트위터에서 @paulbjensen을 검색하면, 저를 찾을 수 있을 것입니다.

폴 젠슨(Paul Jensen)

책을 집필하는 과정은 굉장히 어려운 프로젝트라고 할 수 있습니다. 굉장한 시간, 에너지, 노력 등이 필요한 일입니다. 또한 꽤 많은 사람의 지원이 필요합니다. 그러다 보니 매우 많은 사람에게 감사의 말을 전해야 할 것 같습니다.

집필을 시작할 수 있게 해 준 Manning 출판사의 Erin Twohey, Ana Romac, Candace Gillhoolley, Rebecca Rinehart, Aleksandar Dragosavljevic′, ToniBowers, Mehmed Pasic, Karen Gulliver, Katie Tennant, Janet Vail, and Lynn Beighley에게 감사의 말씀을 드립니다. 책을 만들 때는 정말 많은 일을 합니다. 이들은 모두 책을 만들었고, 책을 홍보해 주기까지 합니다. 또한 책을 리뷰해준 Angelo Costa, Daniel Baktiar, Darko Bozhinovski, Deepak Karanth, Fernando Monteiro Kobayashi, Jeff Smith, Matt Borack, Nicolas Boulet-Lavoie, Olivier Ducatteeuw, Patrick Regan, Patrick Rein, Robert Walsh, Rocio Chongtay, Stephen Byrne, Toni Lähdekorpi, William Wheeler, Yogesh Poojari, and Marcelo Pires와 책의 그림을 그려준 Natko Stipanicˇev에게 감사의 말을 전합니다.

특히 책을 집필할 기회를 준 Marjan Bace에게 감사의 말을 전합니다. Manning에서 책을 집필할 수 있게 된 것은 정말 큰 영광이었습니다. 저의 책장에는 이미 Manning의 책들이 굉장히 많이 있으며, 그러한 책들에 저의 책이 들어간다는 것은 정말 기쁜 일이라고 생각합니다. 책의 전체적인 흐름을 잡아주는 데 도움을 주신 Michael Stephens에게도 감사의 말을 전합니다. 다양한 자료 수집과 개인적인 사정으로 인해 마감이 꽤 늦었는데, 이를 이해해 주셔서 감사합니다.

저의 편집자였던 Cynthia Kane에게도 감사의 말을 전합니다. 제가 처음 집필한 책이다 보니, 책을 편집하는 과정이 굉장히 고통스럽고 힘들었을 것으로 생각합니다. 제가 런던, 암스테르담, 이탈리아, 뉴욕, 암스테르담, 마지막으로 다시 런던으로 이동하면서 글을 쓰는 동안, 글과 관련된 150개가 넘는 메일을 보내주었습니다. 2016년 동안 Cynthia는 매우 많은 지원을 해주었습니다. 정말 영원히 잊지 못할 도움을 주셔서 감사합니다.

NW.js와 일렉트론을 개발한 Roger Wang과 Cheng Zhao에게도 감사의 말을 전하고 싶습니다. 그들이 없었다면, 이 책은 아예 나오지도 못했을 것입니다.

런던의 Starcount(영국의 시장 조사 업체)에서 일하고 있는 Edwina Dunn과 Clive Humby에게도 감사의 말을 전합니다. 그들이 저를 지원해 주었던 모든 것에 감사의 말을 전합니다.

Purple Seven의 Stuart Nicolle에게도 감사의 말을 전합니다. Stuart는 저에게 예술 분석 세계가 무엇인지와 그 가능성에 대해서 알려주었습니다.

우리 가족에게도 감사의 말을 전합니다. 저의 어머니 Jette, 저의 누나 Maria와 그의 남편 Mark, 저의 아이들인 Gran Lis, Brenda, Jim 모두 제가 저의 길을 찾을 수 있게 도와주었습니다.

특히 Fiona에게 감사하고 싶습니다. 이 책을 집필하는 동안 정말 많은 것들을 참아주었습니다. 이 책의 완성은 그녀의 지지와 사랑에 대한 증거라고 생각합니다.

마지막으로 저의 아버지 Willy에게 감사의 말을 하고 싶습니다. 그는 하드웨어/소프트웨어 엔지니어이며, 굉장히 똑똑하고 고집 있는 분이었습니다. 비록 서로 눈을 마주할 수는 없지만, 그가 저의 아버지였다는 것에 감사합니다.

최근 수많은 애플리케이션이 웹 기술을 기반으로 만들어지고 있습니다. 마이크로소프트의 Visual Studio Code, GitHub과 페이스북의 Atom IDE 등의 개발 환경도 웹 기술을 기반으로 만들어지고 있다는 것은 매우 큰 변화라고 할 수 있습니다.

큰 규모의 기업들이 일렉트론으로 애플리케이션을 만들어서 많은 개발자가 일렉트론에 대해 알고 있지만, NW.js는 국내에 거의 알려지지 않았습니다. NW.js는 크롬북에 들어가는 애플리케이션을 만들 때 활용할 수 있는데요. 국내에서 크롬북이 거의 팔리지 않았으므로, NW.js가 알려질 기회 자체가 거의 없었던 것 같습니다.

NW.js와 일렉트론은 모두 데스크톱 애플리케이션을 개발할 때 사용할 수 있는 프레임워크이며, 비슷하면서도 약간 다른 차이를 가지고 있습니다. 그리고 이 책은 이러한 내용을 중심으로 다양한 예제를 만들며 설명합니다.

프리렉에서 두 권의 Node.js 데스크톱 애플리케이션 프레임워크 관련 책을 연속으로 번역했는데요. 이번 책은 두 개의 프레임워크를 다루며, 코드가 길어서 인터넷에서 코드를 참고해야 합니다. 또한 코드를 스스로 분석해야 하는 부분이 꽤 많습니다. 따라서 웹 개발 경험이 없거나, Node.js 데스크톱 애플리케이션 프레임워크를 완전히 처음 공부한다면, 조금 어렵게 느껴질 수 있습니다. 그러한 경우에는 조금 더 쉽고 프레임워크를 하나만 다루는 《Electron 애플리케이션 개발(프리렉, 2017)》을 먼저 접할 것을 추천합니다.

《Electron 애플리케이션 개발(프리렉, 2017)》은 굉장히 쉬운 내용이고, 이 책은 NW.js와 일렉트론의 내부 구조까지 설명하는 조금 복잡하고 난도가 있는 책이라고 생각하면 될 것 같습니다.

어쨌거나 국내에서도 웹 기술 기반의 데스크톱 애플리케이션이 많이 출시되면 좋겠습니다.

윤인성

NW.js와 일렉트론은 Node.js를 기반으로 만들어진 데스크톱 애플리케이션 프레임워크입니다. NW.js와 일렉트론을 사용하면 HTML, CSS, 자바스크립트를 사용해 크로스 플랫폼 데스크톱 애플리케이션을 만들 수 있습니다. 이를 사용하며 웹 디자이너와 웹 개발자들이 기존에 사용하던 기술을 활용해, 웹 애플리케이션을 만들던 것과 같은 방법으로 데스크톱 애플리케이션을 만들 수 있습니다. NW.js와 일렉트론은 같은 코드를 사용해 macOS, 윈도우, 리눅스를 모두 지원하는 데스크톱 애플리케이션을 만들 수 있게 해줍니다. 따라서 데스크톱 애플리케이션을 개발하는 시간과 노력을 절약할 수 있게 해줍니다.

NW.js와 일렉트론은 역사를 공유하므로, 애플리케이션을 개발할 때 굉장히 비슷한 부분이 많습니다. 이 책은 프레임워크를 차근차근 살펴보는데요. 내용을 진행하면서 비슷한 점과 다른 점을 발견해 나아갈 수 있을 것입니다. 이러한 공통점과 차이점을 알면 실제 개발을 할 때 어떤 프레임워크를 선택해야 하는지 고려할 수 있게 될 것입니다. 또한 이 책에서는 굉장히 넓은 범위의 애플리케이션 개발 관련 내용을 다룹니다. 따라서 애플리케이션을 개발하고 싶지만, 어떻게 개발해야 하는지 모르는 사람들에게 충분한 정보를 제공하며, 애플리케이션 개발과 관련된 열정과 관심을 끌어 오르게 만들 수 있을 것입니다.

이 책을 보며 재미있어하면 좋겠고, 이 책의 내용을 활용해 다양한 것들을 만들어 낼 수 있게 되면 좋겠습니다.

대상 독자

HTML, CSS, 자바스크립트와 관련된 경험이 있는 사람이라면, 누구나 이 책을 읽을 수 있습니다. Node.js와 관련된 경험이 있으면 좋겠지만, 따로 필요하지는 않습니다. 만약 HTML, CSS, 자바스크립트와 관련된 내용을 모른다면 책을 읽기 전에 따로 공부하기 바랍니다.

책의 구성

이 책은 모두 4개의 파트와 18개의 장으로 구성되어 있습니다.

파트 1(1장~4장)에서는 프레임워크와 관련된 소개를 합니다.

- 1장에서는 NW.js와 일렉트론을 소개합니다. NW.js와 일렉트론이 대체 무엇이고, 어쩌다가 세상에 나오게 되었는지, 그리고 이러한 프레임워크로 어떻게 Hello World 애플리케이션을 만들 수 있는지, 마지막으로 어떤 애플리케이션들이 이러한 프레임워크로 만들어졌는지 살펴봅니다.
- 2장부터는 파일 탐색기를 만들어보면서, 두 개의 애플리케이션 프레임워크를 직접 비교해 봅니다.
- 3장에서는 계속해서 파일 탐색기의 기능을 구현해 봅니다.
- 4장에서는 파트 1을 통해 만든 애플리케이션을 여러 운영체제에 배포하는 방법에 대해서 알아봅니다.

파트 1이 끝날 때 두 프레임워크를 사용해 만든 애플리케이션을 어떻게 만드는지 이해할 수 있을 것입니다.

파트 2(5장~6장)에서는 기술적인 관점에서 NW.js와 일렉트론의 내부 구조를 살펴봅니다.

- 5장에서는 NW.js와 일렉트론의 기반이 되는 프로그래밍 프레임워크인 Node.js에 대해서 살펴봅니다. Node.js가 어떻게 동작하는지 살펴보고, 비동기 프로그래밍이 동기 프로그래밍과 어떻게 다른지 알아봅니다. 또한 Node.js의 특징이라고 할 수 있는 콜백, 스트림, 이벤트, 모듈에 대해서도 알아봅니다.
- 6장에서는 NW.js와 일렉트론이 어떻게 Chromium과 결합하는지에 대해서 알아보고, 두 프레임워크가 백엔드와 프런트엔드의 상태를 어떻게 다루는지에 대해 알아봅니다.
- NW.js와 일렉트론 프레임워크가 어떻게 작동하는지 명확하게 확인하고, 프레임워크를 처음 사용하는 사람들을 위해 Node.js와 관련된 설명을 추가로 합니다.

파트 3(7장~15장)에서는 NW.js와 일렉트론이 제공하는 데스크톱 애플리케이션 관련 기능에 대해서 살펴보겠습니다.

- 7장에서는 애플리케이션의 화면 출력을 조정하는 방법에 대해서 알아봅니다. 화면 크기를 변경하는 방법, 전체 화면 모드를 만드는 방법, 키오스크 모드 등에 대해서 알아봅니다.
- 8장에서는 데스크톱의 트레이 영역에서 작동하는 트레이 애플리케이션을 만드는 방법에 대해서 알아봅니다.

- 9장에서는 애플리케이션 메뉴와 콘텍스트 메뉴를 만드는 방법에 대해서 알아봅니다.

- 10장에서는 파일을 드래그&드롭하는 방법에 대해서 알아봅니다. 또한 운영체제 고유의 느낌을 가지는 UI를 어떻게 구현하면 좋을지에 대해서 알아봅니다.

- 11장에서는 컴퓨터의 웹캠을 사용해 셀피 카메라를 구현하는 방법에 대해서 살펴보겠습니다.

- 12장에서는 애플리케이션의 데이터를 어떻게 저장하고, 저장한 데이터에 어떻게 접근할 수 있는지 알아보겠습니다.

- 13장에서는 NW.js와 일렉트론이 제공하는 클립보드 API를 활용해 운영체제의 클립보드에 접근하는 방법에 대해서 알아보겠습니다.

- 14장에서는 2D 게임을 만들어보면서, 키보드 단축키를 추가하는 방법에 대해서 알아봅니다. 또한 이 과정에서 운영체제의 전역 단축키를 사용하는 방법에 대해서도 알아보겠습니다.

- 15장에서는 트위터 클라이언트를 만들어보면서, 데스크톱 노티피케이션을 구현하는 방법에 대해서 알아봅니다.

이 파트에서는 NW.js와 일렉트론이 지원하는 다양한 기능들에 대해서 살펴봅니다. 내용을 모두 진행하면 프레임워크가 제공하는 다양한 기능들을 활용하는 방법, 어떠한 프레임워크를 사용해 개발해야 하는지 이해할 수 있게 될 것입니다.

이 책의 마지막 파트(16장~18장)에서는 애플리케이션 코드를 지원하는 내용을 살펴봅니다. 테스트를 작성하는 방법, 코드를 디버깅하는 방법, 실행 가능한 바이너리 파일을 만들어서 배포하는 방법 등을 알아봅니다.

- 16장에서는 데스크톱 애플리케이션을 테스트하는 방법에 대해 알아봅니다. 단위 테스트, 기능 테스트, 통합 테스트에 대해서 알아보고, Spectron을 사용해 일렉트론 애플리케이션의 통합 테스트를 자동화하는 방법에 대해서도 알아봅니다.

- 17장에서는 코드를 디버깅해서 버그를 찾거나, 성능 보틀넥을 찾는 방법에 대해서 알아봅니다. 또한 Devtron을 사용해 일렉트론 애플리케이션을 더 자세하게 디버깅하는 방법도 알아보겠습니다.

- 18장에서는 애플리케이션 개발이 종료되었다고 가정하고, 여러 운영체제에 대해 실행 가능한 바이너리 파일을 만드는 방법을 알아보겠습니다.

마지막 파트가 끝나면 애플리케이션을 테스트하고, 디버그하고, 문제를 찾고, 애플리케이션을 사용자들에게 배포하는 방법 등을 알 수 있게 될 것입니다.

소스 코드

책의 소스 코드는 GitHub 페이지(http://github.com/paulbjensen/cross-platform-desktop-applications)에서 확인할 수 있습니다.

이 책은 매우 많은 코드를 가지고 있습니다. 책에 표현된 코드는 쉽게 볼 수 있게, 추가적인 줄바꿈 등이 들어가 있습니다. 책에서는 주석을 모두 제거하고 별도로 설명하므로, 웹 사이트의 코드와 조금 다를 수 있다는 것을 주의해 주세요.

Part 01

Node.js로 시작하는
데스크톱 애플리케이션 개발

Node.js를 사용해서 데스크톱 애플리케이션을 만들 때는 NW.js와 일렉트론이라는 프레임워크를 많이 사용합니다. 이 책의 1장에서는 두 가지 프레임워크를 살펴보고, 다른 프레임워크와 비교하며 장점을 살펴본 뒤, NW.js와 일렉트론을 사용해 간단한 애플리케이션(Hello World)을 만들어보겠습니다. 그리고 마지막으로 어떤 애플리케이션들이 NW.js와 일렉트론으로 만들어졌는지 살펴보겠습니다.

2장에서는 파일 탐색기를 만들어보며 프레임워크들을 사용하는 방법에 대해서 알아보겠습니다. 애플리케이션의 골격을 만들고, 기능을 살처럼 붙이며 NW.js와 일렉트론과 관련된 다양한 접근 방법에 대해서 알아보겠습니다.

3장에서는 파일 탐색과 열기 등의 기능을 추가하며, 파일 탐색기 애플리케이션을 발전시켜 나가도록 하겠습니다. 4장에서는 macOS, 윈도우(Windows), 리눅스(Linux)를 대상으로 실행 가능한 애플리케이션을 완성하겠습니다. 파트 1이 끝나면 NW.js와 일렉트론을 다양하게 활용할 수 있게 될 것입니다.

일렉트론과 NW.js 개요

학습 목표

☑ 최근 Node.js 데스크톱 애플리케이션이 인기를 끄는 이유에 대해서 살펴봅니다

☑ NW.js와 일렉트론이라는 Node.js 데스크톱 애플리케이션을 간단하게 살펴봅니다

☑ 이러한 프레임워크를 사용해 애플리케이션을 빌드하는 방법을 간단하게 알아봅니다

☑ 두 가지 프레임워크를 비교해 봅니다

☑ NW.js와 일렉트론으로 만들어진 애플리케이션에 대해 알아봅니다

Node.js는 개발자가 자바스크립트로 서버 사이드 애플리케이션을 개발할 때 사용하는 프로그래밍 프레임워크입니다. 2009년에 만들어진 Node.js는 Express와 Hapi 등의 마이크로 웹 프레임워크, Meteor와 Sails 등의 실시간 웹 프레임워크 등으로 널리 알려져 있습니다. 또한 최근에는 페이스북의 React와 같은 UI 라이브러리를 지원하는 도구로도 사용되고 있습니다. 이러한 프레임워크, 라이브러리, 도구들 때문에 많은 사람이 Node.js는 웹을 위한 것이라고만 생각합니다.

Node.js를 사용하면 데스크톱 애플리케이션도 만들 수 있습니다. 그리고 오늘날의 업무에서 널리 활용되는 Slack, GitHub에서 제공하고 있는 Atom 텍스트 에디터, 영화를 볼 때 사용

하는 Popcorn Time 등이 Node.js로 만들어진 대표적인 애플리케이션입니다. 웹 개발과 관련된 경험만으로 데스크톱 애플리케이션을 만들 수 있다는 장점 때문에 데스크톱 애플리케이션을 Node.js로 만드는 일이 점점 일반적인 선택이 되고 있습니다. 참고로 마이크로소프트도 Visual Studio Code라는 텍스트 에디터를 Node.js로 개발해서 배포하고 있습니다.

일반적으로 Node.js 생태계에서 데스크톱 애플리케이션을 만들 때는 NW.js와 일렉트론이라는 프레임워크를 사용합니다. 두 가지 프레임워크 모두 굉장히 큰 기업들의 지원을 받고 있습니다(NW.js는 인텔과 Gnor Tech, 일렉트론은 GitHub의 지원을 받고 있습니다). 또한 두 가지 프레임워크 모두 굉장히 큰 커뮤니티를 형성하고 있는데요. 두 프레임워크는 데스크톱 애플리케이션을 만들 때 굉장히 비슷한 접근 방법을 사용합니다.

이 책은 NW.js와 일렉트론 두 가지를 모두 사용해 데스크톱 애플리케이션을 만드는 방법을 소개합니다. 책의 예제를 진행하면서 두 가지의 공통점을 보면, 너무 비슷해서 조금 신기하게 느낄지도 모르겠습니다. 이 이유는 거의 비슷한 역사를 공유하기 때문인데요. 자세한 이유는 이후에 살펴보도록 하겠습니다. 일단 지금은 왜 많은 사람이 Node.js로 데스크톱 애플리케이션을 개발하고 있는지에 대해 알아보겠습니다.

1-1 | Node.js로 데스크톱 애플리케이션을 개발하는 이유

이러한 질문에 대답하려면, 최근 몇 년 동안 소프트웨어 개발이 어떤 과정을 거쳐왔는지, 그리고 앞으로 어떤 방향으로 나아가고 있는지 알아야 합니다.

1. 데스크톱에서 웹으로, 그리고 웹에서 데스크톱으로

2000년대 초반, 대부분의 소프트웨어는 매장의 포장 상자 안에 담겨 있었습니다. 소프트웨어를 구매할 때는 시스템 요구 사항을 확인하고, 우리가 사용하는 운영체제를 확인해야 했습니다(일반적으로 우리나라는 대부분 윈도우를 사용해서 운영체제를 확인할 필요가 거의 없었지만요). 매장에서 소프트웨어를 구매하면, 집으로 달려와서 포장을 뜯고, CD를 컴퓨터에 집어넣은 뒤 소프트웨어를 설치하고, 활용했습니다.

그런데 웹 브라우저라는 소프트웨어의 발전, 인터넷 속도의 향상, 오픈소스 프로젝트 운동 등으로 인해 소프트웨어 업계의 상황이 조금씩 바뀌기 시작했습니다. 그리고 Ajax의 출현으로 인해 소프트웨어가 "웹 애플리케이션"이라는 형태로 웹에서 제공되기 시작했습니다. 이러한 웹 애플리케이션은 따로 내려받기할 필요도 없었으며, 시스템 요구 사항 등을 따로 확인하지 않아도 되었습니다. 구글과 페이스북 같은 기업은 웹 애플리케이션이 비즈니스적으로 얼마나 큰 영향력을 행사할 수 있는지 보여주었습니다. 전통적인 소프트웨어 회사들은 점점 웹 애플리케이션을 만들었고, 애플리케이션은 더 이상 구매해서 사용하는 것이 아니라, 온라인에서 매달 얼마를 내는 정액제 요금으로 변화했습니다.

웹 애플리케이션이 완전한 승리를 하는 것처럼 보였지만, 애플의 아이폰과 구글의 안드로이드를 사용하는 모바일 장치가 나오면서, 다시 네이티브 애플리케이션이 성장하기 시작했습니다. 기업들은 이러한 장치에서 사용할 수 있는 애플리케이션을 만들기 위해 변하기 시작했습니다.

산업의 입장에서 애플리케이션의 역사를 본다면 "변화의 연속"입니다. 애플리케이션은 어떤 방향으로 나아가고 있는 것일까요? 개발자들의 입장에서는 "점점 더 많은 장치를 대상으로 애플리케이션을 만들어야 하는 방향"으로 나아가고 있다고 할 수 있습니다. 데스크톱, 웹, 모바일 등 수많은 플랫폼을 지원해야 하는 멀티 플랫폼 컴퓨팅 시대로 나아가고 있는 것입니다.

그럼 잠시 데스크톱 애플리케이션에 대해서 조금 더 자세히 알아봅시다. 데스크톱 애플리케이션은 수많은 사람이 사용하는 컴퓨팅 플랫폼 중 하나입니다. 2000년대 초반에는 마이크로소프트 윈도우가 지배적인 점유율을 차지하고 있었습니다. 하지만 애플의 macOS가 조금씩 전문가들 사이에서 점유율을 늘리기 시작했습니다. 또한 구글의 크롬북은 2016년 1분기에 가장 많이 판매된 노트북으로 선정되기도 했습니다. 곧 리눅스를 내장하고 있는 데스크톱이 널리 판매될지도 모릅니다. 어쨌거나 중요한 것은 더 이상 윈도우에서만 작동하는 애플리케이션을 만들어서는 안 된다는 것입니다. macOS와 리눅스에서도 동작하는 애플리케이션을 개발해야 합니다.

이렇게 모든 운영체제에서 동작하는 애플리케이션을 "크로스 플랫폼 데스크톱 애플리케이션"이라고 부릅니다. 사실 이는 새로운 개념이 아닙니다. Mono와 Qt 같은 프레임워크를 사용하면, 모든 주요 운영체제에서 동작하는 애플리케이션을 만들 수 있습니다. 일반적으로 C, C++, C#과 같은 프로그래밍 언어를 사용하던 개발자들이 이러한 프레임워크를 사용해 크로스 플랫폼 데스크톱 애플리케이션을 만들었습니다. 하지만 웹 개발자들이 이러한 프레임워크를 사용하려면 C, C++, C# 같은 새로운 프로그래밍 언어를 배워야 했습니다. 따라서 데스크톱 애플리케이션이라는 영역에 접근하는 진입 장벽이 굉장히 높았다고 할 수 있습니다.

그런데 NW.js와 일렉트론 같은 프레임워크가 나오면서 웹 개발자들도 데스크톱 애플리케이션을 만들 수 있게 되었습니다. 그것도 단순한 데스크톱 애플리케이션이 아니라, 모든 운영체제에서 동작하는 크로스 플랫폼 데스크톱 애플리케이션을 만들 수 있게 된 것입니다. 웹 개발자들이 기존에 가지고 있던 기술과 코드를 그대로 사용해서 데스크톱 애플리케이션을 개발할 수 있자, 새로운 애플리케이션들이 굉장히 많이 나오기 시작했습니다.

Node.js는 굉장히 널리 사용되는 개발 환경입니다. 따라서 굉장히 거대한 오픈소스 라이브러리 생태계가 형성되어 있습니다. 이를 활용해서 데스크톱 애플리케이션을 개발할 수 있다는 것은 굉장한 장점입니다. 어쨌거나 Node.js 개발자와 웹 개발자들이 데스크톱 애플리케이션을 만들 수 있는 환경이 구성되었습니다. 이러한 개발자들이 만든 애플리케이션 중에는 재미있는 것이 많습니다. 필자가 재미있다고 생각하는 애플리케이션 중 하나는 그림 1.1의 웹 토렌트입니다.

그림 1.1 웹 토렌트

웹 토렌트는 데스크톱 애플리케이션이며, 사용자가 올린 파일을 다른 사용자가 내려받기할 수 있게 해줍니다. 비트토렌트(BitTorrent)와 비슷한 개념이라고 생각하면 됩니다. 내부적인 P2P 통신에 WebRTC을 사용합니다*. 웹 기술과 웹에서 사용되던 라이브러리를 활용해서 데스크톱 애플리케이션을 구현한 것입니다.

＊ 역주: 기존의 비트토렌트와도 연결되어 데이터를 주고받을 수 있습니다.

지금까지 언급했던 것처럼 여러 운영체제를 지원하는 애플리케이션을 만들 때 널리 사용되는 프로그래밍 언어를 사용한다는 것은 굉장히 많은 장점을 가지고 있습니다. 새로운 모바일 플랫폼이 계속 등장해도, 데스크톱은 수많은 사람이 일상 업무 등에 빼놓을 수 없는 핵심적인 플랫폼입니다. 그래서 Node.js를 사용한 데스크톱 애플리케이션 개발이 주목을 받고 있는 것입니다. 하지만 아마 "웹 기술로 웹 애플리케이션을 구현하면 되지, 왜 데스크톱 애플리케이션까지 구현해야 하는 걸까?"라고 생각하는 독자가 있을 것입니다. 이에 대한 답변은 곧바로 이어지는 절에서 살펴보도록 하겠습니다.

2. Node.js 데스크톱 애플리케이션이 할 수 있는 것

다음과 같은 이유로 인해 웹 애플리케이션이 널리 퍼졌습니다.

- 인터넷에 접속할 수 있는 장치의 증가, 인터넷 속도의 향상, 인터넷 비용의 감소로 인해 웹 자체가 굉장히 큰 성장을 했습니다.

- 웹 브라우저들끼리 경쟁하면서, 브라우저에 굉장히 많은 기능이 추가되었습니다. 이로 인해 웹 애플리케이션으로 굉장히 많은 일을 할 수 있게 되었습니다.

- C, C++과 같은 로우 레벨 프로그래밍 언어에 비해 HTML, CSS, 자바스크립트는 굉장히 쉽게 배울 수 있습니다. 따라서 웹 애플리케이션은 기존의 C, C++ 등을 사용한 데스크톱 애플리케이션보다 쉽게 만들 수 있었습니다.

- 오픈소스 소프트웨어의 발전으로 인해 소프트웨어를 배포하고 구입하는 비용이 크게 줄었습니다. 그래서 개발자들이 적은 비용(돈과 시간)으로 웹 애플리케이션을 만들 수 있게 되었습니다.

이유들을 보면, 왜 오늘날 웹이라는 플랫폼이 널리 사용되는지 알 수 있습니다. 그런데 오늘날의 웹 애플리케이션에는 다음과 같은 제약이 존재합니다.

- 항상 인터넷에 접속할 수 있는 것은 아닙니다. 기차를 타고 가다가 터널에 들어가거나 하면 인터넷 접속이 끊길 수 있습니다. 이러한 상황을 대비할 수 있게 인터넷이 끊겼을 때는 로컬에 데이터를 저장하고, 이후에 다시 인터넷이 연결되었을 때 데이터를 동기화할 수 있어야 합니다.

- 애플리케이션이 많은 기능을 가지고 있어서, 애플리케이션 실행에 많은 데이터 통신이 필요할 수 있습니다. 이러한 경우 애플리케이션이 느리게 실행됩니다. 만약 사용자가 너무 느리다고 판단되면, 애플리케이션을 사용하지 않을 것입니다.

- 웹 애플리케이션은 일반적으로 이미지 수정 등을 서버와 통신해서 처리합니다. 하지만 고해상도 이미지, 비디오처럼 굉장히 큰 파일을 작업할 때 서버와 계속 통신하는 것은 부담이 될 수밖에 없습니다.

- 웹 페이지의 보안 정책에 의해서 웹 애플리케이션은 사용자 컴퓨터에 있는 파일에 직접 접근할 수 없습니다.

■ 사용자가 웹 애플리케이션에 접근할 때 사용하는 웹 브라우저를 제한할 수 없으므로, 모든 웹 브라우저에서 동작하게 애플리케이션을 개발해야 합니다. 굉장히 힘든 일이며, 같은 UX를 제공하지 못할 수도 있습니다.

웹 애플리케이션은 인터넷에 접속되어 있어야 하며, 브라우저의 기능만을 활용할 수 있다는 제약이 있습니다. 이러한 이유들로 인해 업무에는 데스크톱 애플리케이션이 웹 애플리케이션보다 많이 활용되는 것입니다. 데스크톱 애플리케이션의 장점을 몇 가지 정리해 보면 다음과 같습니다.

■ 애플리케이션을 실행할 때 인터넷 접속이 필요 없습니다.

■ 데스크톱 애플리케이션은 인터넷에서 리소스를 추가로 내려받을 필요 없이 곧바로 실행됩니다.

■ 데스크톱 애플리케이션은 사용자 운영체제와 하드웨어 리소스에 접근할 수 있습니다. 따라서 사용자 컴퓨터의 파일과 폴더에 접근할 수 있습니다.

■ 웹 애플리케이션은 모든 웹 브라우저에서 동작할 수 있게 CSS와 자바스크립트를 작성해야 하지만, 데스크톱 애플리케이션은 그럴 필요가 없습니다.

■ 데스크톱 애플리케이션은 설치되면, 해당 컴퓨터에 남습니다. 따라서 애플리케이션 지원을 위해 별도의 웹 서버를 운용할 필요가 없습니다. 참고로 웹 애플리케이션은 1년 365일 서버가 유지될 수 있게 웹 서버를 구성하고 운용해야 합니다.

일반적으로 데스크톱 애플리케이션은 C++, Objective-C, C# 등의 프로그래밍 언어와 .NET, Qt, Cocoa, GTK 등의 프레임워크를 알고 있어야 합니다. 하지만 이러한 것을 모두 공부해야 한다는 것은 데스크톱 애플리케이션 개발의 진입 장벽이 됩니다.

NW.js와 일렉트론과 같은 Node.js 기반의 데스크톱 애플리케이션 프레임워크는 개발자의 입장에서 이러한 진입 장벽을 크게 낮추었습니다. HTML, CSS, 자바스크립트를 사용해서 애플리케이션을 만들 수 있으므로, 모든 웹 개발자가 데스크톱 애플리케이션 개발자가 될 수 있게 해줍니다. 또한 기존에 웹 애플리케이션의 코드를 그대로 데스크톱 애플리케이션에 재사용할 수 있다는 장점도 있습니다.

그럼 이제 NW.js와 일렉트론이라는 프레임워크에 대해서 살펴보겠습니다. 이전에 언급했던 것처럼 두 프레임워크는 역사를 공유하고 있습니다. 두 프레임워크가 어떻게 시작되었고, 어떤 역사를 공유하고 있는지에 대해서 설명하도록 하겠습니다.

1-2 │ NW.js와 일렉트론의 기원

2011년에 Roger Wang은 웹 페이지의 자바스크립트 코드에서 Node.js 모듈에 접근할 수 있게, 웹키트(Webkit: 사파리와 크롬에 사용되는 브라우저 엔진)와 Node.js를 결합했습니다. 이 모듈의 이름이 바로 node-webkit였습니다. 중국의 인텔 오픈소스 기술 센터는 Roger Wang이 node-webkit 개발에 열중할 수 있게 비용과 인력을 지원했습니다.

2012년 여름 Cheng Zhao라는 이름의 대학생이 node-webkit 개발에 인턴으로 합류했습니다. 그는 Roger와 함께 node-webkit의 내부 아키텍처를 개선해서, Node.js와 웹키트를 결합했습니다. 코드가 점점 많아지고 발전하면서, node-webkit는 단순한 Node.js 모듈에서 데스크톱 애플리케이션 개발 프레임워크의 모습을 갖추게 되었습니다. 이때부터 일부 다른 개발자들이 node-webkit에 관심을 가지기 시작했으며, Light Table이라는 텍스트 에디터가 node-webkit로 개발되어 프레임워크가 일반 개발자들에게 널리 알려지기 시작했습니다.

같은 해 12월 Cheng은 인텔을 떠나 GitHub에서 일하기 시작했습니다. Cheng은 GitHub의 Atom 에디터 개발에서 node-webkit의 Chromium Embedded 프레임워크와 네이티브 자바스크립트 바인딩과 관련된 작업을 진행했습니다.

그런데 node-webkit로 Atom 에디터를 만드는 과정에서 문제가 발생했습니다(자세한 내용은 https://github.com/atom/atom/pull/100을 참고해 보세요). 이를 계기로 GitHub는 node-webkit 사용을 포기하고, 새로운 네이티브 쉘을 개발하기로 했습니다. 이 새로운 네이티브 쉘이 바로 "Atom 쉘"이며, 웹키드와 Node.js를 node-webkit와 진혀 다른 방식으로 결합했습니다. Cheng Zhao는 Atom 쉘 개발에 전력을 다했으며, GitHub의 Atom 에디터 발표와 함께 오픈소스로 공개되었습니다.

이 과정에서 Node.js 커뮤니티가 나뉘었습니다. Node.js를 포크*해서 만들어진 IO.js라는 프로젝트가 나왔으며, 빠른 속도로 업데이트가 이루어지기 시작했습니다. 또한 웹키트 커뮤니티에서도 문제가 발생했는데요. 구글이 웹키트를 포크 해서 블링크(Blink)라는 이름의 새로운 엔진을 만들기 시작했습니다.

---

* 역주: 포크(fork, 갈래)는 굉장히 널리 사용되는 용어인데요. "기존의 소스 코드를 가져와서" 또는 "기존의 소스 코드를 기반으로" 정도로 생각하면 됩니다.

node-webkit는 NW.js라는 이름으로 변경되었으며, Atom 쉘은 일렉트론(Electron)이라는 이름으로 변경되었습니다. 시간이 지나면서 일렉트론은 수많은 찬사를 받으며 Slack, Visual Studio Code 같은 유명한 애플리케이션에 사용됩니다. Atom 에디터를 개발하기 위해 만들어진 프레임워크지만, 결국 Atom 에디터와 완전히 분리되어 발전을 시작하게 됩니다.

NW.js가 최초의 Node.js 데스크톱 애플리케이션 프레임워크지만, 일렉트론이 훨씬 많은 인기를 얻게 되었습니다. 같은 개발자가 다른 접근 방법으로 두 가지 프레임워크를 만든 것이지만, 결과적으로 거의 비슷한 형태로 API를 공유하고 있습니다. 따라서 두 프레임워크는 쉽게 코드를 재사용할 수 있습니다. 어쨌거나 서로 다른 접근 방법으로 인해 만들어진 아키텍처는 서로 분리된 커뮤니티를 만들었으며, 서로 경쟁하고 있습니다.

이 책에서는 지금까지 언급했던 NW.js와 일렉트론을 모두 다룹니다. 두 프레임워크는 역사를 공유하고 있다는 점에서 굉장히 특이한 상황이라고 할 수 있습니다.

일반적으로 두 가지 중에 하나를 선택하라고 한다면, 더 많은 사람이 사용하고 있는 일렉트론이라고 이야기를 할 것입니다. 하지만 일부 개발자는 상대적으로 단순하고, 크롬북을 지원하는 NW.js를 더 선호하기도 합니다.

만약 두 프레임워크와 관련된 역사를 조금 더 알고 싶다면, 다음 페이지를 참고해 보세요.

  ▨ http://cheng.guru/blog/2016/05/13/from-node-webkit-to-electron-1-0.html

  ▨ https://github.com/electron/electron/issues/5172#issuecomment-210697670

추가로 두 프레임워크를 비교한 정리를 보고 싶다면, 다음 페이지를 참고해 보세요.

- http://electron.atom.io/docs/development/atom-shell-vs-node-webkit/
- http://tangiblejs.com/posts/nw-js-and-electron-compared-2016-edition

지금까지 두 프레임워크의 간단한 역사를 살펴보았습니다. 그럼 이제 각각의 프레임워크를 본격적으로 살펴보겠습니다. 일단 NW.js부터 살펴봅시다.

1-3 │ NW.js 소개

NW.js를 간단하게 소개하면, HTML/CSS/자바스크립트를 사용해 데스크톱 애플리케이션을 개발할 수 있게 해주는 프레임워크입니다. 이전에 언급했던 것처럼 중국에 있는 인텔 오픈 소스 기술 센터에서 2011년 11월에 Roger Wang이 개발했습니다. 접근 방법은 Node.js와 웹키트를 직접적으로 결합해서 데스크톱 애플리케이션을 만드는 것이었습니다. 원래 이름이었던 node-webkit처럼 Node.js와 웹키트를 그대로 연결한 형태라고 보면 됩니다.

결과적으로 Roger Wang은 Node.js와 Chromium을 결합했습니다. NW.js는 HTML/CSS/자바스크립트 실행 환경뿐만 아니라, Node.js 환경을 함께 실행해서 자바스크립트로 Node.js API까지 사용할 수 있게 했습니다. 따라서 자바스크립트를 사용해 화면의 크기, 툴바, 메뉴 등의 UI를 조작할 수 있는 것은 물론이고 로컬 파일에 접근해서 파일을 읽고 쓸 수 있습니다.

그럼 가장 간단한 애플리케이션이라고 할 수 있는 Hello World 애플리케이션을 NW.js로 만들어봅시다.

1. NW.js로 Hello World 애플리케이션 만들기

이번 절에서는 그림 1.2의 Hello World 애플리케이션을 NW.js로 만들어보겠습니다. 애플리케이션을 만들다 보면, NW.js에 대해 조금 이해할 수 있을 것입니다.

그림 1.2 이번 절에서 만들 Hello World 애플리케이션

이 예제는 책과 함께 제공되는 GitHub 리포지터리(http://mng.bz/4W7Y)에서 내려받을 수 있습니다.

만약 애플리케이션을 곧바로 확인해 보고 싶다면, GitHub 리포지터리에 있는 설명에 따라 애플리케이션 관련 설정을 하고 실행해 보세요. 책에서는 애플리케이션을 처음부터 차근차근 만들어보겠습니다.

일단 Node.js가 설치되어 있는지 확인해 주세요 만약 설치되어 있다면 계속해서 내용을 진행해서 NW.js를 설치하도록 합시다. 만약 설치되어 있지 않다면, 부록의 "Node.js 설치하기" 부분을 참고해 주세요.

NW.js 설치하기

Node.js는 npm이라는 이름의 패키지 관리 도구를 제공합니다. npm을 사용하면 Node.js 라이브러리를 쉽게 설치할 수 있습니다. 컴퓨터에서 명령 라인 프로그램을 실행해 주세요. 윈도우의 경우 명령 프롬프트 또는 Power Shell, macOS와 리눅스의 경우 터미널을 실행합니다.

명령 라인 프로그램을 실행했다면, 다음 명령어를 입력해 주세요.

```
npm install -g nw*
```

---

* 역주: 참고로 이 방법으로 NW.js를 설치하면, 개발자 도구를 사용할 수 없습니다. 부록에 있는 "NW.js 개발자 버전 설치"를 참고해서, 해당 방법으로 설치하기 바랍니다.

명령어를 입력하면 NW.js가 Node.js 전역 모듈로 설치됩니다.

Hello World 애플리케이션 만들기

다음과 같은 두 개의 파일이 필요합니다.

- package.json 파일: NW.js에서 필요로 하는 설정을 작성할 파일입니다.
- HTML 파일: package.json에서 지정하는 애플리케이션의 시작 파일(엔트리 포인트)입니다. 이번 절의 예제에서는 index.html을 사용하겠습니다(원하는 다른 이름을 사용해도 됩니다).

그럼 애플리케이션을 만들 폴더를 생성합니다. 해당 폴더의 이름은 hello-world-nwjs라고 지어주세요. 이어서 텍스트 에디터 또는 IDE에서 파일을 만들고, hello-world-nwjs 폴더에 package.json라는 이름으로 저장해 주세요. 이어서 내부에는 다음과 같은 코드를 입력합니다.

```
{
    "name" : "hello-world-nwjs",
    "main" : "index.html",
    "version" : "1.0.0"
}
```

package.json 파일에는 애플리케이션의 이름을 나타내는 name, 애플리케이션의 엔트리 포인트 파일을 나타내는 main, 버전을 나타내는 version을 입력합니다. name 필드에 입력하는 값은 소문자 알파벳, 숫자, "-"과 "_" 기호만으로 구성되어야 합니다. 공백은 입력할 수 없습니다.

main 필드에는 애플리케이션의 엔트리 포인트가 될 파일의 경로를 지정합니다. NW.js의 경우는 자바스크립트 파일과 HTML 파일 모두를 엔트리 포인트로 사용할 수 있습니다. 일반적으로 NW.js에서는 index.html을 엔트리 포인트로 사용하는 경우가 많습니다. 그럼 애플리케이션 화면에 로드할 index.html이라는 이름의 HTML 파일을 생성하겠습니다.

hello-world-nwjs 폴더에 index.html이라는 이름의 파일을 만들고, 다음과 같은 코드를 입력합니다.

```html
<html>
  <head>
    <title>Hello World</title>
    <style>
      body {
        background-image: linear-gradient(45deg, #EAD790 0%, #EF8C53 100%);
        text-align: center;
      }
      button {
        background: rgba(0,0,0,0.40);
        box-shadow: 0px 0px 4px 0px rgba(0,0,0,0.50);
        border-radius: 8px;
        color: white;
        padding: 1em 2em;
        border: none;
        font-family: 'Roboto', sans-serif;
        font-weight: 100;
        font-size: 14pt;
        position: relative;
        top: 40%;
        cursor: pointer;
        outline: none;
      }
      button:hover {
        background: rgba(0,0,0,0.30);
      }
    </style>
    <link href='https://fonts.googleapis.com/css?family=Roboto:300' rel='
      stylesheet' type='text/css'>
    <script>
      function sayHello () {
        alert('Hello World');
      }
    </script>
  </head>
  <body>
```

애플리케이션의 타이틀로 사용될 이름을
title 요소로 지정합니다.

배경과 버튼의 스타일을 조정하기 위한 인라인 스타일 시트를 지정합니다.

버튼에 사용할 폰트를 구글 폰트에서 읽어 들입니다.

경고창에 "Hello World"라고 출력하는 함수를 정의합니다.

클릭하면 sayHello 함수를 호출하는 버튼
요소를 body 요소 내부에 생성합니다.

```
        <button onclick="sayHello()">Say Hello</button>
    </body>
</html>
```

index.html 파일을 모두 작성했다면 저장합니다. 이어서 명령 프롬프트 또는 터미널에서 hello-world-nwjs 폴더로 이동한 후, 다음 명령어를 실행합니다.

```
nw
```

macOS를 사용하고 있다면, **그림 1.3**처럼 애플리케이션이 실행될 것입니다.

그림 1.3 macOS에서 실행한 Hello World 애플리케이션

리눅스에서 실행하면 **그림 1.4**처럼 애플리케이션이 실행됩니다. 참고로 이 책에서는 openSUSE 13.2를 사용하고 있습니다(리눅스는 굉장히 많은 배포판이 있습니다. openSUSE 는 그중에서 꽤 유명한 배포판 중에 하나입니다).

타이틀 바를 제외하면, macOS에서 실행한 화면과 거의 비슷하다는 것을 알 수 있습니다. macOS에서 실행한 화면과 색상이 약간 다른데요. 이는 색상 프로파일이 약간 다르기 때문입니다. 또한 폰트도 약간 다르다는 것을 알 수 있습니다.

그림 1.4 openSUSE 13.2에서 실행한 Hello World 애플리케이션

윈도우10, macOS, 리눅스 등에 모두 같은 방법으로 애플리케이션을 실행할 수 있습니다. 윈도우의 명령 프롬프트에 명령어를 입력하기만 하면 그림 1.5처럼 실행됩니다.

그림 1.5 윈도우10에서 실행한 Hello World 애플리케이션

중간에 있는 Say Hello 버튼을 클릭하면, 경고창에 "Hello World"라고 출력되는 모습을 볼 수 있습니다. index.html 파일을 구글 크롬, 마이크로소프트 엣지, 모질라 파이어폭스 등의 웹 브라우저에 드래그&드롭해서 실행해 보세요. 같은 화면과 같은 실행 결과를 볼 수 있습니다. 한마디로 NW.js를 사용하면 웹 브라우저에서 사용되는 HTML 페이지를 추가적인 변환 없이, 곧바로 데스크톱 애플리케이션으로 사용할 수 있다는 것입니다.

참고로 "그냥 HTML 파일을 사용해 데스크톱에서 사용할 애플리케이션을 만들면 안 되는 것일까?"라는 생각을 할 수도 있습니다. 지금까지의 내용만 보아서는 당연히 그런 생각을 할 수 있습니다.

데스크톱 애플리케이션 프레임워크를 사용하는 가장 중요한 이유는 NW.js와 일렉트론이 데스크톱 애플리케이션 개발에 유용하며 다양한 기능을 제공하기 때문입니다. 이와 관련된 내용은 다음 절에서 살펴봅시다.

2. NW.js의 특징

NW.js는 데스크톱 애플리케이션을 만들 때 개발자들이 사용할 수 있는 다양한 기능을 제공합니다. 몇 가지 간단하게 정리해 보고 시작하겠습니다.

- 운영체제의 네이티브 UI와 API를 조작할 수 있는 API를 제공합니다. 이를 활용하면 화면의 크기 조작, 메뉴, 트레이 메뉴, 파일 읽고 쓰기, 클립보드 접근 등을 할 수 있습니다.
- 애플리케이션 내부에서 Node.js를 사용할 수 있다는 것은, npm에 있는 수많은 Node.js 라이브러리를 사용해 애플리케이션을 개발할 수 있다는 의미입니다.
- 하나의 코드를 기반으로 모든 운영체제에서 작동하는 실행 파일을 만들 수 있습니다.

그럼 각각의 내용을 조금 더 자세하게 살펴봅시다.

자바스크립트로 운영체제의 네이티브 UI와 API에 접근하기

좋은 데스크톱 애플리케이션은 운영체제에 내장되어 있는 다양한 기능을 활용합니다. 예를 들어 뮤직 플레이어는 사용자의 미디어 키보드 단축키 등을 활용할 수 있으며, 채팅 애플리케이션은 운영체제의 트레이에서 기능을 호출할 수 있으며, 생산성 애플리케이션들은 어떤 일이 일어났을 경우 사용자에게 해당 일을 노티피케이션 기능으로 알려줍니다.

NW.js는 다음과 같은 다양한 운영체제 기능을 제공합니다.

- 화면의 크기를 조절할 수 있습니다.

- 애플리케이션의 네이티브 툴바에 접근해서 메뉴를 생성할 수 있습니다.

- 애플리케이션 화면 내부에서 마우스 오른쪽 버튼을 클릭했을 때 콘텍스트 메뉴를 출력할 수 있습니다.

- 운영체제의 트레이 메뉴에 접근해서 트레이 애플리케이션을 만들 수 있습니다.

- 운영체제의 클립보드에 접근해서, 클립보드의 내용을 읽어 들이거나, 클립보드에 내용을 쓸 수 있습니다.

- 컴퓨터에 있는 디폴트 애플리케이션을 사용해 파일을 실행할 수 있습니다.

- 운영체제의 노티피케이션 시스템을 활용해 노티피케이션을 출력할 수 있습니다.

이처럼 웹 브라우저에서는 할 수 없던 다양한 기능을 NW.js에서는 할 수 있습니다. 웹 브라우저는 악의적인 사이트로부터 사용자를 보호하고자, 데스크톱에 있는 파일에 접근하거나 클립보드에 접근하는 기능 등을 모두 제한하고 있습니다.

반면 NW.js처럼 사용자의 컴퓨터에서 직접적으로 실행하는 애플리케이션은 "사용자가 애플리케이션을 신뢰하고 있다"라는 것을 전제로 합니다. 따라서 사용자 컴퓨터의 파일 시스템에 접근해서 파일 또는 폴더를 생성하거나 하는 것이 가능합니다. 이러한 기능들을 활용하면 웹 애플리케이션으로는 할 수 없었던 다양한 일을 할 수 있습니다.

Node.js의 npm 모듈 사용하기

NW.js는 Node.js API에 접근할 수 있으며, 추가로 npm으로 설치한 모듈들을 사용할 수 있습니다. 따라서 데스크톱 애플리케이션을 만들 때 Node.js의 코어 모듈과 npm으로 설치한 모듈들을 모두 활용할 수 있다는 것입니다.

예를 들어 index.html 파일 내부에서, Node.js 파일 시스템 모듈을 사용해 특정 폴더 내부에 있는 파일 목록을 읽어 들일 수도 있습니다. 그리고 DOM을 조작해서 HTML 페이지에 파일 목록을 출력할 수도 있습니다.

이처럼 NW.js는 프런트엔드 코드와 백엔드 코드가 같은 자바스크립트 콘텍스트를 공유하게 설계되어 있습니다. NW.js로 애플리케이션을 만들 때 언제나 기억하고 있어야 하는 내용이랍니다(일렉트론은 다른 접근 방식을 사용합니다). 어쨌거나 웹 애플리케이션이 작동하는 방식과 NW.js로 만든 데스크톱 애플리케이션이 작동하는 방식을 비교하면 그림 1.6과 같습니다.

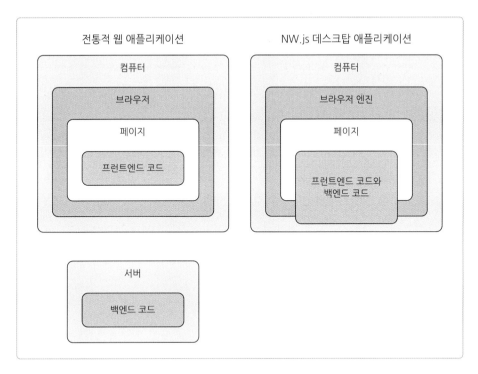

그림 1.6 웹 애플리케이션과 NW.js 데스크톱 애플리케이션의 구조적인 차이

내용을 조금 더 이해할 수 있게 전통적인 웹 애플리케이션의 작동 방식에 대해서 생각해 봅시다. 웹 애플리케이션은 클라이언트/서버 모델을 사용합니다. 클라이언트는 서버에 웹 페이지 또는 API를 요청합니다. 서버는 이러한 요청을 기반으로 코드를 실행하고, 클라이언트에게 웹 페이지 또는 데이터를 응답합니다. 웹 브라우저는 응답받은 HTML 페이지를 곧바로 출력하거나, 응답받은 XML/JSON 데이터를 가공해서 화면에 출력합니다.

서버는 HTML/API 요청에 대한 처리를 하고 응답하는 역할을 하고, 클라이언트는 HTML/API 요청을 하고 응답받은 내용을 웹 브라우저에 출력하는 역할을 합니다. 웹 브라우저는 엄격한 보안 모델을 가지고 있어서, 프런트엔드 코드가 해당 페이지라는 콘텍스트 내부에서만 동작하게 합니다. 실질적인 데이터를 처리하는 부분(백엔드)과 출력하는 부분(프런트엔드)이 명확하게 분리되어 있는 것입니다.

그런데 NW.js 애플리케이션은 조금 다릅니다. 애플리케이션 화면이 웹 브라우저처럼 동작하지만, 웹 페이지 내부의 코드에서 사용자 컴퓨터의 리소스에 접근하는 등의 서버 사이드 코드가 수행하던 일을 처리할 수 있습니다. 즉 실질적인 데이터를 처리하는 부분(백엔드)과 출력하는 부분(프런트엔드)이 분리되어 있지 않습니다. 따라서 같은 코드에서 웹 페이지의 DOM 요소에 접근할 수도 있고, 컴퓨터의 파일 시스템에도 접근할 수 있습니다. 또한 데스크톱 내부에 있는 npm 모듈들도 활용할 수 있습니다.

npm 모듈을 사용할 수 있다는 말은 2017년 10월을 기준으로 400,000개가 넘는 라이브러리들을 활용해서 애플리케이션을 만들 수 있다는 것입니다. 어쨌거나 사용할 수 있는 모듈은 http://npmjs.com을 참고해 보세요. 추가로 NW.js와 일렉트론을 활용해 어떤 애플리케이션이 만들어졌는지, 어떤 모듈들을 활용할 수 있는지 등은 https://github.com/nw-cn/awesome-nwjs와 https://github.com/sindresorhus/awesome-electron을 참고해 보세요.

하나의 코드를 기반으로 모든 운영체제에서 작동하는 실행 파일 만들기

NW.js를 사용하면 하나의 코드 기반을 사용해 윈도우, macOS, 리눅스에서 동작하는 데스크톱 애플리케이션 실행 파일을 만들 수 있습니다. 여러 개의 운영체제를 모두 지원하기 위해 애플리케이션을 하나하나 만드는 것보다 굉장히 큰 비용을 절약해 줍니다.

이렇게 만들어진 실행 파일들은 다른 소프트웨어 설치 없이 스스로 동작합니다. 따라서 애플리케이션을 애플 앱 스토어, 스팀 스토어 등에 쉽게 공개할 수 있습니다. 참고로 앱 스토어와 스팀 스토어를 보면 이미 NW.js로 만들어진 애플리케이션과 게임이 팔리고 있답니다.

애플리케이션 실행 파일을 만들 때는 nw-builder라는 도구를 사용합니다. nw-builder의 nwbuild 명령어를 사용하면, **그림 1.7**처럼 여러 운영체제와 아키텍처를 대상으로 하는 애플리케이션 실행 파일 바이너리를 쉽게 만들 수 있습니다.

지금까지 NW.js에 대해서 살펴보았는데요. 이어지는 절에서는 일렉트론과 관련된 내용을 살펴보도록 하겠습니다.

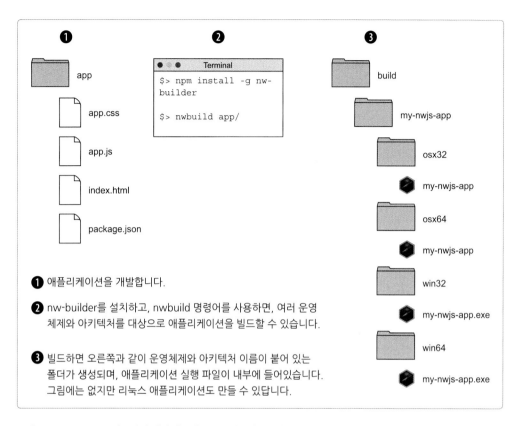

❶ 애플리케이션을 개발합니다.

❷ nw-builder를 설치하고, nwbuild 명령어를 사용하면, 여러 운영
체제와 아키텍처를 대상으로 애플리케이션을 빌드할 수 있습니다.

❸ 빌드하면 오른쪽과 같이 운영체제와 아키텍처 이름이 붙어 있는
폴더가 생성되며, 애플리케이션 실행 파일이 내부에 들어있습니다.
그림에는 없지만 리눅스 애플리케이션도 만들 수 있답니다.

그림 1.7 nw-builder로 만들어진 실행 가능한 NW.js 애플리케이션

생성된 애플리케이션 실행 파일을 보면, 32비트와 64비트 버전이 모두 생성되는 것을 알 수 있
습니다.

일렉트론은 GitHub에서 만든 데스크톱 애플리케이션 프레임워크입니다. GitHub에서 만든 텍스트 에디터인 Atom 에디터를 만들 때 사용되었으며, 원래는 Atom 셸이라는 이름으로 알려 졌습니다. 그리고 이를 사용하면 HTML, CSS, 자바스크립트를 사용해 크로스 플랫폼 데스크 톱 애플리케이션을 만들 수 있습니다. 일렉트론은 2013년 11월에 발표된 이후로 굉장히 많은 스타트업과 비즈니스 기업들에서 애플리케이션을 만들 때 활용되었습니다. 예를 들어 2016년 을 기준으로 3.8억 달러의 가치를 가지고 있는 스타트업 Slack에서 데스크톱 애플리케이션을 만들 때 활용했습니다.

1. 일렉트론은 어떻게 동작하고 NW.js와 어떤 부분이 다를까요?

NW.js와 일렉트론의 가장 큰 차이점은 Chromium과 Node.js를 어떻게 결합했냐는 것입니다. NW.js는 Chromium에 Node.js를 직접 넣어, Node.js와 Chromium이 동일한 자바스크립트 콘 텍스트를 공유하게 했습니다. 하지만 일렉트론은 Chromium와 Node.js가 직접 결합되어 있지 않습니다. 대신 Chromium의 콘텐츠 API와 Node.js의 `node_bindings`를 사용해 간접적으로 결합했다고 할 수 있습니다.

이러한 접근 방식의 차이는 NW.js와 일렉트론의 자바스크립트 콘텍스트 처리 방법에 차이를 만들어냅니다. NW.js는 자바스크립트 콘텍스트를 공유합니다. 하지만 일렉트론은 애플리케 이션 회면들을 관리하는 "메인(Main) 프로세스"와 각각이 애플리케이션 화면을 나타내는 "렌 더러(Renderer) 프로세스"의 자바스크립트 콘텍스트가 서로 분리되어 있습니다. 가장 핵심적 인 차이라고 할 수 있으며, 이 책의 예제를 진행하며 계속해서 언급할 것입니다.

추가적인 NW.js와 일렉트론의 큰 차이는 엔트리 포인트에 있습니다. NW.js 애플리케이션은 일반적으로 HTML 파일을 엔트리 포인트로 사용하지만, 일렉트론은 자바스크립트 파일을 엔트리 포인트로 사용합니다. 그리고 일렉트론은 자바스크립트 파일 내부에서 직접 애플리케이션 화면을 생성해서 출력하게 코드를 작성해야 합니다. 그럼 지금까지의 차이가 무슨 말인지 실제 예제를 만들어보며 알아봅시다.

2. 일렉트론으로 Hello World 애플리케이션 만들기

NW.js로 Hello World 애플리케이션을 만들 때처럼 책과 함께 제공되는 GitHub 리포지터리에 예제를 올려놓았습니다. 예제의 내용을 미리 확인하고 싶다면, http://mng.bz/u4C0에서 소스 코드를 내려받아 주세요. README.md의 설명에 따라 애플리케이션을 실행할 수 있습니다.

누군가에게 물고기를 받는 것보다, 물고기 잡는 법을 알게 되는 것이 삶에는 더 큰 도움이 될 것입니다. 따라서 일렉트론으로 어떻게 Hello World 애플리케이션을 만드는지 차근차근 살펴보도록 합시다.

일단 Node.js가 설치되어 있는지 확인해 주세요. 만약 설치되어 있지 않다면, 부록의 "Node.js 설치하기" 부분을 참고해 주세요. 이어서 다음 명령어를 입력해 npm으로 일렉트론을 설치합니다.

```
npm install -g electron
```

명령어를 실행하면 일렉트론이 npm 전역 모듈로 설치됩니다. 모듈을 설치했으면, 곧바로 Hello World 애플리케이션을 구성하는 파일들을 생성하도록 하겠습니다. 일렉트론 애플리케이션을 실행할 때는 적어도 다음과 같은 파일 세 개가 있어야 합니다.

- index.html
- main.js
- package.json

hello-world-electron이라는 이름의 폴더를 만들고, 내부에 파일을 생성합니다. 이어서 package.json을 다음과 같이 작성합니다.

```
{
  "name"    : "hello-world",
  "version" : "1.0.0",
  "main"    : "main.js"
}
```

NW.js로 Hello World 애플리케이션을 만들 때 사용했던 package.json과 거의 비슷합니다. 하지만 NW.js의 경우 main 속성에 HTML 파일을 지정했지만, 일렉트론은 자바스크립트 파일을 지정합니다.

일렉트론에서 엔트리 포인트가 되는 자바스크립트 파일은 애플리케이션 화면, 트레이 메뉴 등을 불러와서 애플리케이션을 출력해야 합니다. main.js 파일을 다음과 같이 작성해서 index.html을 출력해 보도록 합시다.

코드 1.2 　Hello Word 일렉트론 애플리케이션의 main.js 파일

```
'use strict';

const electron = require('electron');   ←──── 일렉트론 모듈을 읽어 들입니다.
const app = electron.app;   ←──── 일렉트론 애플리케이션 객체에 대한 참조를 저장합니다.
const BrowserWindow = electron.BrowserWindow;   ←── BrowserWindow 클래스
                                                    의 참조를 저장합니다.

let mainWindow = null;   ←──── 애플리케이션 화면을 저장할 변수를 선언합니다.

                                              macOS를 제외하고, 화면이 모두
                                              종료되면 애플리케이션을 곧바로
                                              종료하게 합니다.
app.on('window-all-closed', () => {
  if (process.platform !== 'darwin') app.quit();   ←──
});
                              애플리케이션이 로드되면 mainWindow 변수에
                              BrowserWindow 클래스 인스턴스를 할당해서, 애플리케이션
                              화면이 가비지 컬렉션에 의해 회수되지 않게 합니다.
app.on('ready', () => {   ←──
  mainWindow = new BrowserWindow();
  mainWindow.loadURL('file://${__dirname}/index.html');   ←── index.html을 읽어 들입니다.
  mainWindow.on('closed', () => { mainWindow = null; });   ←── 애플리케이션 화면을 닫으면,
});                                                              mainWindow 변수를
                                                                null로 비워줍니다.
```

NW.js는 바로 HTML 파일을 출력할 수 있었지만, 일렉트론은 HTML 파일을 출력하기 위해 코드 1.2와 같은 별도의 코드가 필요합니다.

애플리케이션의 엔트리 포인트로 사용할 main.js 파일을 생성했다면, main.js에서 애플리케이션 화면에 출력할 index.html 파일을 생성합니다. index.html이라는 이름의 파일을 생성하고, 다음과 같은 코드를 입력해 주세요.

코드 1.3 Hello World 일렉트론 애플리케이션의 index.html 파일

```
<html>
  <head>
    <title>Hello World</title>
    <style>
      body {
        background-image: linear-gradient(45deg, #EAD790 0%, #EF8C53 100%);
        text-align: center;
      }
      button {
```

```
            background: rgba(0,0,0,0.40);
            box-shadow: 0px 0px 4px 0px rgba(0,0,0,0.50);
            border-radius: 8px;
            color: white;
            padding: 1em 2em;
            border: none;
            font-family: 'Roboto', sans-serif;
            font-weight: 300;
            font-size: 14pt;
            position: relative;
            top: 40%;
            cursor: pointer;
            outline: none;
          }
          button:hover {
            background: rgba(0,0,0,0.30);
          }
        </style>
        <link href='https://fonts.googleapis.com/css?family=Roboto:300' rel='
            stylesheet' type='text/css' />
        <script>
          function sayHello () {
            alert('Hello World');
          }
        </script>
      </head>
      <body>
        <button onclick="sayHello()">Say Hello</button>
      </body>
    </html>
```

위의 코드는 NW.js 애플리케이션을 만들 때 사용했던 index.html 파일과 같습니다. 파일을 모두 작성했으면 저장하고, 명령 라인을 사용해서 애플리케이션을 실행해 봅시다.

명령 라인에서 애플리케이션을 실행할 때는 **cd**로 hello-world-electron 폴더로 이동한 뒤, 다음과 같은 명령어를 사용합니다.

```
electron .
```

명령어를 입력한 뒤 Say Hello 버튼을 클릭하면 그림 1.8처럼 "Hello World"라고 출력하는 모습을 볼 수 있습니다.

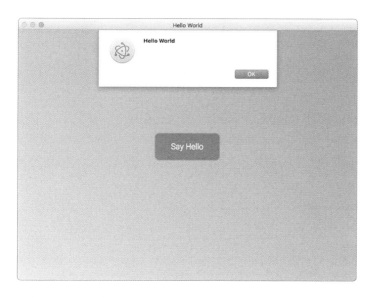

그림 1.8 macOS에서 일렉트론으로 만든 Hello World 예제를 실행한 상태

화면의 크기가 다르다는 것만 제외하면 NW.js와 거의 같은 모습입니다. 그래도 약간의 차이가 있는데요. 그림 1.9는 OpenSUSE 리눅스 13.2에서 실행한 상태입니다.

Hello World 일렉트론 샘플 애플리케이션이 macOS에서 실행되던 것과 약간 다릅니다. 이는 일렉트론이 내부적으로 macOS, 윈도우, 리눅스에서 메뉴를 다르게 출력하기 때문입니다. 마이크로소프트 윈도우와 리눅스에서는 애플리케이션 메뉴가 애플리케이션 화면 바로 위에 붙어 있습니다. 하지만 macOS는 애플리케이션 메뉴가 툴바에 표시됩니다. 따라서 그림 1.10처럼 나옵니다.

그림 1.9 OepnSUSE 리눅스에서 일렉트론으로 만든 Hello World 예제를 실행한 상태

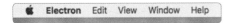

그림 1.10 macOS에서의 애플리케이션 메뉴

만약 윈도우10에서 애플리케이션을 실행한다면, 리눅스에서 실행되던 것처럼 메뉴가 그림 1.11 과 같이 화면 위에 출력됩니다.

"애플리케이션의 메뉴가 어디에 위치하는지"만 제외하면, Hello World 애플리케이션은 윈도 우, 리눅스, macOS에서 모두 거의 비슷하게 나옵니다. 하나의 코드로 모든 운영체제에서 애플 리케이션을 실행할 수 있다는 것은 많은 개발자가 일렉트론을 사용한 애플리케이션 개발에 관 심을 갖는 이유입니다.

지금까지 보았던 것 이외에도 일렉트론은 수많은 기능을 가지고 있습니다. 이와 관련된 내용 은 책을 진행하면서 차근차근 알아봅시다.

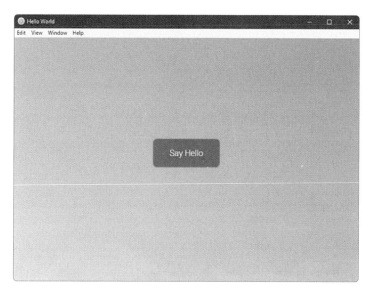

그림 1.11 윈도우10에서 일렉트론으로 만든 Hello World 예제를 실행한 상태

3. 일렉트론의 다양한 특징

일렉트론은 생태계가 갖춰진지 얼마 되지 않았지만, 데스크톱 애플리케이션을 개발할 때 필요한 유용한 API와 기능을 굉장히 폭넓게 가지고 있습니다.

- 독립된 자바스크립트 콘텍스트를 가진 화면을 여러 개 생성할 수 있음
- 쉘 또는 화면과 관련된 API를 기반으로, 데스크톱 운영체제의 기능을 활용할 수 있음
- 컴퓨터의 전원 상태 등을 확인할 수 있음
- 컴퓨터가 절전 모드로 들어가는 것을 막을 수 있음(예를 들어 프레젠테이션 애플리케이션을 만들 때 등에 활용 가능)
- 시스템 트레이를 만들 수 있음
- 메뉴와 메뉴 아이템을 만들 수 있음
- 키보드 단축키를 만들 수 있음
- 애플리케이션 자동 업데이트를 구현할 수 있음
- 버그 리포트를 생성할 수 있음

- macOS의 독(Dock) 메뉴를 원하는 대로 수정할 수 있음

- 시스템 알림 기능을 활용할 수 있음

- 설치 프로그램을 만들고, 이를 기반으로 애플리케이션을 설치하게 할 수 있음

지금 설명한 것 이외에도 훨씬 많은 기능을 제공합니다. 참고로 버그 리포트 생성 기능은 NW.js에 없는 일렉트론만의 기능이랍니다. 추가로 일렉트론은 최근 Spectron과 Devtron이라는 테스트/디버그 도구를 제공하고 있습니다. 이와 관련된 내용은 이후에 다시 살펴보도록 하겠습니다.

Column | **일렉트론 데모 애플리케이션**

일렉트론 팀의 개발자들은 일렉트론으로 무엇을 할 수 있는지 등을 볼 수 있는 데스크톱 애플리케이션을 만들어 제공하고 있습니다. 해당 애플리케이션을 보면 일렉트론에 어떤 API가 있고, 일렉트론으로 무엇을 할 수 있는지 쉽게 알 수 있을 것입니다. 자세한 내용은 http://electron.atom.io/#get-started를 참고해 주세요.

다음 절에서는 NW.js와 일렉트론을 사용해 만들어진 애플리케이션에는 어떠한 것이 있는지 살펴보겠습니다.

1-5 | NW.js와 일렉트론으로 만들어진 애플리케이션

NW.js와 일렉트론 프레임워크가 세상에 공개된 지 얼마 되지 않았지만, 이미 다양한 곳에서 사용되고 있습니다. NW.js의 GitHub 리포지터리를 보면 NW.js로 개발된 다양한 애플리케이션을 확인할 수 있습니다. 또한 일렉트론으로 만들어진 애플리케이션은 Awesome 일렉트론이라는 GitHub 리포지터리에 굉장히 많이 정리되어 있습니다. 이번 절에서는 NW.js와 일렉트론을 기반으로 만들어진 상업적으로 성공한 예와 가능성을 보여줄 수 있는 예에 대해 언급하겠습니다. 그럼 일단 상업적으로 굉장히 성공한, 일렉트론으로 만들어진 애플리케이션 Slack을 살펴봅시다.

1. Slack

Slack은 채팅을 기반으로 소통하는 비즈니스 협업 도구입니다. Slack은 일렉트론을 기반으로 데스크톱 애플리케이션을 만들어서 제공하고 있습니다. 또한 일렉트론을 사용하는 개발자들을 뽑고 있습니다. 데스크톱 애플리케이션의 사용자 인터페이스(UI)는 웹 애플리케이션의 사용자 인터페이스와 거의 같습니다. 다만 데스크톱 버전의 경우는 사용자 컴퓨터 내부의 파일에도 접근할 수 있습니다. 그림 1.12는 Slack의 기본적인 모습입니다(사생활을 이유로 일부를 안 보이게 처리했습니다).

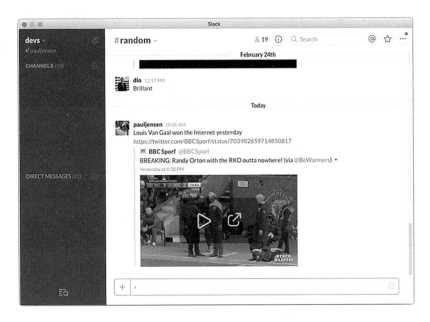

그림 1.12 macOS에서 실행한 Slack

2. Light Table

Light Table (http://lighttable.com/)은 IDE와 조금 다른 접근 방식을 채용한 코드 에디터입
니다. Chris Granger가 개발했으며, 킥스타터 캠페인을 통해 300,000달러를 모금했었습니다.
NW.js를 서드파티에서 사용한 첫 번째 활용 사례이며, NW.js 프레임워크의 초기 홍보에 큰 기
여를 한 애플리케이션입니다.

원래 초기에는 Clojure를 지원하려고 했으나, 최종적으로는 자바스크립트와 Python을 지원하
는 에디터로 만들어졌습니다. Light Table은 애플리케이션 코드를 작성하면서, 즉시 실행 결과
를 볼 수 있습니다. 또한 즉시 실행 결과가 출력되므로, 코드를 작성하면서 변수에 어떠한 값이
들어있는지를 곧바로 확인하면서 코드를 작성할 수 있습니다. 원래는 NW.js로 만들어졌지만,
현재는 일렉트론으로 포팅되었습니다.

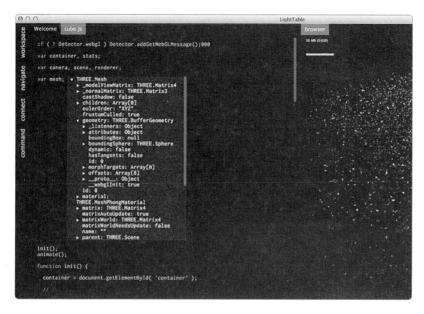

그림 1.13 Light Table에서 실시간으로 자바스크립트 3차원 애플리케이션을 테스트하는 장면

3. Game Dev Tycoon

Game Dev Tycoon은 심시티와 롤러코스터 타이쿤과 같은 전통적인 시뮬레이션 게임에서 영감을 받아 만들어진 시뮬레이션 게임입니다. 2012년 7월에 Partick과 Daniel Klug가 설립한 Greenheart Games라는 작은 회사가 제작했습니다.

불법 버전을 퇴치하기 위해 굉장히 창의적인 시도를 했는데요. Patrick은 이 게임이 결국 불법 복제될 것으로고 생각해서, 미리 토렌트 사이트에 버그가 있는 게임을 배포했습니다. 이 버그가 있는 게임은 게임 회사가 결국 불법 복제 버전에 의해 손해를 보고 파산하고 패배하게 됩니다. 이러한 창의적인 전략은 많은 게이머들에게 재미와 관심을 불러일으켰습니다.

이 게임 회사는 현재 5명의 직원이 있는 회사로 성장했으며, 게임은 스팀 게임 스토어에서 내려받을 수 있습니다. 어쨌거나 이 게임은 NW.js로 만들어졌으며, 상업적으로 사용된 NW.js 프로젝트로 유명합니다.

그림 1.14 Game Dev Tycoon

4. Gitter

Gitter는 NW.js 공식 채팅방을 포함해, GitHub에 있는 다양한 오픈소스 프로젝트를 위해 채팅방을 제공하는 서비스입니다. 사용자는 GitHub 계정으로 로그인하고, GitHub 프로젝트 또는 조직을 기반으로 채팅방에 접근할 수 있습니다. Slack의 대안 제품으로 유명합니다.

Gitter는 웹 사이트(http://gitter.im/)를 통해서도 사용할 수 있으며, NW.js로 만들어진 윈도우와 macOS 전용 데스크톱 애플리케이션으로도 사용할 수 있습니다. 애플리케이션의 룩 앤 필(Look and Feel)은 웹 애플리케이션과 완전히 같습니다. 코드 재사용 원칙을 잘 보여주는 사례라고 할 수 있습니다. 베타 기간 동안 Gitter는 약 2만 5천 명의 개발자를 모았고, 7,000개 이상의 대화방에서 180만 개의 메시지를 전달했습니다. 현재는 유료 플랜을 제공하고 있으며, 리눅스에서 실행되는 데스크톱 애플리케이션도 제공하고 있습니다.

NW.js로 만들어진 Gitter 데스크톱 애플리케이션은 프로젝트가 자기 자신을 지원하기 위해 추가로 만든 대표적인 프로젝트 사례라고 할 수 있습니다(그림 1.15).

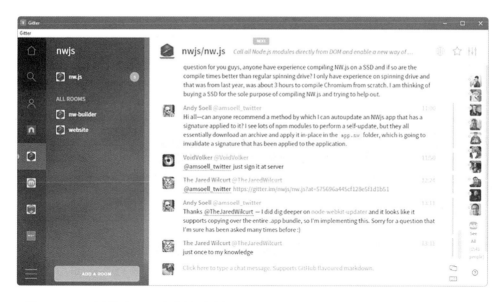

그림 1.15 GitHub와 통합된 Gitter의 채팅 클라이언트

5. Macaw

Macaw (http://macaw.co/)는 굉장히 혁신적인 WYSIWYG 웹 디자인 도구입니다. Macaw는 일반적인 이미지 에디터처럼 UI 요소를 화면에 배치해서 웹 사이트를 디자인할 수 있게 해줍니다. 그리고 이렇게 만들어진 결과물을 HTML과 CSS로 저장할 수 있습니다. 시각적인 디자인을 HTML로 다시 만들 필요 없이, 곧바로 HTML로 저장할 수 있다는 굉장한 장점을 가지고 있는 것입니다. 또한 이전에 있었던 마이크로소프트의 프런트페이지와 어도비의 드림위버와 다르게, 시멘틱 웹을 적용한 HTML과 CSS를 출력해 준다는 것도 큰 장점입니다.

Macaw는 Tom Giannattasio와 Adam Christ이 킥스타터에서 2,700명 이상의 후원자로부터 275,000달러를 모금해서 만들어졌습니다(그림 1.16).

책을 쓰는 동안, 웹 디자인 애플리케이션 기업인 Invision에서 Macaw를 인수했습니다. 웹 기술로 만들어진 데스크톱 애플리케이션이 성공한 예가 되어 기쁩니다.

그림 1.16 Macaw WYSIWYG 웹 디자인 도구

6. Hyper

Hyper (https://hyper.is/)는 Guillermo Rauch가 만든 굉장히 단순한 모습을 가지고 있는 터미널 애플리케이션입니다. 참고로 Guillermo Rauch는 Node.js 커뮤니티에서 굉장히 유명한 웹소켓 라이브러리 socket.io를 만든 사람입니다.

Hyper는 HTML, CSS, 자바스크립트를 기반으로 만들어진 터미널 애플리케이션이며, 매우 다양한 방식으로 기능을 확장할 수 있는 애플리케이션입니다. 예를 들어 hyperpower와 같은 플러그인은 텍스트를 입력할 때 애니메이션이 발생하게 하며*, URL을 입력하면 곧바로 터미널 화면에 웹 페이지를 출력해 주는 플러그인도 있습니다.

---

* 역주: https://github.com/zeit/hyperpower - 과거에 "파워 고딩"이라고 불리며 힘치게 텍스트를 입력히는 방식을 채용한 플러그인입니다.

굉장히 특이한 형태의 일렉트론 데스크톱 애플리케이션이라고 할 수 있는데, 일렉트론의 단순한 스타일의 타이틀 바를 사용한 모습을 확인할 수 있습니다.

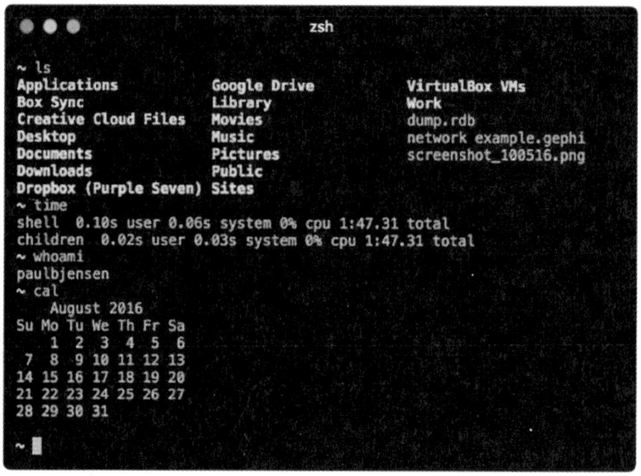

그림 1.17 macOS에서 실행한 Hyper

정리

이번 장에서는 NW.js와 일렉트론에 대해서 간단하게 소개하고, 이러한 프레임워크가 웹 기술로 데스크톱 애플리케이션을 만들 때 어떠한 기능을 지원해 주는지 살펴보았습니다. 아마 웹애플리케이션이 아니라, 데스크톱 애플리케이션을 사용해야 하는 상황 등을 이해할 수 있을 것으로 생각합니다.

이어서 NW.js와 일렉트론을 사용해 여러 운영체제에서 동작하는 Hello World 애플리케이션을 만들어보았습니다. 이 과정에서 웹 페이지를 어떻게 데스크톱 애플리케이션으로 변환할 수 있는지 이해했을 것으로 생각합니다.

NW.js와 일렉트론 같은 프레임워크를 사용해 데스크톱 애플리케이션을 만들 때 npm 생태계를 활용할 수 있다는 사실을 배웠으며, 하나의 코드 기반으로 여러 실행 파일을 만들 수 있다는 것도 배웠습니다. 마지막으로 NW.js와 일렉트론으로 만들어진, 많이 사용되는 애플리케이션을 살펴보았습니다. 아마 그러한 애플리케이션을 보며 Node.js로 어떤 데스크톱 애플리케이션을 만들 수 있는지 이해했을 것으로 생각합니다.

다음 장에서는 직접 손을 움직여서 NW.js와 일렉트론을 사용한 파일 탐색기 애플리케이션을 만들어보겠습니다. 애플리케이션을 만들다 보면 두 프레임워크로 애플리케이션을 어떻게 만드는지 이해할 수 있을 것이고, 두 프레임워크의 공통점과 차이점을 이해할 수 있을 것입니다.

데스크톱 애플리케이션 기본

학습 목표

☑ NW.js와 일렉트론을 사용해 파일 탐색기 애플리케이션을 만들어봅니다

☑ 애플리케이션을 설정하는 방법을 알아봅니다

☑ 애플리케이션 파일 구조를 알아봅니다

☑ 애플리케이션의 사용자 인터페이스를 만드는 방법을 알아봅니다

☑ Node.js를 사용해 파일 시스템에 접근하는 방법을 알아봅니다

대부분의 직업은 몇 년 동안의 교육을 거치고 굉장히 비싼 도구들을 구매해야 합니다. 하지만 개발자라는 직업은 굉장히 쉽게 무료 또는 상대적으로 저렴한 도구를 사용할 수 있습니다. 이번 장에서는 NW.js와 일렉트론이라는 무료 도구를 사용해 데스크톱 애플리케이션 만드는 방법을 알아보겠습니다. 이전 장에서 설명했던 내용을 떠올리며 어떻게 실제로 활용되는지 구체적으로 살펴보도록 합시다.

커피 또는 차, 펜, 종이를 준비하고, 느긋하게 프로그래밍해 봅시다.

2-1 | 예제 소개

윈도우, macOS, 리눅스 등의 모든 운영체제는 한 가지 공통점을 갖고 있습니다. 바로 모두 "폴더"라는 구조에 파일을 구조화해서 저장한다는 것입니다. 하지만 폴더를 사용하는 방법들이 미세하게 다릅니다. 하나의 운영체제만을 사용하는 사람이라면 큰 문제없겠지만, 새로운 운영체제를 접하는 사람이라면 파일의 이름을 어떻게 변경하는지, 사용자 폴더가 어디 있는지 몰라 힘들어할 수 있습니다*.

---

* 역주: 사실 별로 문제 되지 않는다고 생각할 독자가 많을 것으로 생각하는데요. 예제를 만드는 당위성을 부여하는 것이니 그러려니 생각해 주세요.

그러니 모든 운영체제에서 같은 방법으로 사용할 수 있는 파일 탐색기를 만들어보도록 합시다.

1. 파일 탐색기 Lorikeet

개발자들끼리 농담으로 "이름 짓기가 개발하면서 가장 어려운 일"이라고 하는 경우가 있습니다. 이럴 때는 자연에서 영감을 받아 이름을 짓는 것도 괜찮은 방법인데요. 오스트레일리아에 서식하는 잉꼬새(Lorikeet)의 이름을 사용해 봅시다.

Lorikeet는 다음과 같은 목표로 만들 파일 탐색기입니다.

- 사용자가 폴더를 검색하거나 파일을 찾을 수 있게 민듦
- 사용자가 컴퓨터의 기본 애플리케이션으로 파일을 열 수 있게 만듦

굉장히 단순한 목표이지만, 기본적인 데스크톱 애플리케이션을 만들 때 필요한 지식을 습득할 수 있을 것입니다. 또한 기능을 구현하면서 NW.js 또는 일렉트론과 친숙해질 수 있을 것입니다.

데스크톱 애플리케이션을 만들 때는 굉장히 많은 과정을 거칩니다. User Journey*를 만들고, 뼈대를 만들고, 테스트를 작성하고, 뼈대에 살을 붙이고, 코드를 작성하고, 애플리케이션이 처음 계획했던 대로 작동하는지 확인하는 등의 과정을 거쳐야 합니다. 다만 우리의 공부 목표는 User Journey와 뼈대를 잡는 것이 아니므로, 그러한 과정들은 조금 생략하고 기능을 구현하는 것에 초점을 맞춰 설명하도록 하겠습니다.

* 역주: UX(User Experience)에서 사용하는 용어인데요. 사용자가 애플리케이션을 어떤 형태로 사용할지 예측하고 설명하는 것을 의미합니다.

일단 뼈대를 만들도록 하겠습니다. 그리고 뼈대에 기능이라는 살을 하나하나 붙여보며 어떠한 과정으로 애플리케이션을 만들고, 코드를 구성하는지 살펴보겠습니다. 일단 큰 그림을 그리고 작은 기능들을 하나하나 구현하며 애플리케이션을 만들겠다는 것입니다. 처음 구현할 기능은 바로 시작 화면입니다. 하지만 구현을 시작하기 전에 해야 하는 것이 있습니다. 바로 애플리케이션 프로젝트를 만드는 것입니다.

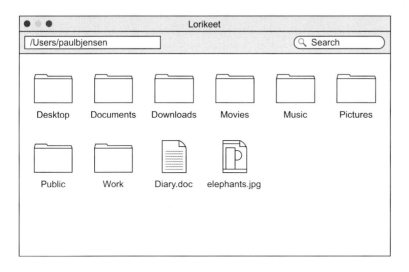

그림 2.1 우리가 만들 파일 탐색기의 기본적인 뼈대

2-2 | 애플리케이션 만들기

1장에서 보았던 것처럼 NW.js와 일렉트론을 사용해 데스크톱 애플리케이션을 만드는 것은, 다른 프레임워크로 데스크톱 애플리케이션을 만드는 것보다 훨씬 쉽습니다. 어쨌거나 일단 NW.js와 일렉트론을 사용하려면 Node.js가 설치되어 있어야 합니다. Node.js가 아직 설치되어 있지 않다면, 부록 "Node.js 설치하기"를 참고해 주세요.

Node.js가 컴퓨터에 설치되었다면, 데스크톱 애플리케이션 개발 프레임워크 NW.js와 일렉트론을 설치하도록 합시다(아직 설치하지 않은 경우).

1. NW.js와 일렉트론 설치하기

이미 NW.js와 일렉트론이 설치되어 있다면, 건너뛰어주세요. 만약 그렇지 않다면, 다음 명령어를 터미널에서 실행하도록 합시다. NW.js는 다음 명령어를 사용해 전역 모듈을 설치합니다.

```
npm install -g nw*
```

> * 역주: 앞에서 언급했던 것처럼 이 방법을 사용하면 개발자 도구를 사용할 수 없습니다. NW.js 설치와 관련된 자세한 내용은 부록을 참고해 주세요.

일렉트론은 다음과 같은 명령어를 사용해 전역 모듈을 설치합니다.

```
npm install -g electron
```

설치를 완료했다면, 일단 NW.js 버전의 Lorikeet 애플리케이션부터 간단하게 살펴보도록 합시다.

2. NW.js 버전의 애플리케이션을 위한 폴더와 파일 구성하기

애플리케이션의 코드를 저장할 폴더를 만들도록 합시다. 적당한 폴더에서 다음과 같은 명령어를 입력해 "lorikeet-nwjs"라는 이름의 폴더를 생성합니다.

```
mkdir lorikeet-nwjs
```

폴더가 생성되면 package.json이라는 이름의 애플리케이션의 매니페스트*를 만들도록 합니다. package.json에는 애플리케이션의 설정과 관련된 내용을 작성합니다. 다음과 같은 명령어로 애플리케이션 폴더에 들어가서 파일을 생성합니다.

---

* 역주: 매니페스트는 "(배 또는 비행기의) 화물 또는 승객 목록"을 의미하는 단어입니다. 컴퓨터에서도 마찬가지로 애플리케이션에 어떠한 파일이 있고, 어떠한 모듈이 사용되는지 등을 적는 목록이라고 생각하면 됩니다.

```
cd lorikeet-nwjs
touch package.json
```

Column | **윈도우의 경우**

윈도우에는 **touch**라는 명령어가 없습니다. 따라서 Notepad++ 또는 GitHub Atom과 같은 다른 텍스트 에디터를 사용해 주세요.

package.json 파일이 생성되었으면, 사용하는 텍스트 에디터를 사용해 다음과 같이 수정합니다.

```
{
  "name": "lorikeet",
  "version": "1.0.0",
  "main": "index.html"
}
```

package.json 파일은 Node.js에서 npm을 기반으로 모듈을 만들 때에 사용하는 파일입니다. **name** 속성에는 애플리케이션의 이름을 지정합니다. 이때 이름에 공백이 들어가면 안 됩니다. **version** 속성에는 소프트웨어의 버전을 입력합니다. 1.1.0이라고 붙였는데요. 이러한 버전은 시멘틱 버저닝(Semantic Versioning; Semver)에 따라 짓습니다*. **main** 속성에는 NW.js가 처음으로 실행할 파일을 지정합니다. 현재 예에서는 index.html 파일입니다.

---

* 역주: X.Y.Z 형태로 버전을 붙이는 것을 시멘틱 버저닝(Semantic Versioning)이라고 부릅니다(간단하게 semver 라고 부르기도 합니다). 이와 관련된 자세한 내용은 http://semver.org/lang/ko/를 참고해 주세요.

이러한 **name**, **version**, **main** 속성은 NW.js로 애플리케이션을 만들 때 package.json에 적어야 하는 기본 사항입니다. 그런데 아직 NW.js가 읽어 들일 웹 페이지를 만들지 않았습니다.

이전에 살펴보았던 것처럼 index.html을 구성하도록 하겠습니다. 명령 라인 도구에서 다음과 같은 명령어를 입력하거나, Notepad++/Atom과 같은 텍스트 에디터로 index.html 파일을 생성해 주세요.

```
touch index.html
```

파일이 생성되면, 사용하는 텍스트 에디터를 사용해 index.html 내부에 다음과 같은 코드를 입력합니다.

코드 2.1　NW.js 애플리케이션의 index.html 파일

```html
<html>
  <head>
    <title>Lorikeet</title>
  </head>
  <body>
    <h1>Welcome to Lorikeet</h1>
  </body>
</html>
```

이제 필요한 기본적인 파일을 모두 구성했으므로, NW.js로 애플리케이션을 실행해 보도록 하겠습니다. 다음 명령어로 애플리케이션을 실행합니다.

```
nw
```

nw 명령어 뒤에 어떠한 옵션도 입력하지 않으면, nw는 현재 폴더(lorikeet-nwjs)를 기준으로 package.json 파일을 찾고 읽습니다. 이어서 package.json 파일에 있는 내용을 확인하고 `main` 속성에 적혀 있는 index.html 파일을 실행합니다. 따라서 다음과 같은 화면이 나옵니다.

그림 2.2 가장 기본적인 NW.js 애플리케이션

애플리케이션 화면의 제목은 index.html 파일에 있는 `<title>` 태그를 기반으로 만들어집니다. index.html 파일의 `<title>` 태그에 있는 값을 변경하고 저장한 뒤, 애플리케이션에 있는 새로고침 버튼을 누르면 애플리케이션 화면의 제목이 변경되는 것을 확인할 수 있을 것입니다.

Column | index.html 파일을 그냥 웹 브라우저에서 열면 안 되나요?

할 수는 있습니다. 하지만 웹 브라우저에서는 NW.js API와 Node.js API를 사용할 때 자바스크립트 오류가 발생할 것입니다. 따라서 결론적으로는 안된다고 말할 수 있겠네요. NW.js 애플리케이션이 단지 웹 브라우저에 HTML 파일을 띄우는 것처럼 보일 수도 있겠지만, 내부적으로는 Node.js/NW.js API와 DOM 조작을 하나의 자바스크립트 콘텍스트에서 할 수 있게 복잡하게 결합되어 있습니다.

폴더 하나와 내부에 있는 파일 2개가 있다면, 애플리케이션의 기본적인 골격이 잡혔다고 할 수 있습니다. 따라서 애플리케이션을 실행할 수 있습니다. 현재 상태에서 곧바로 index.html 파일의 내용을 수정해서, 애플리케이션의 UI를 구성할 수 있습니다. 하지만 일단 일렉트론으로도 기본적인 골격을 구성한 이후에 UI를 함께 살펴보도록 하겠습니다.

3. 일렉트론 버전의 애플리케이션을 위한 폴더와 파일 구성하기

일렉트론 버전의 애플리케이션도 비슷한 방법으로 프로젝트를 구성합니다. 일단 lorikeet-electron이라는 이름의 폴더를 만듭니다. 다음 명령어를 터미널 또는 명령 프롬프트에 입력해 주세요.

```
mkdir lorikeet-electron
```

명령어를 실행하면 lorikeet-electron이라는 이름의 폴더가 만들어집니다. 이 폴더는 메인 애플리케이션 폴더이며, 내부에 애플리케이션의 파일들을 작성할 것입니다. 그럼 일단 package.json 파일을 내부에 생성합니다. 터미널 또는 텍스트 에디터를 사용해서 lorikeet-electron 폴더 내부에 package.json을 생성해 주세요.

```
cd lorikeet-electron
touch package.json
```

package.json 파일을 생성했다면, 일렉트론에 필요한 설정들을 파일 내부에 작성하도록 하겠습니다. package.json 파일에 다음과 같은 설정을 추가합니다.

```
{
    "name": "lorikeet",
    "version": "1.0.0",
    "main": "main.js"
}
```

package.json 파일 내부에 작성한 내용이 NW.js 버전 애플리케이션의 package.json과 거의 같아 보입니다. 다만 하나의 차이가 있는데요. 바로 **main** 속성입니다. NW.js 애플리케이션은

HTML 파일을 불러왔었습니다. 하지만 일렉트론은 자바스크립트 파일을 읽어 들입니다. 현재 일렉트론 버전의 애플리케이션은 main.js라는 이름의 파일을 먼저 읽어 들입니다.

main.js 파일은 일렉트론 애플리케이션과 애플리케이션을 출력할 화면을 로드합니다. 터미널 또는 텍스트 에디터를 사용해 main.js 파일을 생성하고, 다음과 같은 코드를 입력해 주세요.

코드 2.2 　일렉트론 애플리케이션의 main.js 파일

```
'use strict';

const electron = require('electron');    ←——— electron 모듈을 읽어 들입니다.
const app = electron.app;
const BrowserWindow = electron.BrowserWindow;

                                    변수 mainWindow에는 애플리케이션의 메인 화면을
let mainWindow = null;   ←——— 저장할 것입니다. 가비지 컬렉터가 메인 화면을 제거 해버리
                                    는 예외적인 상황을 막기 위함입니다.

app.on('window-all-closed',() => {   ←——————— 윈도우와 리눅스는 애플리케이션 화면을 모두 끄면,
  if (process.platform !== 'darwin') app.quit();      애플리케이션이 종료됩니다. 이를 구현한 것입니다.
});                                                반대로 macOS에서는 애플리케이션을 모두 닫아도
                                                   애플리케이션이 종료되지 않습니다.

app.on('ready', () => {   ←——— 애플리케이션을 실행할 준비가 모두 완료되면, 메인 화면에 index.html을 로드합니다.
  mainWindow = new BrowserWindow();       추가로 메인 화면이 닫히면 변수 mainWindow에 null을 설정합니다.
  mainWindow.loadURL('file://${app.getAppPath()}/index.html');
  mainWindow.on('closed', () => { mainWindow = null; });
});
```

main.js는 index.html 파일을 로드합니다. 따라서 index.html 파일을 생성하고, 다음과 같은 코드를 내부에 입력해 주세요.

```
<html>
  <head>
    <title>Lorikeet</title>
  </head>
  <body>
    <h1>Welcome to Lorikeet</h1>
  </body>
</html>
```

index.html 파일의 내용을 변경하고 저장했다면, 이제 명령 라인에서 일렉트론 애플리케이션을 실행해 봅시다. 터미널 또는 명령 프롬프트에서 다음 명령어를 사용해 lorikeet-electron 폴더로 이동한 뒤, 애플리케이션을 실행합니다.

```
cd lorikeet-electron
electron .
```

애플리케이션을 실행하면 그림 2.3처럼 출력하는 것을 볼 수 있습니다.

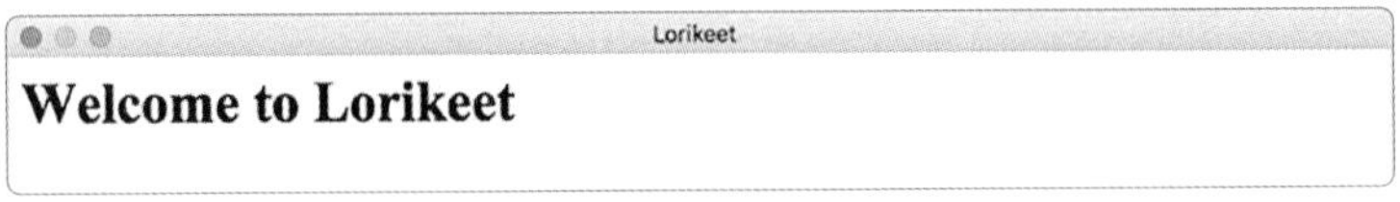

그림 2.3 일렉트론 버전의 Lorikeet

일렉트론 버전의 애플리케이션이라도 NW.js 버전의 애플리케이션과 거의 같습니다. index.html 파일의 내용도 거의 같으며, 명령 라인에서 애플리케이션을 실행하는 방법도 거의 같습니다.

지금까지 Lorikeet 애플리케이션의 기본적인 프로젝트 구조를 구축했습니다. NW.js와 일렉트론이 거의 비슷하다는 것을 알 수 있을 텐데요. 이전에 언급했던 것처럼 Cheng Zhao가 NW.js와 일렉트론을 모두 만들었기 때문입니다. 그런데 내부적으로 이 둘은 애플리케이션을 로드하는 방법이 약간 다릅니다.

Lorikeet 애플리케이션의 기본적인 프로젝트 구조와 뼈대가 되는 파일과 폴더를 생성했습니다. 이어지는 내용에서는 그림 2.1에서 보았던 애플리케이션의 시작 화면을 구성해 보도록 하겠습니다. 이 과정에서 계속해서 두 프레임워크의 접근 방식을 비교하며 살펴보겠습니다. 또한 가능한 경우 코드를 공유해서 애플리케이션을 만들어보도록 하겠습니다.

시작 화면 구현하기

시작 화면에 여러 가지 컴포넌트를 만들도록 할 텐데요. 일단 **그림 2.4**처럼 사용자 폴더를 출력하게 만들어봅시다. 제일 먼저 구현할 부분은 원으로 표시한 부분이 되겠습니다.

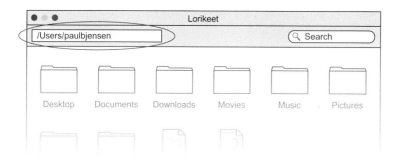

그림 2.4 Lorikeet 와이어 프레임

이 첫 번째 기능을 구현하면, NW.js와 일렉트론에서 어떻게 UI를 만들고 기능을 구현하는지에 대해 알 수 있을 것입니다.

1. 사용자 폴더를 툴바에 출력하기

이 부분은 세 가지 요소로 구성됩니다.

- 툴바와 사용자 폴더를 출력하는 HTML
- 툴바와 사용자 폴더의 레이아웃을 잡고 스타일을 적용하는 CSS
- 사용자 폴더의 내용을 확인하고 UI에 출력하는 자바스크립트

좋은 점이라면 HTML, CSS, 자바스크립트는 NW.js와 일렉트론이 함께 공유하므로, 비슷한 코드를 사용할 수 있다는 것입니다. 그럼 어떠한 형태로 코드를 공유할 수 있는지 살펴보도록 합시다. 일단 HTML부터 진행하겠습니다.

툴바와 사용자 폴더를 나타내는 HTML 요소 추가하기

NW.js와 일렉트론의 메인 화면이 될 index.html 파일을 작성하겠습니다. 두 버전의 애플리케이션 내부에 있는 index.html 파일을 열고, 다음과 같은 코드를 작성해 주세요.

코드 2.3   index.html 파일에 툴바와 사용자 폴더를 나타내는 HTML 요소 추가하기

```
<html>
  <head>
    <title>Lorikeet</title>
  </head>
  <body>
    <div id="toolbar">          ◀── 기존에 있던 글자를 제거하고, 툴바와 사용자
      <div id="current-folder"></div>      폴더를 나타내는 HTML 요소로 변경합니다.
    </div>
  </body>
</html>
```

두 버전의 애플리케이션에 모두 이와 같은 수정을 진행했다면, 이제 CSS 스타일 시트를 사용해서 툴바와 사용자 폴더의 레이아웃을 잡고, 스타일을 적용하도록 하겠습니다.

툴바와 사용자 폴더를 위한 CSS 추가하기

데스크톱 애플리케이션의 스타일을 적용하는 것이라도 웹 페이지의 스타일을 적용하는 것과 차이가 없습니다. HTML 페이지 내부에 CSS를 직접 입력할 수도 있고, 외부에 CSS 파일을 만들고 이를 HTML 페이지에서 읽어 들여 사용하는 두 가지 방법을 모두 사용할 수 있는데요. index.html 파일을 깔끔하게 유지할 수 있게 분리해서 사용하도록 하겠습니다.

일단 index.html 파일과 같은 폴더에 app.css라는 이름의 파일을 생성해 주세요. 그리고 app.css 파일에 다음과 같은 코드를 입력합니다.

코드 2.4　툴바와 사용자 폴더를 위한 app.css 파일 추가하기

```css
body {
    padding: 0;
    margin: 0;
    font-family: 'Helvetica','Arial','sans';
}

#toolbar {
    position: absolute;
    background: red;
    width: 100%;
    padding: 1em;
}

#current-folder {
    float: left;
    color: white;
    background: rgba(0,0,0,0.2);
    padding: 0.5em 1em;
    min-width: 10em;
    border-radius: 0.2em;
}
```

이어서 index.html 파일에서 app.css 파일을 읽어 들이겠습니다. index.html 파일을 열고, 다음 코드와 같이 link 태그를 추가해 주세요.

코드 2.5　index.html 파일에서 link 태그로 app.css 파일 읽어 들이기

```html
<html>
  <head>
    <title>Lorikeet</title>
    <link rel="stylesheet" href="app.css" />    ◀── app.css 파일을 읽어 들이는 link 태그를 생성합니다.
```

```
    </head>
  <body>
    <div id="toolbar">
        <div id="current-folder"></div>
    </div>
  </body>
</html>
```

index.html 파일을 저장했다면, 터미널 또는 명령 프롬프트에서 다음 명령어를 사용해 NW.js
와 일렉트론 애플리케이션을 다시 실행합니다.

```
cd lorikeet-electron && electron .
cd lorikeet-nwjs && nw
```

애플리케이션을 다시 실행하면, 그림 2.5와 그림 2.6처럼 툴바와 사용자 폴더 출력 관련 UI가 구
성되는 모습을 볼 수 있습니다.

그림 2.5 Lorikeet NW.js 애플리케이션

그림 2.6 Lorikeet 일렉트론 애플리케이션

툴바와 사용자 폴더를 출력할 위치를 잡고 스타일도 적용했지만, 사용자 폴더에 경로는 어떻게
출력해야 할까요? 곧바로 살펴보도록 합시다.

Node.js로 사용자 폴더 경로 찾기

사용자 폴더의 위치는 운영체제에 따라 다릅니다. macOS의 경우는 일반적으로 사용자 폴더가 /Users/<사용자 이름>에 위치합니다. 리눅스의 경우는 일반적으로 사용자 폴더가 /home/<사용자 이름>에 위치하며, 윈도우10의 경우는 C:\Users\<사용자 이름>에 위치합니다. 운영체제에 따라 사용자 폴더의 위치가 모두 다른 것입니다.

따라서 초기 Node.js의 리드 관리자이며 npm의 설립자인 Issac Schlueter가 만든 osenv라는 모듈을 사용해 보겠습니다. 이 모듈을 사용하면 쉽게 사용자 폴더를 찾을 수 있습니다. 두 버전의 Lorikeet 애플리케이션 폴더 내부에서 다음과 같은 명령어를 입력해 osenv 모듈을 설치합니다.

```
npm install osenv --save
```

npm 명령어로 모듈을 설치할 때 **--save** 플래그를 추가하면, package.json 매니페스트 파일에 모듈 설치 기록이 저장됩니다. 그럼 한번 package.json 파일을 열어봅시다. 다음 코드는 NW.js 버전 애플리케이션의 package.json 파일입니다.

코드 2.6　수정된 package.json 파일

```
{
   "name": "lorikeet",
   "version": "1.0.0",
   "main": "index.html",
   "dependencies": {  ◀━━━━  어떤 모듈이 설치되었는지 기록됩니다.
     "osenv": "^0.1.3"
   }
}
```

또한 애플리케이션 폴더를 보면 node_modules라는 이름의 폴더가 생성된 것도 확인할 수 있습니다. 이 폴더에는 npm으로 설치한 모듈들이 저장됩니다. node_modules 폴더에 들어가서 확인해 보면 osenv라는 이름의 폴더가 있을 것입니다. 그리고 이 폴더에는 osenv 모듈의 코드가 들어있습니다.

osenv 모듈을 설치했다면, index.html에서 사용자 폴더를 출력해 보도록 합시다. NW.js와 일렉트론 프레임워크는 index.html 파일에서 곧바로 Node.js와 관련된 함수를 사용할 수 있습니다. 조금 믿기 힘들 수 있는 내용인데요. index.html 파일을 다음과 같이 수정해 봅시다.

코드 2.7 index.html 파일에서 사용자 폴더 출력하기

```
<html>
  <head>
    <title>Lorikeet</title>
    <link rel="stylesheet" href="app.css" />
  </head>
  <body>
    <div id="toolbar">
      <div id="current-folder">
        <script>
          document.write(require('osenv').home());
        </script>
      </div>
    </div>
  </body>
</html>
```

> Node.js의 require 함수를 사용해 모듈을 읽어 들이고, 사용자 폴더를 반환하는 함수를 호출합니다. 그리고 이를 document.write로 DOM에 출력합니다.

NW.js와 일렉트론 버전 애플리케이션 내부의 index.html 파일을 모두 수정하고 저장해 주세요. 그리고 다음과 같은 명령어를 사용해 애플리케이션을 실행합니다.

```
cd lorikeet-electron && electron .
cd lorikeet-nwjs && nw
```

그림 2.7과 그림 2.8처럼 툴바에 사용자 폴더의 경로가 출력되는 모습을 볼 수 있습니다. index.html 파일의 script 태그 내부에 입력한 Node.js 코드가 정상적으로 실행되었다는 의미입니다.

그림 2.7 Lorikeet NW.js 애플리케이션에서 사용자 폴더의 경로가 출력되는 모습

그림 2.8 Lorikeet 일렉트론 애플리케이션에서 사용자 폴더의 경로가 출력되는 모습

프런트엔드에 있는 script 태그 내부에서 Node.js 코드를 실행할 수 있는 것은 물론이고, 모듈을 읽어 들일 수도 있습니다. 또한 NW.js와 일렉트론 양쪽 모두 같은 코드를 사용했습니다. 이처럼 코드를 쉽게 재사용할 수 있으므로, Light Table처럼 NW.js로 만들었던 애플리케이션을 쉽게 일렉트론으로 포팅할 수 있던 것입니다.

이제 툴바 내부의 요소는 대충 구현이 끝났습니다. 그럼 곧바로 툴바 아래에 사용자 폴더의 파일과 폴더를 출력해 보도록 합시다.

2. 사용자 폴더의 파일과 폴더 출력하기

이전 절에서 툴바를 만들 때는 UI를 구성한 다음에 인라인 스크립트를 사용해 사용자 폴더의 경로를 입력했습니다. 이번에는 외부 스크립트를 사용해 사용자 폴더와 파일을 출력하는 방법을 알아보고, UI를 구성해 보도록 하겠습니다.

이번 절에서 구현할 내용을 그림으로 살펴보면 다음과 같습니다.

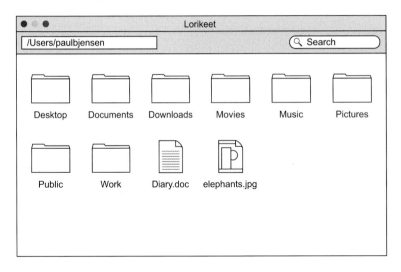

그림 2.9 이번 절에서 구현할 애플리케이션의 UI 요소

다음과 같은 과정으로 파일과 폴더 목록을 구현하겠습니다.

1. 사용자 폴더의 파일과 폴더 목록을 읽어 들입니다.

2. 폴더와 파일 목록에서 각각의 요소가 폴더인지 파일인지 구분합니다.

3. 구분된 파일과 목록에 적당한 아이콘을 붙여 화면에 그립니다.

이전에 사용자 폴더의 경로를 구했으므로, 이제 경로 내부에 있는 파일과 폴더의 목록을 찾는 방법이 필요합니다. Node.js는 표준 라이브러리에 파일 시스템을 처리하는 **fs**라는 이름의 모듈이 있습니다. 그리고 이 모듈의 **readdir** 함수를 사용하면 파일과 폴더의 목록을 읽을 수 있습니다. 이와 관련된 자세한 내용은 http://mng.bz/YR5B를 참고해 주세요.

NW.js와 일렉트론 버전의 Lorikeet 애플리케이션 폴더 모두에 app.js라는 파일을 만들고, 내부에 Node.js 코드와 DOM 조직 코드를 입력하겠습니다.

app.js 파일을 index.html 파일, app.css 파일과 같은 위치에 생성합니다. 이어서 사용자 폴더를 읽어 들이는 코드를 옮기겠습니다. 다음과 같이 app.js 파일을 작성합니다.

```
'use strict';

const osenv = require('osenv');

function getUsersHomeFolder() {
  return osenv.home();
}
```

app.js 파일에 코드를 추가했다면, 이제 index.html 파일에서 app.js 파일을 읽어 들이고, DOM 내부에서 **getUsersHomeFolder**를 호출하게 코드를 수정합니다. index.html 파일을 다음과 같이 수정해 주세요.

코드 2.8　index.html 파일에서 app.js 파일 읽어 들이기

```
<html>
  <head>
    <title>Lorikeet</title>
    <link rel="stylesheet" href="app.css" />
    <script src="app.js"></script>        ← index.html 파일에서 app.js 파일을 읽어 들입니다.
  </head>
  <body>
    <div id="toolbar">
      <div id="current-folder">
        <script>
                                               app.js 파일에 있는
          document.write(getUsersHomeFolder());  ← getUsersHomeFolder 함수를
                                               실행하고, 반환값을 출력합니다.
        </script>
      </div>
    </div>
  </body>
</html>
```

이 정도에서 애플리케이션을 다시 실행해서 이전과 똑같이 실행되는지 확인해 주세요 확인했다면 app.js 파일에 파일과 폴더의 목록을 추출하는 코드를 작성해 봅시다.

일단 Node.js의 파일 시스템 모듈을 추출합니다. 그리고 **getFilesInFolder**라는 이름의 함수를 생성합니다. 이 함수는 매개변수로 지정된 경로의 파일과 폴더의 목록을 추출해 주는 함수로 만듭니다. 이어서 **main**이라는 이름의 함수를 만들고, 해당 함수로 사용자 폴더의 경로를 전달해서 호출합니다. 그리고 결과를 일단 간단하게 콘솔에 출력해 보겠습니다. app.js 파일의 내용을 다음과 같이 수정합니다.

코드 2.9 **사용자 폴더의 파일과 폴더 목록 출력하기**

```
'use strict';

const fs = require('fs');          ◀── Node.js의 fs 모듈을 읽어 들입니다.
const osenv = require('osenv');

function getUsersHomeFolder() {
  return osenv.home();
}

function getFilesInFolder(folderPath, cb) {    ◀── fs.readdir 함수를 getFilesInFolder
  fs.readdir(folderPath, cb);                       라는 이름의 함수로 사용할 수 있게 합니다.
}

function main() {    ◀── 사용자 폴더 경로의 파일 목록을 출력해서 추출하는 함수입니다.
  const folderPath = getUsersHomeFolder();
  getFilesInFolder(folderPath, (err, files) => {
    if (err) {    ◀── 오류가 있을 경우 메시지를 출력합니다.
      return alert('Sorry, we could not load your home folder');
    }
    files.forEach((file) => {
      console.log('${folderPath}/${file}');    ◀── 목록에 있는 각 파일에 대해 파일에 대한
    });                                             전체 경로를 콘솔에 기록합니다.
  });
}

main();
```

app.js 파일을 저장했다면, 코드를 실행해서 어떤 일이 벌어지는지 확인해 봅시다. 일단 애플리케이션을 다시 실행해 주세요. 일렉트론의 경우 View → Toggle Developer Tool을 눌러서 개발자 도구를 켜고, 콘솔 탭을 보면 그림 2.10처럼 파일 목록이 출력되는 것을 확인할 수 있을 것입니다.

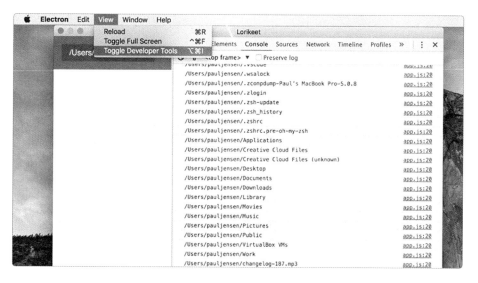

그림 2.10 일렉트론 Lorikeet 애플리케이션의 콘솔 탭에 파일의 목록이 출력되는 모습(1)

이제 사용자 폴더 내부에 있는 파일 목록을 추출했으니, 이러한 목록에 적혀 있는 것들이 파일인지 폴더인지 확인해 보도록 합시다. 이를 확인하면, 파일과 폴더에 맞는 적절한 아이콘을 조합해서 UI를 출력할 수 있을 것입니다.

일단 가장 기본적인 목표는 Node.js 파일 시스템 API의 다른 함수를 사용해, 해당 요소가 파일인지, 폴더인지, 이름은 무엇인지, 전체 파일 경로는 어떻게 되는지 알아내는 것입니다. 이를 다음과 같은 과정에 따라 구현하도록 하겠습니다.

1. `fs.stat` 함수를 사용합니다. 이와 관련된 내용은 문서(http://mng.bz/46U5)를 참고해 주세요.
2. async 모듈을 사용해 비동기 함수를 호출한 뒤, 결과를 한꺼번에 반환받습니다.
3. 이렇게 반환받은 결과를 기반으로 화면에 파일과 폴더를 출력합니다.

이러한 변경 사항을 적용할 때 async 모듈을 활용하겠습니다. 터미널 또는 명령 프롬프트를 사용해 async 모듈을 설치해 주세요.

```
npm install async --save
```

async 모듈을 설치했다면, app.js 파일에 사용자 폴더에 있는 파일을 확인하는 코드를 추가합니다. 다음과 같이 코드를 수정해 주세요.

코드 2.10 app.js 파일에 파일의 타입을 확인하는 코드 추가하기

```
'use strict';

const async = require('async');
const fs = require('fs');                      ◀── async 모듈과 path 모듈을 읽어 들입니다.
const osenv = require('osenv');
const path = require('path');

function getUsersHomeFolder() {
  return osenv.home();
}
function getFilesInFolder(folderPath, cb) {
  fs.readdir(folderPath, cb);
}
function inspectAndDescribeFile(filePath, cb) {  ◀── 파일의 이름을 추출할 때 path
  let result = {                                      모듈을 사용합니다.
    file: path.basename(filePath),
    path: filePath, type: ''
  };
  fs.stat(filePath, (err, stat) => {           ◀── fs.stat 호출은 파일 유형을 찾기 위해
    if (err) {                                      쿼리할 수 있는 객체를 제공합니다.
      cb(err);
    } else {
      if (stat.isFile()) {
        result.type = 'file';
      }
      if (stat.isDirectory()) {
        result.type = 'directory';
```

```
      }
      cb(err, result);
    }
  });
}
function inspectAndDescribeFiles(folderPath, files, cb) {
  async.map(files, (file, asyncCb) => {     ◄──── 비동기 함수를 호출하고, 결과를 한꺼번에
    let resolvedFilePath = path.resolve(folderPath, file);          반환받을 때 async 모듈을 사용합니다.
    inspectAndDescribeFile(resolvedFilePath, asyncCb);
  }, cb);
}
function displayFiles(err, files) {     ◄──── 파일 출력을 위한 마지막 부분이라고 할 수 있는
  if (err) {                                   displayFiles( ) 함수를 생성합니다.
    return alert('Sorry, we could not display your files');
  }

  files.forEach((file) => { console.log(file); });
}
function main() {
  let folderPath = getUsersHomeFolder();
  getFilesInFolder(folderPath, (err, files) => {
    if (err) {
      return alert('Sorry, we could not load your home folder');
    }
    inspectAndDescribeFiles(folderPath, files, displayFiles);
  });
}

main();
```

app.js 파일을 저장한 뒤 애플리케이션을 다시 실행하면, 개발자 도구에 그림 2.11처럼 출력되
는 모습을 볼 수 있습니다.

이전에는 사용자 폴더 내부에 있는 파일 이름 목록을 출력했지만 이번에는 파일 이름, 파일 형
식 등을 포함하고 있는 자료 구조 목록을 출력합니다. 이제 파일 형식에 따라 아이콘을 선정하
고, 파일 이름을 붙인 뒤에 UI를 구성해서 출력하기만 하면 됩니다.

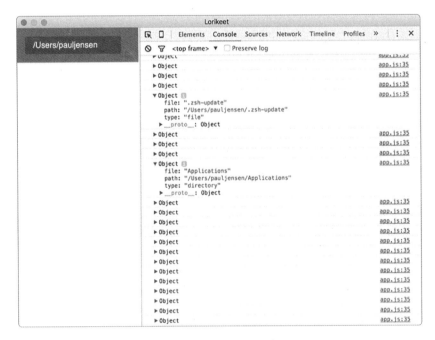

그림 2.11 일렉트론 Lorikeet 애플리케이션의 콘솔 탭에 파일의 목록이 출력되는 모습(2)

파일과 폴더의 UI를 구성해서 시각적으로 출력하기

지금까지 app.js 파일에 `displayFiles`라는 이름의 함수를 만들었습니다. 그럼 이제 이 함수를 사용해 적절한 아이콘을 선정하고, 파일의 이름을 화면에 출력해 봅시다. UI로 구성해야 하는 파일이 많으므로, HTML 템플릿을 사용해 각각의 파일을 렌더링 하도록 하겠습니다.

그럼 index.html 파일에 HTML 템플릿을 추가해 봅시다. 파일을 화면에 출력할 때 사용할 `div` 태그를 선언하기만 하면 됩니다. 다음과 같이 index.html 파일을 수정해 주세요.

코드 2.11   index.html 파일에 파일 템플릿과 메인 영역 추가하기

```
<html>
  <head>
    <title>Lorikeet</title>
    <link rel="stylesheet" href="app.css" />
    <script src="app.js"></script>
  </head>
```

```
    <body>
      <template id="item-template">  ◄────  템플릿을 추가합니다.
        <div class="item">
          <img class="icon" />
          <div class="filename"></div>
        </div>
      </template>
      <div id="toolbar">
        <div id="current-folder">
          <script>
            document.write(getUsersHomeFolder());
          </script>
        </div>
      </div>
      <div id="main-area"></div>  ◄────  id 속성으로 "main-area"를 가지는 파일을
    </body>                              출력할 메인 영역을 div 태그로 추가합니다.
</html>
```

템플릿은 HTML 태그를 복사해서 화면에 파일을 출력하고자 만들었습니다. 이를 활용해서 사용자 폴더 내부에 있는 파일에 아이콘과 이름을 붙여 화면에 출력하겠습니다.

그럼 이제 app.js 파일에 템플릿 인스턴스를 생성하고, UI에 출력하는 코드를 추가합시다. 다음 코드처럼 app.js 파일을 수정해 주세요.

코드 2.12   app.js 파일에 템플릿 인스턴스를 렌더링 하는 코드 추가하기

```
'use strict';

const async = require('async');
const fs = require('fs');
const osenv = require('osenv');
const path = require('path');

function getUsersHomeFolder() {
  return osenv.home();
}
```

```javascript
function getFilesInFolder(folderPath, cb) {
  fs.readdir(folderPath, cb);
}

function inspectAndDescribeFile(filePath, cb) {
  let result = {
    file: path.basename(filePath),
    path: filePath, type: ''
  };
  fs.stat(filePath, (err, stat) => {
    if (err) {
      cb(err);
    } else {
      if (stat.isFile()) {
        result.type = 'file';
      }
      if (stat.isDirectory()) {
        result.type = 'directory';
      }
      cb(err, result);
    }
  });
}

function inspectAndDescribeFiles(folderPath, files, cb) {
  async.map(files, (file, asyncCb) => {
    let resolvedFilePath = path.resolve(folderPath, file);
    inspectAndDescribeFile(resolvedFilePath, asyncCb);
  }, cb);
}

function displayFile(file) {
  const mainArea = document.getElementById('main-area');
  const template = document.querySelector('#item-template');
  let clone = document.importNode(template.content, true);
  clone.querySelector('img').src = 'images/${file.type}.svg';
  clone.querySelector('.filename').innerText = file.file;
```

displayFile라는 이름으로 파일 템플릿 렌더링 하고 출력하는 함수를 추가합니다.

템플릿 인스턴스를 복사해서 생성합니다.

파일 이름과 아이콘을 지정합니다.

```
    mainArea.appendChild(clone);    ←——— "main-area"에 생성한 템플릿 인스턴스를 추가합니다.
}


function displayFiles(err, files) {
  if (err) {
    return alert('Sorry, we could not display your files');
  }
  files.forEach(displayFile);    ←——— 각각의 파일을 매개변수로 전달해서 displayFile 함수를 호출합니다.
}


function main() {
  let folderPath = getUsersHomeFolder();
  getFilesInFolder(folderPath, (err, files) => {
    if (err) {
      return alert('Sorry, we could not load your home folder');
    }
    inspectAndDescribeFiles(folderPath, files, displayFiles);
  });
}
main();
```

파일과 폴더 출력 처리를 추가했습니다. 그럼 파일과 폴더의 목록을 그리드 형태로 출력하게 몇 가지 코드를 추가해 봅시다. app.css 파일에 다음과 같은 코드를 추가합니다.

코드 2.13 app.css 파일에 파일 출력을 위한 스타일 추가하기

```
body {
    padding: 0;
    margin: 0;
    font-family: 'Helvetica','Arial','sans';
}
#toolbar {
    top: 0px;
    position: fixed;
    background: red;
    width: 100%;
```

```
        z-index: 2;
  }
  #current-folder {
        float: left;
        color: white;
        background: rgba(0,0,0,0.2);
        padding: 0.5em 1em;
        min-width: 10em;
        border-radius: 0.2em;
        margin: 1em;
  }
  #main-area {
        clear: both;
        margin: 2em;
        margin-top: 3em;
        z-index: 1;
  }
  .item {
        position: relative;
        float: left;
        padding: 1em;
        margin: 1em;
        width: 6em;
        height: 6em;
        text-align: center;
  }
  .item .filename {
        padding-top: 1em;
        font-size: 10pt;
  }
```

이렇게 CSS를 적용하면 아이템들이 그리드 형태로 배치됩니다. 또한 툴바는 스크롤을 움직여
도 고정된 위치를 갖게 됩니다.

이제 거의 다 왔습니다. 이제 남은 것은 파일과 폴더를 구분해서 아이콘을 출력하는 것뿐입니다. 프로젝트 내부에 이미지를 저장할 images라는 이름의 폴더를 다음과 같은 명령어로 생성합니다.

```
cd lorikeet-electron
mkdir images
cd ../lorikeet-nwjs
mkdir images
```

그럼 이제 폴더와 폴더의 아이콘 이미지를 추가합시다. images 폴더 내부에 다음과 같은 두 파일을 저장합니다. 이 파일들은 OpenClipArt.org에서 제공하는 파일들입니다.

- https://openclipart.org/detail/137155/folder-icon
- https://openclipart.org/detail/83893/file-icon

images 폴더에 아이콘 파일을 file.svg, 폴더를 directory.svg라는 이름으로 저장한 뒤 애플리케이션을 다시 실행하면, 그림 2.12와 그림 2.13처럼 출력합니다.

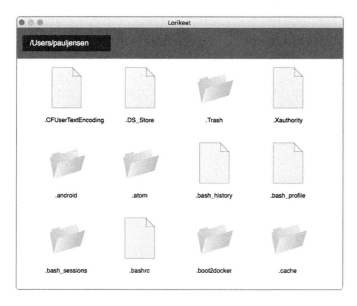

그림 2.12 파일과 폴더를 출력하는 Lorikeet NW.js 애플리케이션

파일의 type 속성을 확인하고, 이를 기반으로 파일인지 아이콘인지 확인해서 아이콘을 붙입니다. 아이콘이 붙어 있으니 파일인지 폴더인지 쉽게 구분할 수 있겠죠? 또한 현재 파일과 폴더가 알파벳 오름차순 순서로 정렬되어 있는 것을 볼 수 있습니다. 추가로 리눅스 또는 macOS에서 점(.)으로 시작하는 파일은 원래 숨김 파일입니다. 하지만 이러한 파일도 보입니다. 그림 2.13는 일렉트론 버전의 Lorikeet 애플리케이션입니다.

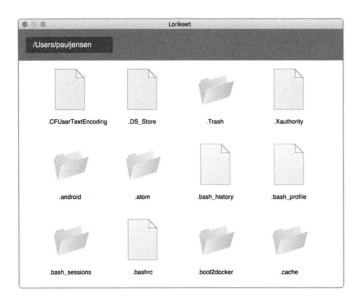

그림 2.13 파일과 폴더를 출력하는 Lorikeet 일렉트론 애플리케이션

일렉트론과 NW.js 버전의 애플리케이션이 모두 비슷한 모습을 가지고 있다는 것을 확인할 수 있습니다. 이번 장의 내용은 여기까지입니다. 이어지는 장에서는 애플리케이션의 완성도를 조금 더 올려봅시다.

정리

이번 장에서는 많은 사람이 일상에서 사용하는 "탐색기" 애플리케이션을 NW.js와 일렉트론으로 만들어보았습니다. 이 과정에서 애플리케이션을 만드는 기본적인 과정에 대해서 배웠습니다. 이번 장에서 배운 내용을 정리해 보면 다음과 같습니다.

- 애플리케이션을 만들 때는 와이어프레임의 기능을 하나씩 차근차근 구현해 나아가도록 합시다.

- 코드로 기능을 구현할 때는 적당한 이름을 사용해서 의미적으로 쉽게 이해할 수 있게 해주세요.

- NW.js와 일렉트론 데스크톱 애플리케이션의 스타일을 조정할 때는 CSS를 사용합니다.

- 데스크톱 애플리케이션을 만들 때 Node.js의 서드파티 모듈을 사용할 수 있습니다.

- NW.js와 일렉트론은 거의 비슷한 코드를 공유해서 사용할 수 있습니다. 다만 일렉트론은 애플리케이션 실행을 위한 자바스크립트 파일이 필요하고, package.json 파일의 엔트리 포인트가 다릅니다.

Lorikeet라는 애플리케이션을 NW.js와 일렉트론으로 구현하면서, 두 데스크톱 애플리케이션 프레임워크의 공통점과 차이점을 느낄 수 있을 것으로 생각합니다. 두 가지 프레임워크의 사용 방법을 모두 이해하면, 애플리케이션을 만들 때 어떤 프레임워크가 더 적절한지 선택할 수 있을 것입니다.

이번 장에서 가장 중요한 점은 웹 사이트 UI를 만들 때 사용하던 기술로 데스크톱 애플리케이션 UI를 만들 수 있다는 것이다.

다음 장에서는 NW.js와 일렉트론의 API를 사용해서 폴더를 탐색하는 기능, 폴더와 파일을 이름으로 검색하는 기능, 파일을 여는 기능을 구현해 보도록 하겠습니다.

데스크톱 애플리케이션 만들기

학습 목표

☑ 파일 탐색기에 파일을 여는 기능을 추가합다

☑ 파일 시스템에 접근하는 방법을 살펴봅니다

☑ 모듈을 사용해 코드를 리팩터링합니다

☑ 검색 기능을 구현합니다

2장부터 Lorikeet라는 이름의 파일 탐색기 골격 위에 계속해서 살을 붙여 나가고 있습니다. 이번 장에서도 제품이라고 부를 수 있는 단계까지 파일 탐색기의 기능을 계속 추가하도록 하겠습니다.

이번 장을 진행하면서 애플리케이션의 기능만 주목하기보다, NW.js와 일렉트론을 활용해 애플리케이션의 기능을 구현하는지를 주목하기 바랍니다. 그럼 예제를 계속 만들어보면서 데스크톱 애플리케이션 프레임워크를 어떻게 활용하는지 다양하게 알아봅시다.

지금까지의 과정으로 화면에 주어진 경로의 파일과 폴더를 출력할 수 있게 되었습니다. 그럼 이제 폴더를 더블 클릭하여 해당 폴더로 이동한 뒤, 해당 폴더의 내용을 메인 영역에 출력하도록 하겠습니다.

1. 코드 리팩터링 하기

현재 app.js 파일의 코드를 보면 조금 지저분합니다. 따라서 코드가 더 복잡해져서 관리하기 힘들게 되기 전에, 코드를 리팩터링 하도록 하겠습니다. 그림 3.1처럼 app.js 파일의 내용을 여러 파일로 나누어 리팩터링 합시다.

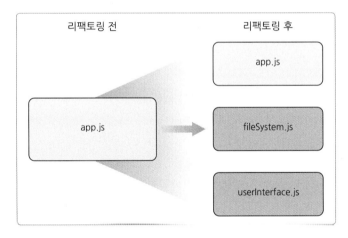

그림 3.1 app.js 파일의 내용을 여러 개의 파일로 나누어 읽기 쉽게 만들겠습니다

그림 3.1처럼 app.js 파일의 내용을 3개의 파일로 분할할 것입니다. app.js 파일은 프런트엔드 코드의 엔트리 포인트로써 계속해서 사용할 것이며, 나머지 두 개의 파일을 모듈로 만든 뒤 app.js

파일에서 읽어 들여 사용할 것입니다. 일단 fileSystem.js 파일은 파일과 폴더를 읽어 들이는 등의 파일 처리 관련 코드를 입력할 것입니다. 그리고 userInterface.js 파일은 UI와 관련된 처리를 입력할 것입니다. 이렇게 기능적으로 구분하면 코드를 조금 더 쉽게 읽고, 관리할 수 있습니다.

Lofikeet 폴더 내부의 app.js 파일과 같은 위치에 fileSystem.js 파일과 userInterface.js 파일을 생성합니다. 그리고 fileSystem.js 파일에는 다음과 같은 코드를 입력합니다.

코드 3.1 fileSystem.js 파일

```javascript
'use strict';

const async = require('async');
const fs = require('fs');
const osenv = require('osenv');
const path = require('path');

function getUsersHomeFolder() {
  return osenv.home();
}

function getFilesInFolder(folderPath, cb) {
  fs.readdir(folderPath, cb);
}

function inspectAndDescribeFile(filePath, cb) {
  let result = { file: path.basename(filePath), path: filePath, type: '' };
  fs.stat(filePath, (err, stat) => {
    if (err) {
      cb(err);
    }        else {
      if (stat.isFile()) {
        result.type = 'file';
      }
      if (stat.isDirectory()) {
        result.type = 'directory';
      }
      cb(err, result);
```

```
    }
  });
}

function inspectAndDescribeFiles(folderPath, files, cb) {
  async.map(files, (file, asyncCb) => {
    let resolvedFilePath = path.resolve(folderPath, file);
    inspectAndDescribeFile(resolvedFilePath, asyncCb);
  }, cb);
}

module.exports = {
  getUsersHomeFolder,
  getFilesInFolder,
  inspectAndDescribeFiles
};
```

filesystem.js 파일에는 app.js 파일에 있던 **getUsersHomeFolder, getFilesInFolder, inspectAndDescribeFile, inspectAndDescribeFiles** 함수를 옮겨 놓았습니다. 아래 부분에 조금 이상한 코드가 있는데요. module.exports 객체를 사용하면 다른 파일에서 해당 파일 내부의 기능에 접근할 수 있게 됩니다. CommonJS 자바스크립트 컨벤션에 포함되어 있는 내용인데요. 이를 활용하면 여러 프로젝트에서 같은 코드를 재사용할 수도 있습니다.

userInterface.js 파일에 다음 코드를 입력합니다.

코드 3.2   userInterface.js 파일

```
'use strict';

let document;

function displayFile(file) {
  const mainArea = document.getElementById('main-area');
  const template = document.querySelector('#item-template');
  let clone = document.importNode(template.content, true);
```

```
    clone.querySelector('img').src = 'images/${file.type}.svg';
    clone.querySelector('.filename').innerText = file.file;
    mainArea.appendChild(clone);
}

function displayFiles(err, files) {
  if (err) {
    return alert('Sorry, you could not display your files');
  }
  files.forEach(displayFile);
}

function bindDocument (window) {
  if (!document) {
    document = window.document;
  }
}

module.exports = { bindDocument, displayFiles };
```
← module.exports를 사용해
displayFiles 함수를 외부에 공개했습니다.

bindDocument와 **displayFiles** 함수를 외부에 공개했습니다. **bindDocument** 함수는 **window.document** 콘텍스트를 userInterface.js 파일 내부에서 사용할 수 있게 해줍니다. 이 과정이 있기 때문에 userInterface.js 파일 내부에서 **document** 객체를 활용할 수 있는 것입니다. **displayFiles** 함수는 파일을 출력할 때 사용됩니다. 참고로 **displayFile** 함수는 외부에서 사용할 필요가 없으므로, 외부에 공개하지 않게 했습니다.

지금까지 app.js 파일에 있었던 코드를 fileSystem.js와 userInterface.js 파일로 옮겼습니다. 따라서 app.js 파일의 내용을 다음과 같이 수정하도록 합시다.

코드 3.3 **app.js 파일**

```
'use strict';

const fileSystem = require('./fileSystem');
const userInterface = require('./userInterface');
```

```
function main() {
  userInterface.bindDocument(window);
  let folderPath = fileSystem.getUsersHomeFolder();
  fileSystem.getFilesInFolder(folderPath, (err, files) => {
    if (err) {
      return alert('Sorry, you could not load your home folder');
    }
    fileSystem.inspectAndDescribeFiles(folderPath, files, userInterface.
      displayFiles);
  });
}

main();
```

app.js 파일이 17줄로 줄었으며, 훨씬 읽기 쉽게 변경되었습니다. 파일의 윗부분에서는 모듈 (fileSystem과 userInterface)을 읽어 들이고 있습니다. 그리고 **main** 함수 내부의 코드는 해당 모듈의 함수를 활용하게 변경했습니다.

이제 마지막으로 남은 파일은 index.html 파일입니다. 파일의 내용을 다음과 같이 수정합니다.

코드 3.4   index.html 파일

```
<html>
  <head>
    <title>Lorikeet</title>
    <link rel="stylesheet" href="app.css" />
    <script src="app.js"></script>
  </head>
  <body>
    <template id="item-template">
      <div class="item">
        <img class="icon" />
        <div class="filename"></div>
      </div>
    </template>
```

```
    <div id="toolbar">
      <div id="current-folder">
        <script>
          document.write(fileSystem.getUsersHomeFolder());
        </script>
      </div>
    </div>
    <div id="main-area"></div>
  </body>
</html>
```

파일들이 꽤 예쁘게 리팩터링 되었습니다. 이어지는 절에서는 폴더를 더블 클릭해서 이동할 수 있게 만들어보겠습니다.

2. 폴더 더블 클릭 처리하기

탐색기의 가장 기본적인 기능 중의 하나는 폴더를 더블 클릭해서 해당 폴더 안으로 들어가는 것입니다. 이러한 기능을 Lorikeet 애플리케이션에도 추가해 봅시다.

폴더를 더블 클릭하면 앱의 UI가 업데이트되므로 다음과 같은 일이 일어납니다.

- 더블 클릭한 폴더를 현재 폴더로 지정합니다.
- 새로 이동한 경로의 파일과 폴더를 출력합니다.
- 또 다른 폴더를 더블 클릭하면 마찬가지의 처리가 일어나게 합니다.

일반적인 파일 탐색기는 파일을 더블 클릭하면, 해당 파일을 디폴트 애플리케이션으로 실행합니다. 지금까지 설명한 기능을 다음과 같은 방법으로 구현해 보겠습니다.

- userInterface.js 파일에 `displayFolderPath`라는 이름의 함수를 생성합니다. 이 함수는 현재 폴더의 경로를 UI에 출력합니다.
- `clearView`라는 함수를 생성합니다. 이 함수는 화면의 메인 영역에 출력되어 있는 파일과 폴더들을 모두 지웁니다.

- **loadDirectory**라는 이름의 함수를 생성합니다. 이 함수는 매개변수로 폴더 경로를 지정하면, 파일과 폴더를 읽고 메인 영역에 출력합니다.

- **displayFile** 함수를 수정해서 폴더들에 이벤트를 추가합니다.

- app.js 파일을 수정해서 userInterface.js 파일의 **loadDirectory** 함수를 호출하게 합니다.

- index.html 파일의 **current-folder** 요소 내부에 있는 script 태그를 제거합니다.

userInterface.js 파일을 다음과 같이 수정합니다.

코드 3.5 userInterface.js 파일 수정하기

```
'use strict';

let document;
const fileSystem = require('./fileSystem');        ◀——— 파일 시스템 모듈을 읽어 들입니다.

function displayFolderPath(folderPath) {        ◀——— 현재 폴더를 출력하는 함수입니다.
  document.getElementById('current-folder').innerText = folderPath;
}

function clearView() {        ◀——— #main-area div 요소 내부에 있는 모든 것들을 제거하는 함수입니다.
  const mainArea = document.getElementById('main-area');
  let firstChild = mainArea.firstChild;
  while (firstChild) {
    mainArea.removeChild(firstChild);
    firstChild = mainArea.firstChild;
  }
}

function loadDirectory(folderPath) {        ◀——— 현재 폴더 경로를 기반으로 #main area div에 파일과
  return function (window) {                       폴더를 출력하게 loadDirectory 함수를 수정합니다.
    if (!document) document = window.document;
    displayFolderPath(folderPath);
    fileSystem.getFilesInFolder(folderPath, (err, files) => {
      clearView();
      if (err) {
        return alert('Sorry, you could not load your folder');
      }
```

```
      fileSystem.inspectAndDescribeFiles(folderPath, files, displayFiles);
    });
  };
}

function displayFile(file) {
  const mainArea = document.getElementById('main-area');
  const template = document.querySelector('#item-template');
  let clone = document.importNode(template.content, true);
  clone.querySelector('img').src = 'images/${file.type}.svg';

  if (file.type === 'directory') {  ←——— 폴더 아이콘을 더블 클릭했을 때 해당 폴더를 열게 합니다.
    clone.querySelector('img')
      .addEventListener('dblclick', () => {
        loadDirectory(file.path)();
      }, false);
  }
  clone.querySelector('.filename').innerText = file.file;
  mainArea.appendChild(clone);
}

function displayFiles(err, files) {
  if (err) {
    return alert('Sorry, you could not display your files');
  }
  files.forEach(displayFile);
}
function bindDocument (window) {
  if (!document) {
    document = window.document;
  }
}
                                                    loadDirectory 함수를 외부에 공개합니다.
module.exports = { bindDocument, displayFiles, loadDirectory }; ←
```

이어서 app.js 파일을 수정해서 userInterface.js 파일 내부에 있는 **loadDirectory** 함수를 호출하게 합니다. app.js를 다음과 같이 수정하면 됩니다.

```
'use strict';

const fileSystem = require('./fileSystem');
const userInterface = require('./userInterface');

function main() {
  userInterface.bindDocument(window);
  let folderPath = fileSystem.getUsersHomeFolder();
  userInterface.loadDirectory(folderPath)(window);     ◄──── userInterface.js 파일의
}                                                              loadDirectory 함수를 호출합니다.

window.onload = main;     ◄──── window 객체의 load 이벤트가 발생할 때 main 함수를 호출하게 합니다.
```

이제 **current-folder**라는 id 속성을 가진 **div** 태그 내부의 내용을 제거해도 괜찮습니다. index.html 파일을 열고 **current-folder div** 태그를 다음과 같이 수정합니다.

```
<div id="current-folder"></div>
```

모두 변경했다면 저장하고 애플리케이션을 다시 실행합니다. 애플리케이션 폴더를 더블 클릭하면 그림 3.2처럼 툴바의 폴더 경로가 바뀌고, 메인 영역에 파일과 폴더가 새로 출력되는 모습을 볼 수 있습니다.

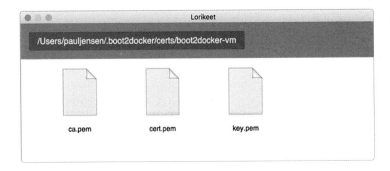

그림 3.2 일렉트론으로 만든 Lorikeet 애플리케이션으로 폴더 탐색하기

추가로 그림 3.3은 같은 파일들을 변경했을 때 NW.js에서의 실행 결과입니다.

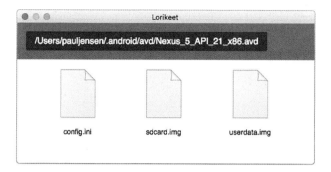

그림 3.3 NW.js 만든 Lorikeet 애플리케이션으로 폴더 탐색하기

순수한 자바스크립트, HTML, CSS만으로 애플리케이션이 조금씩 그럴듯한 모습을 갖춰가고 있습니다. 지금까지 굉장히 잘 진행하고 있는데요. 아직 모든 미션이 완료된 것은 아닙니다. 이어지는 절에서 계속해서 퀵서치 기능을 추가하도록 하겠습니다.

이번 절에서는 그림 3.4에 표시한 퀵서치 기능을 구현하겠습니다.

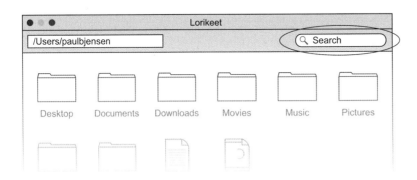

그림 3.4 이번 절에서 구현할 퀵서치 기능

폴더에 파일이 많다면, 파일을 하나하나 찾는 것이 굉장히 귀찮을 수 있습니다. 현재 우리가 만들고 있는 애플리케이션의 설계에는 화면의 오른쪽 위에 검색을 위한 영역이 준비되어 있습니다. 그럼 다음과 같은 과정을 거쳐 검색 기능을 구현해 봅시다.

1. 툴바의 오른쪽 위에 검색을 위한 영역(input 태그)을 추가합니다.

2. 메모리 내에 검색 관련 라이브러리를 추가합니다.

3. 현재 폴더의 요소(파일과 폴더)를 사용해 검색을 위한 색인을 만듭니다.

4. 사용자가 검색을 시작하면, 메인 영역의 파일들을 필터링해서 출력합니다.

1. 툴바에 검색을 위한 영역 추가하기

일단 처음 해야하는 것은 툴바에 검색을 위한 영역을 만드는 것입니다. index.html 파일에서 id 속성이 current-folder인 div 태그 위에 다음과 같은 코드를 입력합니다.

```
<input type="search" id="search" results=5 placeholder="Search" />
```

이렇게 input 태그의 type 속성을 search로 입력하면 검색과 관련된 몇 가지 기능을 활용할 수 있게 됩니다(일단 입력 양식 내부에 돋보기 모양의 아이콘이 뜹니다). 그럼 이어서 app.css 파일에 다음과 같은 코드를 입력해서 스타일을 조정하도록 합시다.

```
#search {
    float: right;
    padding: 0.5em;
    min-width: 10em;
    border-radius: 3em;
    margin: 2em 1em;
    border: none;
    outline: none;
}
```

코드를 모두 입력하고 애플리케이션을 다시 실행하면 다음과 같은 화면을 볼 수 있습니다.

그림 3.5 툴바에 추가한 검색 필드

참고로 input 태그의 type 속성이 search일 때는 results 속성을 입력할 수 있는데요. results 속성을 입력하면 입력 양식 내부의 돋보기 모양의 아이콘을 눌렀을 때 최근 검색한 내용을 results 속성에 입력한 개수만큼 보여줍니다*.

---

* 역주: 이러한 기능은 웹키트를 사용하는 웹 브라우저에만 적용됩니다. 따라서 NW.js 또는 일렉트론에서는 활용할 수 있는 기능입니다. 다만 일반 웹 페이지를 만들 때는 results 속성을 적용해도 인터넷 익스플로러, 엣지, 파이어폭스 등에서는 아무 변화가 없으므로 주의하기 바랍니다.

2. 검색 관련 라이브러리 추가하기

검색을 위한 영역을 만들었으니 이제 검색 기능을 만들어야 합니다. 검색 기능은 굉장히 일반적으로 사용되는 기능이므로 이미 관련된 라이브러리가 있습니다. 따라서 우리가 따로 만들지 않아도 됩니다.

Lunr.js는 클라이언트 사이드 라이브러리로 Oliver Nightingale이 만들었습니다(New Bamboo에서 일할 때 동료였습니다). Lunr.js 라이브러리를 사용하면 파일과 폴더의 색인을 만들고, 그러한 색인을 기반으로 쉽게 검색할 수 있습니다.

다음과 같은 명령어를 사용해 Lunr.js를 설치할 수 있습니다.

```
npm install lunr@1 --save*
```

---

* 역주: Lunr.js가 2.X버전으로 오르면서, 사용 방식이 조금 어려워졌습니다. 따라서 간단한 1.X버전을 사용하도록 하겠습니다.

명령어를 실행하면 node_modules 폴더에 lunr.js가 설치되며, package.json의 dependency 속성이 lunr라는 키가 추가될 것입니다. 이제 app.js와 같은 폴더에 **touch search.js** 또는 텍스트 에디터를 사용해 search.js 파일을 만듭니다. 파일을 생성했다면, 다음과 같은 코드를 내부에 입력합니다.

코드 3.7 search.js 파일

```
'use strict';

const lunr = require('lunr');   ◀──── lunr.js 모듈을 읽어 드립니다.
let index;

function resetIndex() {   ◀──── 검색 색인을 초기화 하는 resetIndex 함수
  index = lunr(function () {
    this.field('file');
    this.field('type');
    this.ref('path');
```

```
    });
  }

  function addToIndex(file) {     ◄────── 색인에 파일을 추가하는 addToIndex 함수
    index.add(file);
  }

  function find(query, cb) {     ◄────── 검색어를 기반으로 검색하는 find 함수
    if (!index) {
      resetIndex();
    }
    const results = index.search(query);
    cb(results);
  }

  module.exports = { addToIndex, find, resetIndex };     ◄────── 이러한 함수를 모듈로써 외부에 공개합니다.
```

현재 코드를 보면 파일을 색인에 추가하는 **addToIndex** 함수, 쿼리를 사용해 색인을 검색을 할 수 있게 해주는 **find** 함수, 색인을 초기화하는 **resetIndex**라는 함수를 만들었습니다. 그리고 **module.exports**를 사용해 이러한 함수들을 외부에 공개했습니다.

이러한 search.js 파일을 만들었다면, 이제 사용자 인터페이스의 검색 양식에서 기능을 활용할 수 있게 해봅시다. 또한 검색 등을 했을 때 메인 영역의 출력도 변경하게 하겠습니다.

3. 이벤트 핸들러에서 검색 기능 사용하기

검색 양식에 내용을 입력했을 때 검색이 이루어지게 하려면, 양식에 쿼리를 입력할 때 발생하는 이벤트를 사용해야 합니다. 그럼 일단 다음과 같이 userInterface.js 파일에 **bindSearchField**라는 이름의 함수를 만들고, **keyup** 이벤트를 연결하게 합니다.

```
function bindSearchField(cb) {
  document.getElementById('search').addEventListener('keyup', cb, false);
}
```

이렇게 코드를 입력하면, 검색 양식에 글자를 입력할 때(정확하게는 **keyup** 이벤트가 발생할 때) 매개변수로 전달된 함수를 호출하게 됩니다.

어쨌거나 이렇게 만들어진 함수를 **module.exports**로 외부에 공개해서, app.js 파일에서 사용할 수 있게 합시다.

```
module.exports = { bindDocument, displayFiles, loadDirectory,
    bindSearchField };
```

그럼 지금부터 검색 양식으로 무엇을 할지 간단하게 정리해 봅시다. 일단 검색 양식이 비어 있으면, 어떠한 것도 필터링하지 않고 모든 파일을 메인 영역에 출력할 것입니다. 만약 검색 양식에 어떤 쿼리가 들어있다면, 해당 쿼리를 기반으로 필터링해서 필터링 결과를 메인 영역에 출력할 것입니다. 이를 구현하려면, 다음과 같은 것들이 필요합니다.

- 메인 영역에 폴더 경로를 로드하기 전에 검색 색인을 초기화하기
- 메인 영역에 파일을 추가할 때, 검색 색인에도 파일을 추가하기
- 검색 필드가 비어 있으면, 모든 파일을 메인 영역에 출력하기
- 검색 필드에 값을 입력하면, 필터링 결과를 메인 영역에 출력하기

그런데 일단 userInterface.js 파일에서 검색 모듈을 사용할 수 있게 모듈을 읽어 들이는 것이 우선입니다. userInterface.js 파일의 앞부분을 다음과 같이 수정해 주세요. 이렇게 입력하면 이제 search라는 변수를 사용해서 모듈에 접근할 수 있습니다.

```
'use strict';
let document;
const fileSystem = require('./fileSystem');
const search = require('./search');
```

그럼 이전에 언급했던 필요한 4가지 작업 중에 첫 번째 작업부터 진행해 봅시다. 바로 "메인 영역에 폴더 경로를 로드하기 전에 검색 색인을 초기화하기"입니다. **loadDirectory** 함수를 다음과 같이 수정해서, 함수가 호출될 때 색인을 초기화하게 합니다.

```
function loadDirectory(folderPath) {
  return function (window) {
    if (!document) document = window.document;
    search.resetIndex();  ←——— 검색 색인을 초기화합니다.
    displayFolderPath(folderPath);
    fileSystem.getFilesInFolder(folderPath, (err, files) => {
      clearView();
      if (err) {
        return alert('Sorry, you could not load your folder');
      }
      fileSystem.inspectAndDescribeFiles(folderPath, files, displayFiles);
    });
  };
}
```

이어서 "메인 영역에 파일을 추가할 때, 검색 색인에도 파일을 추가하기"입니다. **loadDirectory** 아래에 있는 **displayFile** 함수를 다음과 같이 수정합니다. 일단 파일을 검색 색인에 추가하게 했습니다. 추가로 img 요소에 **data-filePath**라는 속성으로 파일의 경로를 저장하게 했습니다. 이를 활용해 이후에 DOM 추가/제거 없이, display 속성을 none으로 지정해 시각적으로만 필터링할 것입니다.

코드 3.9 **displayFile** 내부에서 검색 색인 추가하기

```
function displayFile(file) {
  const mainArea = document.getElementById('main-area');
  const template = document.querySelector('#item-template');
  let clone = document.importNode(template.content, true);
  search.addToIndex(file);  ←——— 검색 색인에 파일을 추가합니다.
  clone.querySelector('img').src = 'images/${file.type}.svg';
  clone.querySelector('img').setAttribute('data-filePath', file.path);  ←——
  if (file.type === 'directory') {                     img 요소의 data-filePath라는
    clone.querySelector('img')                         속성에 파일의 경로를 추가합니다.
      .addEventListener('dblclick', () => {
        loadDirectory(file.path)
```

```
    }, false);
  }
  clone.querySelector('.filename').innerText = file.file;
  mainArea.appendChild(clone);
}
```

이제 시각적으로 결과를 필터링하는 함수를 만들겠습니다. userInterface.js 파일의 **bindSearchField** 함수 뒤에 다음과 같은 함수를 추가해 주세요. 이 함수는 아이템 내부의 img 요소에 적혀 있는 **data-filePath**를 확인하고, 이 값이 검색 양식에 입력한 값을 포함하고 있지 않을 때, "display: none"을 적용해서 보이지 않게 만듭니다.

코드 3.10 **userInterface.js** 파일에 **filterResults** 함수 추가하기

```
function filterResults(results) {  ◄─── 검색 결과를 기반으로 필터링하는 함수
  const validFilePaths = results.map((result) => { return result.ref; });
  const items = document.getElementsByClassName('item');
  for (var i = 0; i < items.length; i++) {
    let item = items[i];
    let filePath = item.getElementsByTagName('img')[0]
      .getAttribute('data-filepath');
    if (validFilePaths.indexOf(filePath) !== -1) {  ◄─── 파일의 경로가 검색 결과에 포함된다면
      item.style = null;  ◄─── 맞다면 파일을 시각적으로 보이게 합니다.
    } else {
      item.style = 'display:none;';  ◄─── 아니라면 시각적으로 제거합니다.
    }
  }
}
```

이어서 필터를 모두 초기화할 수 있는 간단한 보조 함수를 추가합니다. 이 함수는 검색 양식의 내용을 모두 지웠을 때 호출할 함수입니다. 다음 코드를 userInterface.js 파일의 **filterResults** 함수 뒤에 추가합니다.

```
function resetFilter() {
  const items = document.getElementsByClassName('item');
```

```
    for (var i = 0; i < items.length; i++) {
      items[i].style = null;
    }
  }
```

함수의 내용을 살펴보면 선택자를 사용해 **item**이라는 클래스를 가진 모든 태그를 추출하고, style 속성을 제거해서 시각적으로 보이게 만듭니다.

추가로 userInterface.js 파일 아래의 **module.exports** 부분을 다음과 같이 수정해서, **filterResults** 함수와 **resetFilter** 함수를 외부에 공개합니다.

```
module.exports = {
  bindDocument, displayFiles, loadDirectory,
  bindSearchField, filterResults, resetFilter
};
```

이제 userInterface.js 파일은 모두 수정이 끝났습니다. 이제 app.js 파일의 내용을 다음과 같이 수정하겠습니다.

- 검색 필드에 이벤트를 연결하기
- 검색 필드에 내용을 입력할 때 쿼리를 lunr에 전달하게 하기
- 쿼리를 기반으로 필터링해서 출력하기

app.js 파일을 다음과 같이 수정합니다.

코드 3.11 **app.js 파일에서 검색 기능 결합하기**

```
'use strict';

const fileSystem = require('./fileSystem');
const userInterface = require('./userInterface');
const search = require('./search');        ◀──── search 모듈을 읽어 들입니다.

function main() {
```

```
    userInterface.bindDocument(window);
    let folderPath = fileSystem.getUsersHomeFolder();
    userInterface.loadDirectory(folderPath)(window);
    userInterface.bindSearchField((event) => {        ◀── 검색 필드에 이벤트를 연결합니다.
      const query = event.target.value;
      if (query === '') {
        userInterface.resetFilter();        ◀── 쿼리가 빈 문자열일 때는 필터링을 초기화합니다.
      } else {
        search.find(query, userInterface.filterResults);        ◀── 쿼리에 내용이 있다면 필터링하고
                                                                     결과를 출력합니다.
      }
    });
  }

  window.onload = main;
```

지금까지 수정한 파일을 모두 저장하고, 애플리케이션을 다시 실행합니다. 이전과 같은 모습이겠지만, 검색 양식에 글자를 입력하면 해당 글자를 기반으로 파일과 폴더를 필터링합니다. 추가로 검색 양식의 내용을 모두 지우면, 다시 처음처럼 파일과 폴더를 모두 출력합니다. 참고로 폴더를 더블 클릭해서 이동했을 때에도 검색 양식에 글자가 들어있다면 계속해서 필터링합니다.

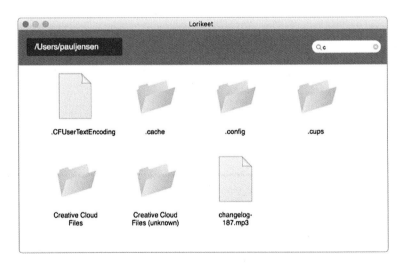

그림 3.6 이름을 기반으로 파일 필터링하기

지금까지 6개의 파일을 만들었고, 모든 코드를 합하면 268줄 밖에 되지 않습니다. 하지만 그럴 듯한 탐색기가 만들어졌습니다. 폴더의 파일을 보여줄 수 있고, 폴더를 클릭해서 탐색할 수도 있으며, 파일의 이름을 기반으로 필터링할 수도 있습니다.

짧은 코드지만 나름 굉장히 많은 기능을 수행하고 있죠? 그럼 이제 애플리케이션의 탐색 기능을 조금 더 발전시켜봅시다. 다음 절에서는 파일을 클릭하면 해당 파일을 실행하는 디폴트 애플리케이션으로 파일을 여는 기능을 만들겠습니다.

지금까지의 과정을 통해 사용자 폴더의 요소를 화면에 출력했으며, 폴더를 클릭하며 탐색할 수 있게 했고, 검색을 통해 필터링할 수 있게도 했습니다. 2장에서 언급했던 기본적인 내용은 모두 구현했습니다. 그런데 현재 폴더를 이동할 때 뒤로 돌아올 수 있는 기능이 없습니다.

이번 절에서는 현재 폴더의 상위 경로로 이동할 수 있게 하는 기능을 만들도록 하겠습니다.

1. 현재 폴더 경로를 클릭하면 상위 폴더로 이동하게 만들기

우리가 만들 것은 그림 3.7과 같은 기능입니다.

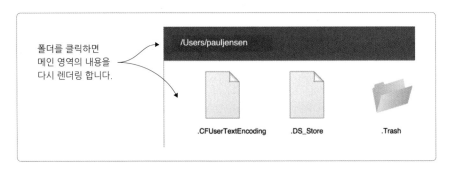

그림 3.7 폴더 경로를 클릭하면 상위 폴더로 이동하게 만들기

현재 폴더의 경로는 툴바에 단순한 글자로 출력됩니다. 이러한 폴더 경로에 조금 더 다양한 기능을 추가하도록 하겠습니다. 그림 3.8처럼 현재 폴더 경로가 /Users/pauljensen/Document라면 Users, pauljensen을 하나의 요소로 만들고, 해당 요소를 클릭하면 해당 폴더로 이동하게 만드는 기능입니다.

그럼 툴바에 있는 현재 폴더를 어떻게 출력할 것인지부터 살펴봅시다. 툴바에 현재 폴더를 출력하는 함수는 userInterface.js 파일에 있는 **displayFolderPath** 함수입니다. 이 함수를 수정해서 단순하게 현재 폴더의 경로를 반환하는 것이 아니라, **span** 태그의 집합으로 폴더 경로를 반환하게 만들어봅시다. 이때 **span** 태그는 단순하게 글자만을 가지는 것이 아니라, 해당 글자가 나타내는 폴더의 경로를 속성으로 가지게 할 것입니다. 그리고 해당 **span** 태그를 클릭하면, 해당 속성을 기반으로 **loadFolder** 함수를 호출하게 해서 폴더를 이동하게 구현하겠습니다.

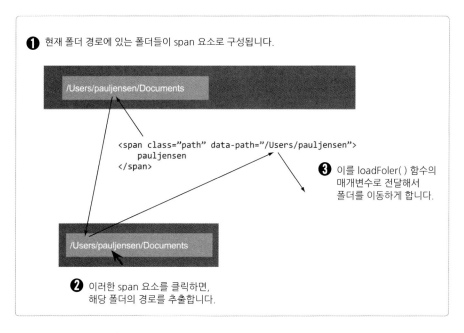

그림 3.8 경로를 클릭하면 해당 위치로 이동하게 합니다

그럼 폴더의 이름을 매개변수로 받아, 방금 설명한 형태의 span 태그 배열을 만들어 반환하는 함수를 만들어봅시다. userInterface.js 파일에 **convertFolderPathIntoLinks**라는 이름으로 함수를 만듭니다. 일단 그전에 해야할 것이 하나 있는데요. 파일의 가장 위("use strict"; 다음 부분)에 Node.js의 Path 모듈을 추출하는 것입니다.

```
const path = require('path');
```

path 모듈은 운영체제에서 사용하는 경로 구분자(path separator)를 알아내기 위해 사용합니다. macOS와 리눅스에서는 경로 구분자가 슬래시("/")입니다. 하지만 윈도우에서는 역슬래시("\")이기 때문입니다.

어쨌거나 path 모듈을 활용하면 폴더 등의 폴더 경로를 쉽게 생성할 수 있습니다. **convertFolderPathIntoLinks** 함수에 다음과 같은 코드를 작성합니다.

```
function convertFolderPathIntoLinks (folderPath) {
  const folders = folderPath.split(path.sep);
  const contents = [];
  let pathAtFolder = '';
  folders.forEach((folder) => {
    pathAtFolder += folder + path.sep;
    contents.push('<span class="path" data-path="${pathAtFolder.slice(0,-1)}"
      >${folder}</span>');
  });
  return contents.join(path.sep).toString();
}
```

이 함수는 매개변수로 폴더 경로를 받습니다. 일단 폴더 경로를 폴더 구분자로 자릅니다. 이렇게 잘라진 폴더들의 배열을 기반으로 **span** 태그를 생성합니다. 각각의 **span** 태그는 **data-path**라는 이름의 속성에 폴더의 경로를 가지고, 내부 텍스트에는 폴더 이름을 가집니다.

이처럼 **span** 태그들을 생성한 이후에는 폴더 구분자를 사이사이에 껴서 결합한 뒤 문자열로 반환합니다. 그리고 **diaplyFolderPath** 함수에서 이렇게 만들어진 HTML 태그를 화면에 출력하게 하겠습니다. **displayFolderPath** 함수를 다음과 같이 수정해 주세요.

```
function displayFolderPath(folderPath) {
  document.getElementById('current-folder')
    .innerHTML = convertFolderPathIntoLinks(folderPath);
}
```

이 함수 내부에서는 **innderHTML**을 사용해 **convertFolderPathIntoLinks** 함수에서 반환된 HTML 파일을 출력합니다. 이처럼 **displayFolderPath** 함수를 조금만 변경하면, 우리가 원하는 결과를 만들어낼 수 있습니다. 코딩은 이처럼 조금씩 무언가를 변경하면서 구성할 수 있게 분리해서 만드는 것이 좋습니다. 어쨌거나 이제 **span** 태그를 클릭했을 때의 처리를 구현해 보겠습니다.

userInterface.js 파일에 다음과 같은 **bindCurrentFolderPath**라는 이름의 함수를 추가합니다. **module.export** 객체 위에 추가하면 됩니다. 이 함수는 이전에 만든 **span** 태그를 클릭할 때 이벤트를 바인딩하는 함수입니다.

```javascript
function bindCurrentFolderPath() {
  const load = (event) => {
    const folderPath = event.target.getAttribute('data-path');
    loadDirectory(folderPath)();
  };

  const paths = document.getElementsByClassName('path');
  for (var i = 0; i < paths.length; i++) {
    paths[i].addEventListener('click', load, false);
  }
}
```

이어서 **displayFolderPath** 함수에서 **bindCurrentFolderPath** 함수를 호출하게 코드를 추가합니다.

```javascript
function displayFolderPath(folderPath) {
  document.getElementById('current-folder')
    .innerHTML = convertFolderPathIntoLinks(folderPath);
  bindCurrentFolderPath();
}
```

userInterface.js 파일의 코드를 굉장히 조금만 변경했을 뿐인데, 현재 폴더 경로의 요소들을 클릭하면 상위 폴더로 이동할 수 있게 하는 기능을 만들었습니다.

2. 폴더 경로에 스타일 지정하기

지금까지 폴더 경로를 **span** 태그로 변경하고, 클릭하면 폴더를 탐색할 수 있게 만들어보았습니다. 이제 이를 시각적으로 조금 꾸미도록 하겠습니다. **span** 태그 위에 마우스를 올리면 마우스가 올라갔다는 것을 표시하고, 마우스 커서를 포인터로 변경합니다. app.css 파일을 다음과 같이 수정해 주세요.

```css
span.path:hover {
  opacity: 0.7;
  cursor: pointer;
}
```

파일을 모두 저장한 뒤에 실행해서 동작을 확인해 봅이시다시다. 일단 아무 폴더나 클릭해서 내부로 들어가 주세요. 그리고 툴바에 있는 현재 폴더 경로에 있는 폴더 이름을 클릭해서 다시 나와보기 바랍니다.

이제 폴더를 탐색해서 들어간 뒤에 다시 나올 수도 있습니다. 지금까지 운영체제가 기본적으로 지원하는 파일 탐색기의 폴더 탐색이라는 기능을 구현해 보았습니다. 이처럼 NW.js와 일렉트론을 사용하면, 웹 기술을 사용해서 데스크톱 애플리케이션을 재현할 수 있습니다. 또한 아이디어를 더 추가한다면, 기존의 데스크톱 애플리케이션에 없던 기능도 만들어낼 수 있을 것입니다.

이어지는 절에서는 디폴트 애플리케이션으로 파일을 여는 기능을 구현하겠습니다.

3. 파일을 디폴트 애플리케이션으로 열기

지금까지는 폴더와 관련된 기능만을 구현했는데요. 지금부터는 이미지, 비디오, 문서 등의 파일을 클릭하면 파일을 여는 기능을 구현하도록 하겠습니다.

이러한 코드를 구현하려면 다음과 같은 처리를 해야 합니다.

■ 파일을 클릭할 때의 이벤트를 처리합니다.

▓ 이벤트가 발생했을 때 NW.js와 일렉트론을 사용해 외부 파일을 실행하게 합니다.

그럼 파일 클릭과 관련된 처리를 먼저 구현해 봅시다.

파일 클릭하기

이전에 어떤 대상이 파일인지 폴더인지를 구분한 다음, 폴더라면 더블 클릭 이벤트를 연결했던 것을 기억하나요? 이번에도 같은 방법으로 파일에 더블 클릭 이벤트를 연결하도록 하겠습니다.

userInterface.js 파일 내부의 **displayFile** 함수에서 파일과 폴더를 메인 영역에 출력합니다. 그리고 이때 이벤트를 연결합니다. 코드를 다음과 같이 수정해 주세요.

코드 3.12　displayFile 함수에 파일 더블 클릭 처리 구현하기

```
function displayFile(file) {
  const mainArea = document.getElementById('main-area');
  const template = document.querySelector('#item-template');
  let clone = document.importNode(template.content, true);
  search.addToIndex(file);
  clone.querySelector('img').src = 'images/${file.type}.svg';
  clone.querySelector('img').setAttribute('data-filePath', file.path);
  if (file.type === 'directory') {
    clone.querySelector('img')
      .addEventListener('dblclick', () => {
        loadDirectory(file.path)();
      }, false);
  } else {   ◀────── 폴더가 아니라면 파일입니다. 따라서 조건 분기 후에 이벤트를 연결합니다.
    clone.querySelector('img')
      .addEventListener('dblclick', () => {
        fileSystem.openFile(file.path);   ◀── fileSystem.js 모듈의 openFile 함수를
      }, false);                              사용해 파일을 엽니다.
  }
  clone.querySelector('.filename').innerText = file.file;
  mainArea.appendChild(clone);
}
```

더블 클릭 이벤트를 연결하고, fileSystem.js 모듈의 **openFile** 함수를 호출하게 했습니다. 아직 **openFile** 함수가 없죠? 이제 만들어보도록 합시다.

fileSystem.js 파일을 열고, **openFile** 함수를 만들어봅시다. 이 함수는 NW.js와 일렉트론의 쉘 API를 사용해서 파일을 디폴트 애플리케이션으로 실행하게 해주는 함수로 만들 것입니다. 하나의 코드를 사용해 NW.js와 일렉트론을 모두 지원할 수 있게 만들어보도록 하겠습니다.

filesystem.js 파일의 가장 윗부분에 다음과 같이 모듈을 읽어 들이는 코드를 추가해 주세요.

```
let shell;
if (process.versions.electron) {
  shell = require('electron').shell;
} else {
  shell = window.require('nw.gui').Shell;
}
```

이 코드는 NW.js와 일렉트론 모두에서 사용할 수 있습니다. 두 프레임워크에서 코드를 공유할 수 있는 것입니다. 어쨌거나 코드를 보면서 NW.js와 일렉트론의 **shell** 객체 추출 방법이 다르다는 것을 살펴보기 바랍니다. 일렉트론은 electron 모듈에서 곧바로 추출하고, NW.js는 nw.gui 모듈을 기반으로 추출하며 **Shell**의 **s**가 대문자라는 것을 주의해 주세요.

쉘 API를 추출했다면, 이를 활용해서 파일을 열어보도록 합시다. fileSystem.js 파일의 아래 부분에 있는 **module.exports** 선언 위에 다음 코드를 추가해 주세요.

코드 3.13 fileSystem.js 파일에 openFile 함수 추가하기

```
function openFile(filePath) {
  shell.openItem(filePath);    ◀—— 매개변수로 지정된 파일을 실행하는 함수를 정의합니다.
}
```

NW.js와 일렉트론 모두 파일을 열 때 **openItem**이라는 같은 이름의 함수를 사용합니다. 이는 NW.js와 일렉트론이 같은 역사를 공유하기 때문에 발생하는 일입니다.

어쨌거나 새로운 함수를 추가했으므로, fileSystem.js 파일의 외부로 공개하도록 합시다. **module.exports** 객체에 **openFile** 함수를 추가해서, **openFile** 함수를 외부에 공개해 주세요.

```
module.exports = {
  getUsersHomeFolder,
  getFilesInFolder,
  inspectAndDescribeFiles,
  openFile
};
```

이제 거의 끝났습니다. 이제 파일과 폴더 위에 마우스 커서를 올렸을 때, 시각적으로 뭔가 반응한다는 것을 보여주도록 합시다. app.css 파일의 뒷부분에 다음과 같은 코드가 있을 것입니다.

```
span.path:hover {
  opacity: 0.7;
  cursor: pointer;
}
```

여기에 다음과 같은 코드를 추가해 주세요.

```
span.path:hover, img:hover {
  opacity: 0.7;
  cursor: pointer;
}
```

파일을 모두 저장한 뒤에 Lorikeet 애플리케이션을 다시 실행합니다. 그리고 파일을 더블 클릭해 보세요. 파일들이 디폴트 애플리케이션으로 실행되는 모습을 볼 수 있을 것입니다.

정리

이번 장에서 기본적인 데스크톱 애플리케이션을 완성 단계까지 만들었습니다. 그리고 데스크톱 애플리케이션을 만들면서, 어떻게 코드의 기반을 만들고 읽기 쉽게 유지하면서, 확장할 수 있는지도 살펴보았습니다(물론 현대적인 Convention over Configure* 같은 접근 방법은 사용하지 않았지만요). 이번 장에서 다룬 내용을 정리하면 다음과 같습니다.

---

* 역주: Convention over Configure는 CoC라고 간단하게 표현하기도 합니다. "설정보다 규약이 중요하다"라는 현대적인 개발 방법론입니다. 자세한 내용은 구글을 검색해서 살펴보기 바랍니다.

- Node.js의 기본적인 모듈 개발 패턴을 살펴보았습니다.
- 외부 모듈을 사용해 검색 기능을 구현했습니다.
- NW.js의 쉘 API를 활용해서 파일을 디폴트 애플리케이션으로 여는 기능을 구현했습니다.
- 애플리케이션을 더 유용하게 활용할 수 있게 내비게이션 기능을 개선했습니다.

사실 이번 절에서 중요한 것은 몇 백 줄의 코드와 외부 모듈을 사용해 실제 데스크톱에 존재하고 있는 애플리케이션을 모방해서 만들었다는 것입니다. 추가로 자바스크립트에서 이미 광범위하게 사용되고 있는 서드파티 라이브러리를 활용할 수 있습니다. 그리고 같은 소스 코드를 사용해 데스크톱 애플리케이션과 웹 애플리케이션을 모두 만들 수 있습니다.

다음 장에서는 애플리케이션 배포와 관련된 내용을 살펴보겠습니다. 애플리케이션에 아이콘을 지정해서 일반적인 데스크톱 애플리케이션처럼 만들어보겠습니다.

데스크톱 애플리케이션 배포하기

학습 목표

☑ 애플리케이션을 위한 아이콘을 만듭니다

☑ 다양한 운영체제에 맞게 컴파일합니다

☑ 다양한 플랫폼에서 애플리케이션을 테스트합니다

소프트웨어의 세계에서 새로운 프로젝트를 시작하는 일은 굉장히 쉽습니다. 하지만 프로젝트를 끝까지 마무리하는 일은 쉽지 않습니다. 소프트웨어를 만들기만 하는 사람과 소프트웨어를 만들어서 배포하는 사람들을 구분하는 기준은 바로 "배포"입니다.

이전 장에서는 애플리케이션을 계속해서 만들고, 일단 제품이라고 부를 수 있을 정도로 데스크톱 애플리케이션을 완성해 보았습니다. 그럼 이제 이러한 프로그램을 사용자들이 윈도우, macOS, 리눅스에서 사용할 수 있게 배포와 관련된 내용을 알아보도록 하겠습니다.

Lorikeet 애플리케이션을 "스탠드얼론으로 실행할 수 있게 하는 실행 파일"을 만드는 NW.js와 일렉트론의 빌드 도구에 대해 알아봅시다.

애플리케이션을 어느 정도 완성하고 일반 사용자가 사용해도 괜찮겠다고 판단이 된다면, 이제 애플리케이션을 패키지로 만들고 배포해야 합니다. 일반적으로 다음과 같은 과정을 거칩니다.

- 애플리케이션을 위한 아이콘을 만듭니다.
- 다양한 운영체제에서 동작할 수 있게 바이너리를 생성합니다.
- 다양한 플랫폼에서 애플리케이션을 테스트합니다.

그럼 아이콘과 관련된 내용부터 살펴봅시다.

1. 애플리케이션 아이콘 만들기

애플리케이션의 아이콘을 만들어서, 사용자들이 컴퓨터에 있는 다른 애플리케이션과 Lorikeet 애플리케이션을 확실하게 구별할 수 있게 해봅시다. 운영체제에 따라서 아이콘 파일 형식과 아이콘 자체를 출력하는 방식이 다르므로, 운영체제에 따라 아이콘을 하나하나 조정해줘야 합니다. 그래서 애플리케이션 아이콘을 만드는 작업은 조금 지루한 작업입니다.

그럼 차근차근 운영체제에 따라 아이콘이 어떻게 다른지 살펴보고, 애플리케이션에 아이콘을 어떻게 붙이는지에 대해서 살펴봅시다.

일단 첫 번째 단계는 512x512 픽셀의 고해상도로 아이콘의 PNG 파일을 만드는 것입니다. 만약 애플리케이션 아이콘을 만드는 데 흥미가 있다면, 직접 만들어보세요. 만약 그렇지 않다면 책과 함께 제공되는 https://github.com/paulbjensen/lorikeet/blob/master/icon.png를 사용하기 바랍니다. 이 아이콘은 **그림 4.1**처럼 실제 앵무새(Lorikeet)의 사진을 기반으로 만든 아이콘입니다.

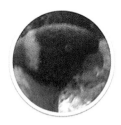

그림 4.1 Lorikeet 애플리케이션의 아이콘

아이콘을 내려받았다면, 운영체제에 맞게 아이콘을 수정해 보도록 합시다.

macOS

macOS는 애플리케이션 아이콘에 ICNS라는 파일 형식을 사용합니다. 이 파일은 다음과 같은 해상도를 가진 아이콘을 압축한 형태의 파일 형식입니다.

- 16px
- 32px
- 128px
- 256px
- 512px

사용하고 있는 운영체제에 따라서 ICNS 파일을 만드는 방법이 다릅니다. 가장 쉬운 방법은 온라인에 있는 ICNS 생성 프로그램을 사용하는 것입니다. 무료로 제공되는 프로그램도 있고, 유료로 제공되는 프로그램도 있는데요. 대부분 macOS 이외의 운영체제를 위한 아이콘 생성도 해줍니다. 만약 macOS를 사용하고 있다면 App Store에 있는 iConvert Icons라는 애플리케이션을 사용해 보세요(온라인 버전도 있습니다). iConvert Icons도 ICNS 파일 생성은 물론, 윈도우를 위한 ICO 파일 생성도 해준답니다. 또한 애플 개발자 프로그램에 가입되어 있다면, Icon Composer를 무료로 내려받을 수 있습니다.

그럼 이 책에서는 iConvert Icons를 사용해 보도록 하겠습니다. 일단 App Store에서 애플리케이션을 구매해 주세요*. 구매 후 애플리케이션을 내려받으면 그림 4.2와 같이 나옵니다.

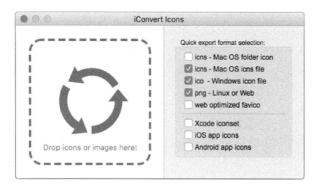

그림 4.2 iConvert Icons

애플리케이션 아이콘의 PNG 파일을 드래그해서 넣으면, 폴더를 지정하는 대화 상자가 열립니다. 적당한 폴더를 지정하면, 해당 폴더 내부에 그림 4.3처럼 아이콘 파일이 생성됩니다.

이렇게 만들어진 ICNS 파일은 몇 가지 과정을 거쳐 애플리케이션에 붙이게 되는데요. 일단 다른 운영체제에서 애플리케이션 아이콘을 만드는 방법에 대해 설명하도록 하겠습니다.

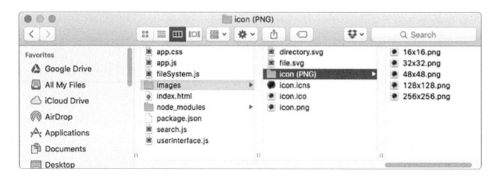

그림 4.3 iConvert Icons로 만들어진 애플리케이션 아이콘

윈도우

마이크로소프트 윈도우는 아이콘 파일로 ICO라는 파일 형식을 사용합니다. 참고로 웹 브라우저에 웹 사이트 아이콘을 만들 때도 ICO 파일 형식을 사용합니다. 이전에 iConvert Icons를 사용했다면, 이미 ICO 파일이 자동으로 생성되어 있을 것입니다.

만약 이외의 도구를 사용한다면 구글에 검색해 보세요. http://icoconverter.com/ 등의 온라인 도구도 있습니다. 이러한 온라인 도구에서 원하는 해상도의 아이콘에 체크한 뒤, 애플리케이션 아이콘 이미지를 업로드하고, 변환된 아아콘을 내려받으면(사본을 저장하면) 준비 완료입니다.

리눅스

리눅스는 굉장히 많은 배포판이 있지만, freedesktop.org에서 아이콘과 관련된 규격을 통일했습니다(Gone, KDE, Xfce 등) 이를 데스크톱 엔트리 표준이라고 부르는데요. 이와 관련된 내용은 http://standards.freedesktop.org/desktop-entry-spec/latest에서 확인할 수 있습니다.

데스크톱 엔트리 표준은 .desktop이라는 형식의 파일을 사용해서 애플리케이션의 이름, 어떤 프로그램을 실행해야 하는지, 어떤 아이콘을 사용하는지 등의 설정 정보를 표현합니다. 다음은 간단한 .desktop 파일의 예입니다.

```
[Desktop Entry]
Encoding=UTF-8
Version=1.0
Type=Lorikeet
Terminal=false
Exec=$HOME/.lorikeet/lorikeet
Name=Lorikeet
Icon=$HOME/.lorikeet/icon.png
```

이러한 .desktop 파일 생성은 자동으로 진행되므로, 따로 신경 쓰지 않아도 됩니다. 어쨌거나 리눅스에서는 처음에 만들었던 PNG 이미지를 그대로 아이콘에 활용할 수 있습니다. 사실 이 이외에도 다양한 이미지 형식을 사용할 수 있는데요. 고해상도 장치에 대응한다면, 벡터 기반의 이미지 파일인 SVG 파일 형식을 사용하는 것이 조금 더 좋습니다.

어쨌거나 윈도우, 리눅스, macOS를 위한 세 가지 종류의 아이콘을 모두 생성했습니다. 그럼 이제 이렇게 만든 아이콘을 실제로 애플리케이션에 붙여봅시다.

배포를 위한 애플리케이션 패키지 만들기

지금까지 애플리케이션의 설정과 관련된 내용들을 살펴보았습니다. 이번 절에서는 NW.js 와 일렉트론으로 만든 애플리케이션을 각각의 운영체제에 맞게 빌드하는 방법을 살펴보겠습니다.

NW.js로 만든 Lorikeet 애플리케이션을 빌드하는 방법부터 살펴보고, 이어서 일렉트론으로 빌드하는 방법을 알아보겠습니다. 그런 이후에 애플리케이션에 아이콘을 붙이는 방법을 알아보겠습니다.

1. NW.js 빌드 도구 사용하기

NW.js 애플리케이션을 빌드할 수 있는 도구는 여러 가지입니다. 필자가 추천하는 도구는 nw-builder입니다(이전에는 node-webkit-builder라는 이름이었습니다). nw-builder는 다음 과 같은 명령어로 설치합니다.

```
npm install nw-builder -g
```

명령어를 실행하면 nw-builder가 전역 모듈로 설치되며, **nwbuild**라는 명령어를 사용할 수 있게 됩니다.

nwbuild 명령어를 사용하면 스탠드얼론 실행 파일을 생성할 수 있는 것은 물론이고, 이전에 만들었던 애플리케이션 아이콘을 붙일 수도 있습니다. 애플리케이션 파일이 있는 폴더로 이동한 뒤, 다음과 같은 명령어를 입력합니다.

```
nwbuild . -o ./build -p win64,osx64,linux64
```

명령어를 실행하면, 명령어를 입력한 폴더에 build라는 이름의 폴더가 생성됩니다. 그리고 폴더 내부에 애플리케이션 이름을 가진 폴더가 있을 것입니다(현재 경우에는 lorikeet-nwjs). 그리고 해당 폴더를 다시 열어보면 운영체제 이름을 가진 폴더가 있을 것입니다. 이 폴더들 내부에는 각각의 운영체제에서 동작하는 애플리케이션이 들어있습니다. 예를 들어 윈도우 버전의 애플리케이션에는 .exe 파일이 들어있고, macOS 버전의 애플리케이션에는 .app 파일이 들어있습니다.

애플리케이션을 더블 클릭해서 실행해 보면, 스탠드얼론 애플리케이션이 실행되는 것을 볼 수 있습니다. 이때 스탠드얼론 애플리케이션이란 별도의 도구(명령 프롬프트, 터미널 등)가 필요 없이, 별도의 설치(필요한 모듈 등) 없이 곧바로 사용할 수 있는 애플리케이션을 의미합니다.

2. 일렉트론 빌드 도구 사용하기

일렉트론은 여러 가지 애플리케이션 빌드 도구가 있습니다. 이번 절에서는 electron-builder라는 도구를 사용해 보겠습니다. 굉장히 다양한 기능을 가지고 있는 빌드 도구인데요. 터미널 또는 명령 프롬프트에 다음과 같은 명령어를 입력해서 설치합니다.

```
npm install electron-builder electron --save-dev
```

명령어를 실행하면 애플리케이션 폴더에 electron-builder와 electron이 설치됩니다. 설치가 완료되면, 애플리케이션 빌드와 관련된 정보를 package.json에 입력해야 합니다.

electron-builder는 package.json에서 다음과 같은 항목을 확인하고, 이를 기반으로 빌드합니다.

- name 속성
- description 속성
- version 속성
- author 속성

- build 속성에 지정한 객체

- scripts 속성에 지정한 객체의 pack 속성과 dist 속성

이러한 것들이 있어야 electron-builder를 사용해 스탠드얼론 실행 파일을 만들 수 있습니다. 그럼 예로 package.json 파일을 다음과 같이 수정해 봅시다.

코드 4.1   electron-builder 설정 예

```json
{
  "name": "lorikeet",
  "version": "1.0.0",
  "main": "main.js",
  "author": "Paul Jensen <paul@anephenix.com>",
  "description": "A file explorer application",
  "dependencies": {
    "async": "^2.1.4",
    "lunr": "^0.7.2",
    "osenv": "^0.1.4"
  },
  "scripts": {
    "pack": "build",
    "dist": "build"
  },
  "devDependencies": {
    "electron": "^1.4.14",
    "electron-builder": "^11.4.4"
  },
  "build": {}
}
```

package.json을 변경해서, 필요한 속성들을 모두 지정했다면, 일렉트론으로 만든 Lorikeet 애플리케이션 가지고, 스탠드얼론 실행 파일을 생성해 봅시다. 다음과 같은 명령어를 실행해서 스탠드얼론 실행 파일을 생성합니다.

```
npm run pack
```

명령어를 입력하면 Lorikeet 일렉트론 애플리케이션의 빌드가 시작됩니다. 애플리케이션은 빌드가 완료되면 dist라는 이름의 폴더가 생성되며, 내부에 mac이라는 이름의 폴더가 있을 것입니다. 이 폴더 내부에 Lorikeet 애플리케이션의 zip 파일과 DMG 파일이 있습니다*.

---

*역주: zip 파일은 자동 업데이트 전용 파일, DMG 파일은 설치 파일인데요. 이와 관련된 추가적인 내용은 이 책의 가장 마지막 부분에서 다룹니다.

애플리케이션의 스탠드얼론 실행 파일을 만드는 방법에 대해서 알아보았습니다. 그럼 이제 애플리케이션 아이콘을 붙이는 방법을 알아봅시다.

Column | **electron-builder의 설정 옵션**

electron-buidler로 애플리케이션을 설정할 때는 굉장히 다양한 옵션을 사용할 수 있습니다. 관련된 내용은 https://github.com/electron-userland/electron-builder/wiki/Options를 참고해 주세요.

3. 애플리케이션 아이콘 설정하기

그럼 이제 애플리케이션도 있고, 여러 운영체제를 대비해서 준비한 애플리케이션 아이콘도 있습니다. 이번 절에서는 두 가지를 합쳐보도록 하겠습니다.

macOS

macOS는 굉장히 간단한 방법으로 애플리케이션에 아이콘을 붙일 수 있습니다. build 폴더 내부에 있는 macOS 전용 애플리케이션을 마우스 오른쪽 버튼을 클릭하고, "정보 가져오기"를 클릭합니다. 그림 4.4처럼 정보가 출력될 것입니다.

그림 4.4 Lorikeet NW.js 애플리케이션의 정보

새로운 Finder 화면을 띄우고, 이전에 만들었던 icon.icns 파일을 찾아주세요. 그리고 드래그해서 애플리케이션 정보 화면의 왼쪽 위에 있는 아이콘에 드래그&드롭하면, 그림 4.5처럼 애플리케이션의 아이콘이 변경됩니다.

그림 4.5 Lorikeet NW.js 애플리케이션의 아이콘이 변경된 모습

이제 애플리케이션을 더블 클릭해서 실행하면, 독(Dock)에 애플리케이션 아이콘의 모습이 나타날 것입니다. 또한 Finder 화면에서 애플리케이션을 보면 아이콘이 변경된 것을 볼 수 있습니다. 마지막으로 Command + Tab을 눌러 화면 전환 화면을 띄웠을 때도 애플리케이션 아이콘이 나올 것입니다. 이제 애플리케이션을 배포할 준비가 모두 끝났습니다. macOS에서는 이처럼 굉장히 쉬운 방법으로 아이콘을 넣을 수 있습니다.

마이크로소프트 윈도우

윈도우에서 애플리케이션의 아이콘을 변경하는 과정은 macOS처럼 쉽지 않습니다. 그래도 그렇게까지 어려운 작업은 아닙니다. 두 가지 방법이 있는데요. 첫 번째는 서드파티 도구를 사용해서 애플리케이션의 아이콘을 변경하는 것, 두 번째는 nw-builder를 사용하는 것입니다. 두 가지를 모두 설명할텐데, 상황에 따라 맞게 사용하기 바랍니다.

일단 윈도우 애플리케이션에 아이콘을 붙이려면, 윈도우가 설치된 컴퓨터가 필요합니다*. 그리고 Resource Hacker(http://angusj.com/resourcehacker)라는 무료 도구를 내려받아 주세요. Resource Hacker는 실행 파일에 있는 요소들을 수정할 수 있게 해주는 도구입니다. 따라서 이를 활용하면 애플리케이션의 아이콘을 변경할 수 있습니다.

---

* 역주: nw-builder를 사용해 아이콘을 붙일 때는 필요 없습니다.

Resource Hacker를 사용해서 이전에 만들었던 윈도우 버전 애플리케이션의 필드 파일 (lorikeet.exe)을 열어주세요. 그리고 메뉴에서 **그림 4.6**처럼 "Action → Replace Icon"를 클릭해 주세요.

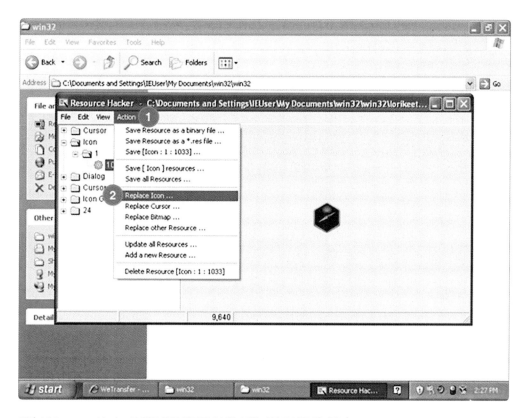

그림 4.6 Resource Hacker로 윈도우의 애플리케이션 실행 파일 아이콘 변경하기

애플리케이션 아이콘 파일인 icon.ico 파일을 선택해서 적용한 뒤에 "File → Save"를 클릭해서 저장을 반영해 주세요. 이제 애플리케이션에 아이콘이 붙었을 것입니다. 애플리케이션을 클릭해서 실행하면, 작업 표시줄에 아이콘이 출력되는 모습도 볼 수 있습니다. 다만 이 방법은 굉장히 오래된 윈도우에서 동작하는 방법이고, 최신 윈도우에서는 동작하지 않습니다.

그럼 최신 윈도우에서는 어떻게 해야 할까요? nw-builder를 사용하면 됩니다. 다만 nw-builder를 사용한 아이콘 붙이기도 모든 플랫폼을 지원하지 않습니다. 따라서 사용하려는 플랫폼에서 꼭 확인해 보기 바랍니다.

일단 가장 먼저 해야 하는 작업은 애플리케이션 아이콘을 애플리케이션 폴더 내부 어딘가에 배치하는 것입니다. package.json과 같은 위치에 배치해도 되고, 따로 폴더를 만들어서 거기에 배치해도 됩니다. 예를 들어 package.json과 같은 위치에 배치했다면, package.json 파일에 다음과 같은 한 줄을 추가해 주세요.

```
"icon":"icon.png"
```

이렇게 작성하면 NW.js가 icon.png 파일을 아이콘으로 사용하게 됩니다. package.json 파일의 내용을 저장하고, 이전 절에서 살펴보았던 것처럼 nw-builder를 사용해서 애플리케이션을 다시 빌드해 보세요. 애플리케이션 아이콘이 검고 파란색의 육각형이 아니라, 우리가 설정했던 앵무새 아이콘으로 변경될 것입니다.

애플리케이션을 더블 클릭하면, **그림 4.7**처럼 출력합니다. 작업 표시줄과 애플리케이션의 타이틀 바의 아이콘이 변경된 것을 확인할 수 있습니다.

그림 4.7 윈도우8.1에서 실행한 Lorikeet NW.js 애플리케이션

이때 주의해야 하는 것이 있습니다. 아직도 전 세계에는 오래된 버전의 윈도우를 사용하는 곳이 있습니다(국내와 중국 등의 경우는 윈도우 XP를 사용하는 경우가 아직도 많습니다). 따라

서 어떤 버전의 윈도우를 타겟팅해야 하는지 정해 주세요. 일단 기본적으로는 nw-builder를 사용해서 최신 버전의 윈도우에서 아이콘을 설정하고, 만약 더 오래된 윈도우를 지원해야 한다면 Resource Hacker를 사용해 아이콘을 설정하기 바랍니다.

그럼 이제 마지막으로 리눅스에서는 어떻게 애플리케이션에 아이콘을 붙이는지 알아봅시다.

Column | **윈도우에서 NW.js 애플리케이션에 아무것도 출력되지 않는다면?**

윈도우에서 NW.js를 사용할 때 문제가 발생한다고 올라오는 이슈 중에 하나입니다(https://github.com/nwjs/nw.js/issues/3212). 이는 윈도우는 파일 경로에 256글자 제한이 있기 때문인데요. node_modules 폴더 내부에 있는 모듈들의 경로가 너무 길어져서 파일을 제대로 읽어 들이지 못하는 것입니다.

npm은 이런 문제를 해결하기 위해 3버전부터 node_modules 폴더의 구조를 단순화했습니다. 따라서 npm 3버전 이상을 사용하고 있다면, 모듈들의 경로가 256글자를 넘지 않게 구성됩니다.

npm의 최신 버전은 다음과 같은 명령어를 사용해 설치할 수 있습니다.

```
npm install npm -g
```

이와 관련된 이슈와 문제를 해결할 수 있는 방법은 http://engine-room.teamwork.com/dealing-with-long-paths/를 추가로 참고해 보기 바랍니다.

리눅스

리눅스의 경우는 배포판에 따라서 아이콘을 붙이는 방법이 macOS보다 훨씬 간단할 수 있습니다(예를 들어 우분투의 경우). 만약 리눅스가 설치된 컴퓨터가 없다면 VirtualBox를 내려받아 설치하고, 우분투 리눅스의 ISO 이미지를 받아 가상 머신 위에 우분투를 설치하기 바랍니다. 이렇게 하면 리눅스가 설치된 컴퓨터를 구하거나, 듀얼 부팅하지 않아도 리눅스를 사용할 수 있습니다.

우분투 리눅스를 실행하면, Gnome 데스크톱 환경을 볼 수 있을 것입니다. 이전에 만든 리눅스 버전의 Lorikeet 애플리케이션 빌드 파일을 옮겨주세요. 또한 아이콘 PNG 파일도 함께 옮겨주세요.

이어서 Gnome의 File Explorer(파일 탐색기) 아이콘을 클릭해서 탐색기를 열고, Lorikeet 애플리케이션이 있는 위치로 이동합니다. 이어서 애플리케이션을 마우스 오른쪽 버튼을 클릭하고 Properties(속성)을 선택합니다. 속성이 나오면 왼쪽 위에 있는 아이콘을 클릭한 뒤, 이전에 옮긴 아이콘 PNG 파일을 선택해 주세요. 이렇게 하기만 하면, 애플리케이션에 아이콘이 붙습니다. 애플리케이션을 더블 클릭해서 실행하면, 그림 4.8처럼 실행되는 모습을 볼 수 있습니다.

그림 4.8 우분투 리눅스에서 실행한 Lorikeet NW.js 애플리케이션

4-3 여러 운영체제에서 애플리케이션 테스트하기

애플리케이션이 여러 운영체제에서 제대로 작동하게 하려면, 각각의 운영체제에서 테스트해 보고 문제를 해결해 봐야 합니다. 개발할 때 개발 머신이 하나밖에 없다면 조금 힘든 일이기는 합니다.

하지만 대부분 운영체제를 하나만 사용하고 있어서, 운영체제 여러 개를 지원해야 하는 경우 어떻게 해야 할지 헤매는 경우가 많습니다.

만약 장비를 투자하는데 돈을 펑펑 사용할 수 있는 부자라면 윈도우, 리눅스, macOS를 실행할 컴퓨터를 각각 구매해도 괜찮습니다. 하지만 그렇지 않다면 어떻게 해야 할지 간단하게 살펴봅시다.

1. 윈도우 운영체제

운영체제 점유율로 따졌을 때 윈도우는 가장 많이 사용되는 데스크톱 운영체제입니다. 또한 굉장히 많은 버전이 사용 중인데요 XP, Vista, 7, 8, 8.1, 10 등이 사용됩니다. 그럼 이렇게 많은 버전의 운영체제를 어떻게 테스트해야 할까요?

답은 바로 가상 머신(Virtual Machine)입니다. 가상 머신은 하나의 컴퓨터에서 하드디스크, 메모리 등의 자원을 공유하지만, 컴퓨터의 메인 운영체제와 완전히 독립적인 운영체제를 설치하고 실행할 수 있습니다.

가상 머신을 만들 때 사용하는 소프트웨어를 가상화 소프트웨어라고 부릅니다. 굉장히 많은 상업적 소프트웨어와 오픈소스 소프트웨어가 있는데요. macOS를 사용할 경우 상업적(유료)인 VMware Fusion과 Parallel 등을 사용할 수 있으며, 오픈소스(무료)인 VirtualBox를 사용할 수 있습니다. 이 이외에도 다양한 가상화 소프트웨어가 있지만 이 정도 사용하면 충분합니다*.

* 역주: 이 책이 macOS 사용자를 대상으로 집필되어, 다른 운영체제 사용자들에게 충분한 정보를 전달하지 못하는 경우가 많은데요. 윈도우의 경우 VMware Workstation, VirtualBox를 사용할 수 있으며, 리눅스의 경우 VirtualBox를 사용할 수 있습니다.

가상화 도구를 구매했다면, 이어서 윈도우를 구매하고, 구매한 이미지를 기반으로 가상 머신을 생성하면 됩니다. 참고로 마이크로소프트는 여러 운영체제에서 인터넷 익스플로러를 테스트할 수 있게, 운영체제 플랫폼의 VM 이미지를 제공합니다(http://dev.modern.ie/tools/vms/mac/). 이를 활용하면 따로 윈도우를 구매하지 않아도 간단한 테스트를 할 수 있습니다.

2. 리눅스 운영체제

리눅스는 무료로 제공되는 경우가 많으므로, 상대적으로 쉽게 테스트할 수 있습니다. 사용자들이 어떤 배포판의 어떤 버전을 많이 사용하는지 몇 가지 확인하고, 이러한 배포판을 기반으로 테스트를 진행하면 됩니다. VirtualBox를 사용하면 macOS와 윈도우 모두에서 널리 사용되는 리눅스 배포판을 쉽게 설치하고 테스트할 수 있습니다.

3. macOS 운영체제

아쉽게 macOS는 EULA(End User License Agreement) 규약에 따라 애플 제품이 아닌 컴퓨터에 설치할 수 없습니다. 물론 인터넷을 찾아보면 애플 컴퓨터가 아닌 곳에서 macOS를 실행할 수 있게 해주는 도구들이 나올 것입니다. 하지만 추천하지 않습니다*. 따라서 가장 좋은(합법적인) 방법은 애플 컴퓨터를 구매한 뒤 테스트하는 것입니다.

* 역주: 굉장히 느리고, 버전 업데이트에 대응하기도 힘듭니다.

정리

이번 장에서는 여러 운영체제를 대상으로 실행 파일을 만드는 방법에 대해 알아보았습니다. 이 과정에서 개발자 도구를 제거하는 방법, 아이콘을 만드는 방법, 다른 운영체제에서 테스트하는 방법 등을 배웠습니다. 이번 장의 내용을 정리해 보면 다음과 같습니다.

- nw-builder와 electron-builder를 사용하면 여러 운영체제를 대상으로 애플리케이션을 빌드할 수 있습니다.
- 윈도우는 운영체제 버전에 따라 아이콘을 붙이는 방법이 다릅니다. 따라서 아이콘을 붙여본 뒤 여러 운영체제에서 테스트해 보세요.
- 애플리케이션을 테스트할 때 컴퓨터가 한 대 밖에 없다면, VirtualBox라는 가상화 도구를 사용해 보세요.
- macOS를 대상으로 테스트하려면 애플 컴퓨터를 구매해야 합니다.

지금까지 NW.js와 일렉트론을 사용하여 데스크톱 애플리케이션을 만드는 과정에 대해 차근차근 살펴보았습니다. 지금까지 배웠던 내용을 활용하면, 자신이 원하는 애플리케이션을 어느 정도 만들 수 있을 것입니다.

5장에서는 일렉트론과 NW.js의 기본이 되는 Node.js 프레임워크에 대해서 알아보겠습니다. 이를 이해하면 일렉트론과 NW.js가 어떻게 동작하는지 조금 더 이해할 수 있게 될 것입니다.

Part 02

조금 더 자세히 알아보기

NW.js와 일렉트론을 사용해서 파일 탐색기를 모두 만들어보았으니, 이제 한 걸음 물러나서 애플리케이션 뒤에 있는 프로그래밍 프레임워크에 대해 조금 더 자세히 살펴보겠습니다.

바로 Node.js인데요. 일단 Node.js의 기원, 작동 방식, 비동기 프로그래밍과 관련된 구현을 살펴보겠습니다. 그리고 콜백, 스트림, 이벤트, 모듈과 같은 Node.js의 핵심 개념에 대해 알아보겠습니다.

6장에서도 NW.js와 일렉트론이 어떻게 작동하는지 계속 살펴보겠습니다. 각각의 프레임워크가 Node.js와 Chromium을 어떻게 통합하는지, 애플리케이션의 프런트엔드와 백엔드가 어떠한 형태로 상태를 관리하는지 등을 살펴보겠습니다.

이번 파트를 끝내면 데스크톱 애플리케이션을 만들 때 Node.js를 어떻게 활용해야 하는지 확실하게 알 수 있을 것입니다. 그리고 NW.js와 일렉트론을 사용해 데스크톱 애플리케이션을 만들 때 각각 어떤 접근 방법을 사용해야 할지 알 수 있을 것입니다.

NW.js와 일렉트론에서 Node.js 사용하기

학습 목표

- ☑ Node.js에 대해 알아봅니다
- ☑ Node.js의 비동기 프로그래밍에 대한 개념을 이해합니다
- ☑ 이벤트와 스트림을 관리하는 방법에 대해 알아봅니다
- ☑ npm 모듈을 설치하고 사용하는 방법을 알아봅니다
- ☑ 애플리케이션을 npm으로 패키징 하는 방법을 알아봅시다

NW.js와 일렉트론이 등장하기 훨씬 전, 베를린에서 열린 JSConf에서 라이언 달(Ryan Dahl)이 Node.js라는 프로그래밍 프레임워크를 사용해 서버에서 자바스크립트 코드를 실행하는 모습을 보여주었습니다. 2009년의 데모 이후 Node.js는 라이브러리, 애플리케이션, 유틸리티, 프레임워크(NW.js와 일렉트론 포함)의 거대한 생태계를 구축했습니다. Node.js는 프로그래밍 프레임워크로서 다른 프로그래밍 언어 또는 프레임워크와 전혀 다른 방식의 접근 방법을 제시했습니다.

이번 장에서는 Node.js에 익숙하지 않은 분들을 위해, 프로그래밍 프레임워크와 관련된 내용을 살펴보겠습니다. 추가로 데스크톱 애플리케이션뿐만 아니라 웹 애플리케이션과 같은 다른 애플리케이션에 대해서도 살펴보겠습니다. Node.js에 이미 익숙한 분들을 위해서도 추가적인 정보(이벤트 루프, 콜백, 스트림, 모듈 등)도 다루도록 하겠습니다. 만약 너무 쉽게 느껴진다면 건너뛰어도 상관없습니다.

NW.js와 일렉트론의 장점으로 거의 알려지지 않은 것이 있다면, 데스크톱을 만들 때 사용할 수 있는 수많은 패키지를 npm(Node.js Package Manager)을 통해 쉽게 받고 사용할 수 있다는 것입니다. 이번 장에서는 데스크톱 애플리케이션을 개발할 때 Node.js를 어떻게 활용하는지에 대해 살펴보겠습니다.

5-1 | Node.js란?

Node.js는 2009년에 Ryan Dahl이 만든 프로그래밍 프레임워크입니다. Node.js는 자바스크립트를 사용해 이벤트 기반의 서버 사이드 프로그램을 작성할 수 있게 해주었습니다. Node.js 프로그래밍 프레임워크는 구글 크롬에 사용된 V8이라는 자바스크립트 엔진과 libuv를 합친 것입니다. 이때 libuv는 비동기 형태로 운영체제의 기능에 접근할 수 있게 해주는 라이브러리입니다.

이러한 기본 설계 때문에 Node.js로 자바스크립트를 사용할 때는 코드가 위에서 아래로 순서대로 실행되지 않는 비동기 진행을 사용하게 됩니다*. 이는 다른 프로그래밍 언어가 한 줄의 실행이 끝난 뒤에 다음 줄이 실행되는 순차적인 동기 진행과 크게 다른 방식입니다. 따라서 Node.js로 코드를 잘 작성하려면 이러한 코드의 진행 방식에 익숙해져야 합니다. 이와 관련된 내용은 다음 절에서 살펴보도록 하겠습니다.

---

* 역주: 사람에 따라서 코드를 보았을 때 "이건 그냥 이벤트 핸들러를 설정한 것뿐이니까 위에서 아래로 차례대로 실행되는 것은 맞잖아?"라고 생각할 수 있는데요. 보는 관점에 따라서 다른 것이므로 그냥 그러려니 하고 넘어가도록 합시다.

1. 동기와 비동기

동기 프로그래밍과 비동기 프로그래밍의 차이를 비교할 수 있게 Node.js로 폴더의 내용을 읽는 코드와 루비로 폴더의 내용을 읽는 코드를 살펴보겠습니다. 루비는 동기적으로 동작하는 굉장히 단순한 구문 형태를 갖고 있는 프로그래밍 언어입니다.

일단 다음 코드를 살펴봅시다.

```
files = Dir.entries '/Users/pauljensen'
puts files.length
```

루비의 깔끔한 구문을 보여주는 간단한 예라고 할 수 있는데요. 첫 번째 줄을 실행하고, 두 번째 줄을 실행한 뒤 코드가 종료됩니다. 만약 두 줄의 코드 사이에 다음과 같은 코드를 넣었다고 해봅시다.

```
sleep 5
```

이 코드는 코드의 진행 흐름을 5초 동안 정지합니다. 시간에 따른 각 줄의 실행을 그림으로 나타내면, 그림 5.1과 같습니다.

이러한 것을 동기 프로그래밍이라고 부릅니다. 각각의 코드가 실행되기 위해서는, 이전 실행이 반드시 끝나야 합니다. 상황에 따라서 대기하는 동안 다른 처리를 진행하고 싶을 수 있습니다. 하지만 동기 프로그래밍에서는 이전 코드가 끝나야 다음 코드가 실행되므로, 그런 방식의 프로그램을 만들 수 없습니다*.

---

* 역주: 약간 오해할 수 있는 표현이라 추가 설명을 하면, 루비도 스레드를 사용하면 비동기적인 프로그래밍을 할 수 있습니다. "그런 방식의 프로그램을 만들 수 없다"라는 것은 현재 코드처럼 동기 함수들을 사용하는 경우에 한정된다라고 생각해 주세요.

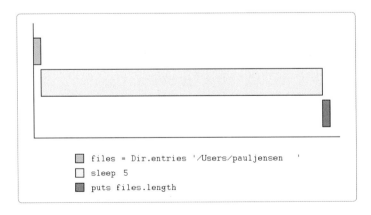

그림 5.1 루비의 동기적인 코드 실행

다음 코드는 루비로 만들어진 코드를 Node.js로 변경한 것입니다. Node.js를 사용해 동기적인 프로그래밍을 해보았습니다.

코드 5.1 Node.js를 사용해 동기적으로 폴더 내부의 파일 수 구하기

```
const fs = require('fs');
const files = fs.readdirSync('/Users/pauljensen');  ◀────── 폴더 내부의 파일 목록을 추출합니다.
console.log(files.length);  ◀────── 파일 목록의 길이를 출력합니다.
```

루비 코드처럼 예쁘지는 않지만, 루비 코드와 완전히 같은 기능을 수행하는 코드입니다. 코드를 보면 **readdirSync**라는 이름의 함수를 사용했는데요. 함수 이름 뒤에 **Sync**라는 글자가 붙어 있다는 것에 주목해 주세요. 이는 이 함수가 동기(synchronous) 스타일의 함수라는 의미입니다. 이렇게 코드를 작성하면, 이전과 마찬가지로 이전 코드가 모두 실행되어야 다음 코드를 실행할 수 있습니다.

그런데 Node.js는 일반적으로 다음과 같이 코드를 작성합니다. 다음 코드는 비동기적인 프로그래밍으로 이전 코드를 구현한 것입니다. 이처럼 Node.js는 어떤 함수의 결과를 얻고자 할 때, 매개변수로 함수를 전달해서 이벤트처럼 얻습니다. 이때 매개변수로 전달한 함수를 콜백 함수(callback)라고 부릅니다.

코드 5.2 Node.js를 사용해 비동기적으로 폴더 내부의 파일 수 구하기

```
const fs = require('fs');
fs.readdir('/Users/pauljensen', (err, files) => {  ◀────── 폴더 내부의 파일 목록을 추출합니다.
  if (err) { return err; }  ◀────── 오류가 있다면 오류를 반환합니다.
  console.log(files.length);  ◀────── 파일 목록의 길이를 출력합니다.
});
```

코드를 보면 파일의 수를 출력하는 코드가 콜백 함수 안에 들어있다는 것을 알 수 있습니다. 이 함수는 **readdir** 함수에서 결과(폴더의 내용)를 내거나 오류(폴더를 못 읽었을 경우)가 발생했을 때 자동으로 호출됩니다. 그림으로 나타내면 그림 5.2와 같습니다.

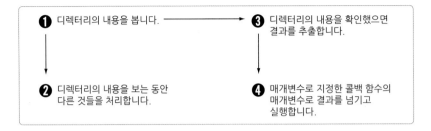

① 디렉터리의 내용을 봅니다. ──────→ ③ 디렉터리의 내용을 확인했으면 결과를 추출합니다.

② 디렉터리의 내용을 보는 동안 다른 것들을 처리합니다.

④ 매개변수로 지정한 콜백 함수의 매개변수로 결과를 넘기고 실행합니다.

그림 5.2 비동기 프로그래밍의 흐름

따라서 콜백 함수 이후에 나오는 함수들은 곧바로 실행됩니다. 예를 들어 현재 코드 뒤에 "hi"라고 출력하는 간단한 문장을 추가해 봅시다.

```
const fs = require('fs');
fs.readdir('/Users/pauljensen', (err, files) => {
  if (err) { return err.message; }
  console.log(files.length);
});
console.log('hi');
```

이러한 코드를 터미널 또는 명령 프롬프트에서 Node.js로 출력하면, 다음과 같은 결과가 나옵니다.

```
hi
56
```

코드를 보면 console.log라는 문장이 파일의 수를 세는 코드 뒤에 있지만, 실행 결과에 먼저 출력되는 모습을 볼 수 있습니다. 이러한 코드가 바로 Node.js를 처음 공부하는 사람들이 Node.js가 어렵고 복잡하다고 하는 이유입니다. 일단 현재 코드들의 실행 흐름을 그림으로 나타내면 그림 5.3과 같습니다.

만약 Gantt 차트를 활용해 프로젝트 관리를 해보았다면, 그림 5.3이 익숙할 것입니다. 동기 실행은 코드가 차례대로 실행되지만, 비동기 실행은 여러 개의 일이 병렬적으로 처리됩니다. 따라서 비동기 실행이 훨씬 더 빠르게 프로그램을 실행합니다. Node.js로 프로그래밍을 할 때는 이러한 사항을 확실하게 기억하고 있어야 합니다. 처음 보면 굉장히 이해하기 힘든 개념인데요. 이를 제대로 이해하지 못하면, 예상한 것과 다르게 코드가 실행되어 문제가 발생할 수 있습니다.

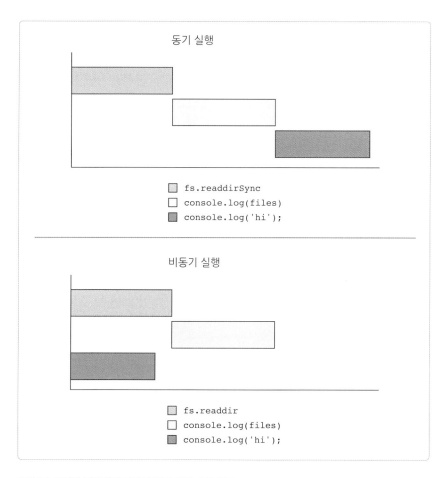

그림 5.3 동기와 비동기의 시간에 따른 실행 흐름 비교

2. 스트림

Node.js의 또 다른 특징은 스트림을 사용해 데이터를 처리할 수 있게 해준다는 점입니다. 스트림을 사용하면 많은 양의 데이터를 전송하고 처리할 때 메모리를 크게 절약할 수 있습니다. 예를 들어 Amazon S3에 큰 파일을 업로드하거나, 많은 주소가 적힌 JSON 데이터에서 일부를 필

터링해서 원하는 데이터만 추출하는 경우를 생각해 봅시다. 일반적으로 애플리케이션을 개발할 때는 메모리 사용량이 굉장히 중요합니다. 만약 메모리를 제대로 활용하지 못하면 애플리케이션이 느려지고, 그림 5.4처럼 컴퓨터가 작동을 멈출 수도 있습니다.

그림 5.4를 보면 알 수 있는 것처럼, 파일을 한 번에 메모리에 올리려고 하면 문제가 발생할 수 있습니다. 물론 이렇게 큰 용량을 서버에서 처리해야 하는 경우는 많지는 않습니다. 그래도 서버의 램 용량보다 큰 파일을 읽어 들일 수 없다는 것은 큰 문제입니다. 하지만 이렇게 큰 파일이 아니라도, 티끌 모아 태산이라고 하는 것처럼 작은 파일을 많이 읽어 들여 램의 용량을 넘는다면 프로그램에 문제가 발생할 수 있습니다.

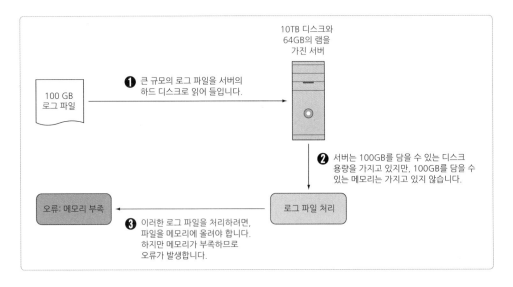

그림 5.4 용량이 큰 파일을 읽고 처리할 때 발생할 수 있는 문제

그럼 어떻게 해야 할까요? 파일을 읽을 때 Node.js 스트림을 활용하는 예제를 살펴보도록 합시다.

굉장히 큰 용량을 가진 텍스트 파일에 특정한 문장이 들어있는지 확인하는 예제를 만든다고 해봅시다. 파일이 큰 용량을 가지고 있으므로, 메모리 위에 모두 올리는 것은 바람직하지 않습니다. 텍스트 파일을 chunk 단위로 잘라서 하나하나 읽어 들인 뒤에, 문장이 들어있는지 확인하는 것이 더 효율적일 것입니다.

그럼 인터넷에서 적당한 용량을 가진 텍스트 파일을 찾아봅시다. 이 책에서는 프랭크 허버트의 듄(Dune)이라는 소설을 사용하도록 하겠습니다(책의 내용은 http://mng.bz/9sOS에서 내려받을 수 있습니다). 그리고 소설 내부에 "history will call you wives"라는 문장이 들어있는지 확인해 봅시다. 이때 텍스트 파일은 메모리에 한꺼번에 읽어 들인 뒤 문장이 들어있는지 확인하지 말고, chunk 단위로 텍스트 파일을 잘라 읽어 들인 뒤 문장이 있는지 확인해 봅시다.

다음 코드처럼 Node.js의 파일 시스템 API를 활용하면, 파일을 스트림으로 읽어 들일 수 있습니다.

코드 5.3   책의 내용 스트리밍하기

```
'use strict';

const fs = require('fs');                              파일에 대한 스트림을 생성합니다.
const filePath = '/Users/pauljensen/Desktop/Frank-Herbert-Dune.rtfd/TXT.rtf';
const fileReader = fs.createReadStream(filePath, {encoding:'utf8'});
let termFound = false;

fileReader.on('data', (data) => {      ← chunk 단위로 텍스트 파일을 읽어 들입니다.
  if (data.match(/history will call you wives/) !== null) {    ← 문장이 들어있는지
    termFound = true;                                              확인합니다.
  }
});

fileReader.on('end', (err) => {      ← 텍스트를 모두 읽으면 실행됩니다. 이때 오류가
  if (err) { return err; }               있다면 콜백 함수의 매개변수로 err이 들어옵니다.
  console.log('term found:',termFound);
});
```

RTF(Rich Text File) 파일을 읽을 수 있게 하는 스트림을 만들고, 파일의 내용이 UTF-8 인코딩으로 되어 있다고 지정합니다. 이어서 데이터를 읽을 때마다 실행할 콜백 함수를 지정해서, 해당 데이터에 해당 문장이 들어있는지 확인합니다. 만약 문장이 있다면 **termFound** 변수에 **true**를 설정합니다.

스트림이 파일을 모두 읽으면, **end** 이벤트를 발생시킵니다. 이때 오류가 있다면 오류를 출력하고, 오류가 없다면 문장이 해당 파일에 들어있었는지 출력합니다.

명령 라인을 열고, 프로그램을 실행해 보면 다음과 같이 출력하는 모습을 볼 수 있습니다.

```
$ node findTerm.js
term found: true
```

RTF 파일의 내용을 읽고, 내부에 있는 단어를 찾는 간단한 코드인데요. 이러한 코드를 단순하게 **readFile** 함수로도 구현할 수는 있습니다. 다음 코드를 살펴봅시다.

코드 5.4   fs.readFile 함수로 파일 읽고 문장 찾기

```
'use strict';

const fs = require('fs');
const filePath = '/Users/pauljensen/Desktop/Frank-Herbert-Dune.rtfd/TXT.rtf';
let termFound = false;

fs.readFile(filePath, {encoding: 'utf8'}, (err, data) => {     ← 파일의 내용을 모두 읽어 들입니다.
  if (err) { return err; }     ← 오류가 있는지 확인하고, 오류가 있다면 곧바로 반환합니다.
  if (data.match(/history will call you wives/) !== null) {     ← 문장이 들어있는지 확인합니다.
    termFound = true;
  }
  console.log('term found:',termFound);     ← 최종적인 결과를 출력합니다.
});
```

이전의 코드와 완전히 같은 결과를 출력합니다. 또한 콜백 함수를 하나만 사용하면 되므로 코드도 간단합니다. 그럼 어떤 형태의 코드를 사용하는 것이 좋을까요?

코드의 실행 속도를 생각해 보겠습니다. **fs.createReadStream**을 사용하는 코드가 **fs.readFile**을 사용하는 코드보다 훨씬 빠릅니다. Node.js의 **process.hrtime** 함수를 사용하면 이를 쉽게 측정할 수 있는데요. 일단 다음과 같은 코드를 각각의 파일의 윗부분에 작성해 봅시다.

```
const startTime = process.hrtime();
```

이어서 다음과 같은 코드를 console.log를 출력하는 부분에 입력해 주세요.

```
const diff = process.hrtime(startTime);
console.log('benchmark took %d nanoseconds', diff[0] * 1e9 + diff[1]);
```

process.hrtime 함수에 어떠한 매개변수도 지정하지 않으면, 단순하게 실행 시간의 타임스탬프를 startTime 변수에 기록하게 됩니다. 이어서 RTF 파일에 있는 내용을 비교해서 문장이 들어있는지 확인한 뒤, process.hrtime 함수의 매개변수에 startTime 변수를 넣어 둘을 비교합니다.

process.hrtime 함수는 실행 시간의 차이를 초 단위와 나노 초 단위로 저장한 배열을 반환합니다. 이를 console.log로 출력하면, 실행에 어느 정도의 시간이 걸렸는지 확인할 수 있습니다.

결과는 사용하는 컴퓨터에 따라서, 또는 실행하는 환경에 따라서 다양하게 나오는데요. 필자가 가지고 있는 mid-2014 13인치 맥북 프로(16GB 램과 3GHz CPU)에서는 다음과 같은 결과가 나왔습니다.

표 5.1 스트림을 사용하는 것이 빠릅니다

API 함수	걸린 시간
fs.readFile	62.61밀리 초
fs.createReadStream	21.59 밀리 초

결과를 보면 알 수 있는 것처럼 스트림을 사용하는 것이 fs.readFile 함수를 사용하는 것보다 훨씬 빠릅니다. 물론 코드를 여러 번 실행하고 평균과 표준 편차를 내서 비교하는 것이 정확하겠지만, 일단 이것만으로도 차이가 꽤 난다는 것을 알 수 있을 것입니다(여러 번 실행해도 큰 차이는 사실 없습니다).

추가로 스트림을 사용하는 코드가 메모리를 훨씬 효율적으로 사용합니다. Node.js의 **process.memoryUsage** 함수를 사용하면 메모리를 얼마나 사용하는지 확인할 수 있는데요. 실제로 확인해 봅시다. 파일을 읽어 들이는 부분에 다음과 같은 코드를 넣어봅시다.

```
console.log(process.memoryUsage());
```

fs.readFile 함수로 파일을 모두 읽어 들이는 코드의 경우 다음과 같은 결과를 출력합니다.

```
{ rss: 36184064, heapTotal: 20658336, heapUsed: 16310280 }
```

그리고 스트림을 사용하는 코드의 경우 다음과 같이 출력합니다.

```
{ rss: 18276352, heapTotal: 6163968, heapUsed: 2869000 }
```

스트림을 사용하는 코드가 **readFile** 함수를 사용하는 코드보다 훨씬 더 적은 메모리를 사용합니다. 또한 **rss**는 49%, **headTotal**은 70%, **headUsed**는 82%나 더 작습니다. 한마디로 스트림을 사용하는 것이 속도가 빠른 것은 물론이고 메모리도 더 효율적으로 사용한다는 것입니다.

3. 이벤트

Node.js가 제공하는 API의 인터페이스는 대부분 이벤트 패턴을 사용합니다. 웹 브라우저 기반의 자바스크립트에서 **addEventListener** 함수를 사용해 보거나, jQuery 라이브러리를 사용해 보았다면 이벤트 패턴에 대해 이미 잘 알고 있을 것입니다. 이전 절의 **fs.createReadStream** 예제에서도, 데이터를 읽을 때마다 실행하는 함수와 데이터를 모두 읽었을 때 실행하는 함수 처리도 모두 이벤트 패턴으로 작성한 것입니다.

이러한 이벤트 패턴은 이벤트 루프를 사용하는 Node.js에서 굉장히 적합한 방식입니다. 이벤트 패턴을 사용하므로 비동기 처리를 쉽게 작성할 수 있는 것입니다. 루비와 파이썬 같은 프로그래밍 언어도 이벤트 루프를 사용해 비동기로 코드를 실행할 수 있습니다. 하지만 루비는

EventMachine, 파이썬은 Twisted 같은 별도의 라이브러리를 사용해야 합니다. 반면 Node.js 는 자체적으로 프로그래밍 프레임워크를 시작할 때 이벤트 루프를 생성하게 됩니다.

Node.js는 이벤트 패턴을 사용하는 라이브러리를 제공하기만 하는 것이 아니라, **EventEmitter**라는 모듈을 사용해서 이러한 이벤트 패턴을 개발자가 직접 만들 수 있게 해줍니다. 예를 들어 다음 코드는 **welcome**이라는 이름의 이벤트를 만들고 호출하는 코드입니다.

```
'use strict';

const greeter = new events.EventEmitter();

greeter.on('welcome', function () {
    console.log('hello');
});

greeter.emit('welcome');
```

이 코드는 **EventEmitter** 인스턴스를 생성한 뒤, **welcome**이라는 이벤트가 발생했을 때 **'hello'**라는 글자를 출력하게 합니다. 그리고 이후에 **emit** 함수를 사용해 **greeter** 객체의 **welcome** 이벤트를 발생시킵니다. 코드를 실행해 보면 "hello"라는 글자를 출력하는 모습을 확인할 수 있습니다.

NW.js와 일렉트론이 제공하는 API를 보면, 이와 같은 이벤트 패턴을 굉장히 많이 사용합니다. 따라서 이 책의 예제들을 진행하면서, 이와 같은 코드를 자주 접하게 될 것입니다.

4. 모듈

제사용 가능한 코드는 프로그래밍 언어의 생태계를 구성할 때 굉장히 중요한 요소입니다. 이처럼 재사용 가능한 코드는 개발 생산성에 크게 기여합니다. Node.js는 재사용 가능한 코드들을 모듈이라는 기능으로 만들 수 있습니다. 이렇게 모듈을 만들면 여러 곳에서 기능을 재사용할 수 있습니다.

Node.js는 CommonJS라는 모듈 표준을 사용합니다. 원래 CommonJS 표준은 브라우저 환경이 아닌 곳에서 자바스크립트 모듈을 만들 때 적용되는 표준입니다. 하지만 최근에는 브라우저 환경의 라이브러리도 CommonJS를 활용하고 있습니다.

어쨌거나 그럼 어떤 형태로 모듈을 만들고 사용하는지 살펴보도록 합시다.

module.exports를 사용해 퍼블릭 API 만들기

자바스크립트 파일 내부에 있는 함수나 객체, 또는 다른 값들을 외부에 공개하고 싶을 때는 **exports** 또는 **module.exports**라는 표현식을 사용합니다. 예를 들어 어떤 파일에 다음과 같은 비즈니스 로직이 있고, 이를 다른 파일에서 불러오고 싶다면 어떻게 해야 할까요?

```
function applyDiscount (discountCode, amount) {
  let discountCodes = {
    summer20: (amt) => {
      return amt * 0.8;
    },
    bigone: (amt) => {
      if (amt > 10000) {
        return amt - 10000;
      } else {
        return amt;
      }
    }
  };

  if (discountCodes[discountCode]) {
    return discountCodes[discountCode](amount);
  } else {
    return amount;
  }
}
```

파일 내부에 있는 함수를 외부에 공개하고 싶을 때는 다음과 같은 코드를 입력합니다.

```
exports.applyDiscount = applyDiscount;
```

또는 다음과 같이 합니다.

```
module.exports = {
  applyDiscount: applyDiscount
};
```

만약 파일에서 하나의 함수만 호출할 수 있게 한다면, 다음과 같은 방법으로 함수를 외부에 공개할 수도 있습니다.

```
module.exports = applyDiscount;
```

객체와 함수를 외부에 공개하는 것만 살펴보았는데요. 자바스크립트에서 사용할 수 있는 값이라면 어떠한 것이라도 외부에 공개할 수 있습니다. 이처럼 모듈을 사용하면 코드들을 구성할수 있고 쉽게 재사용할 수 있습니다. 그럼 이제 이렇게 만든 라이브러리를 다른 파일에서 읽어들이는 방법을 살펴봅시다.

require로 라이브러리 읽어 들이기

외부에 객체 또는 함수를 공개하고 있는 모듈 파일이 있다면, **require**라는 이름의 함수를 사용해서 모듈을 읽어 들일 수 있습니다. 예를 들어 이전에 만들었던 **applyDiscount**라는 함수를 discount.js 파일 내부에 넣고 함수를 외부에 공개했다고 합시다.

discount.js 파일과 같은 폴더에 자바스크립트 파일을 만들면, 해당 자바스크립트 파일에서 다음과 같은 코드로 discount.js 파일을 읽어 들일 수 있습니다.

```
const discount = require('./discount');
```

이전에 **module.exports**에 객체를 넣어 **applyDiscount** 함수를 외부에 공개했다면, 다음과 같은 코드를 사용해서 **applyDiscount** 함수를 호출할 수 있습니다.

```
discount.applyDiscount('summer20', 4999);
```

이러한 모듈을 사용하면, 코드를 작고 이해하기 쉽게 분할할 수 있는 것은 물론이고 코드를 재사용하기도 쉽습니다. Node.js의 핵심 철학 중에 하나라고 볼 수 있는데요. 작고 이해하기 쉬운 파일들을 하나하나 조립해서 애플리케이션을 만들어 나가는 것입니다.

require 함수는 로컬 파일을 읽어 들이는 기능 이외에도, Node.js가 기본적으로 제공하는 표준 모듈을 읽어 들이는 기능도 있습니다. 다음과 같이 모듈의 이름을 직접 입력해서 모듈을 읽어 들일 수 있습니다.

```
const os = require('os');
```

위의 코드는 Node.js의 운영체제 모듈을 읽어 들이는 예제입니다. Node.js는 이 이외에도 굉장히 많은 표준 모듈을 제공하므로, 별도의 설치 없이 다양한 기능을 활용할 수 있습니다. 표준 모듈과 관련된 자세한 내용은 https://nodejs.org/api를 참고해 주세요.

Node.js의 코어 모듈과 별도로 npm(Node Package Manager)을 사용하면, 다양한 모듈을 설치하고 사용할 수 있습니다. npm은 애플리케이션에서 사용할 모듈을 내려받거나, 우리가 만든 모듈을 공개할 수 있는 무료 중앙 리포지터리입니다. https://npmjs.com에서 모듈을 검색해서 찾은 뒤, 다음과 같은 명령어로 모듈을 설치할 수 있습니다(다음 명령어는 request라는 이름의 모듈을 설치합니다).

```
npm install request
```

명령어를 실행하면 request라는 모듈이 내려받기되어, node_modules라는 폴더에 저장합니다. 모듈을 내려받기하면, 코드를 다음과 같이 작성해서 해당 모듈을 읽어 들일 수 있습니다.

```
const request = require('request');
```

명령어를 입력하면 node_modules에서 request라는 모듈을 찾게 됩니다. node_modules 폴더를 열어보면, request라는 이름의 폴더가 들어있는 것을 볼 수 있습니다. 이 폴더가 바로 request 모듈입니다. `require` 함수를 사용하면 (1) 매개변수로 지정한 모듈을 Node.js 코어 모듈에서 찾아보고, (2) 전역 경로에 있는 모듈을 찾아본 뒤, (3) 로컬(node_modules 폴더) 경로에 있는 모듈을 찾아 모듈을 읽어 들입니다.

npm 모듈은 전역 경로에 설치할 수도 있습니다. 이렇게 설치하면 node_modules 폴더가 아니라, 모든 Node.js 프로세스가 공유할 수 있는 폴더에 모듈이 설치됩니다. 일반적으로 grunt와 bower처럼 도구 형태로 사용하는 모듈을 전역 경로에 설치합니다. 모듈을 전역 경로에 설치할 때는 `npm install` 명령어에 `-g` 옵션을 붙여 실행합니다.

```
npm install -g grunt-cli
```

grunt라는 모듈은 도구처럼 사용합니다. 따라서 애플리케이션마다 설치하지 않고, 전역 경로에 설치해서 모든 Node.js 애플리케이션에 활용합니다. 추가로 npm 모듈은 바이너리 명령어를 가질 수도 있습니다. npm 모듈을 전역으로 설치하면, 해당 명령어를 어디에서나 실행할 수 있습니다. 참고로 npm을 사용해 NW.js와 일렉트론 모듈을 전역 경로로 설치할 때도 마찬가지입니다.

이처럼 Node.js는 개발자의 관점에서 모듈을 쉽게 사용할 수 있게 해줍니다. 그럼 이어지는 내용에서는 npm에 대해서 조금 더 자세히 알아보겠습니다.

5-2 | Node Package Manager(npm)

Node Package Manager(또는 npm)는 Node.js 개발자들이 라이브러리를 설치할 때 사용하는 도구입니다. Node.js를 설치할 때 기본적으로 함께 설치되며, 400,000개가 넘는 모듈을 제공합니다. npm을 사용하면 이러한 모듈을 쉽게 내려받을 수 있으며, 반대로 우리가 만든 모듈을 공개할 수도 있습니다.

1. 애플리케이션에 사용할 모듈 찾기

npmjs.com을 방문하면 npm이 어떤 것인지와 관련된 추가적인 정보를 확인할 수 있을 것입니다. 또한 사이트 아래를 보면 많이 사용되는 모듈들을 볼 수 있습니다. 또한 사이트에 있는 검색 양식에 모듈의 이름, 설명, 키워드 등을 입력하면 모듈을 검색할 수 있습니다.

애플리케이션에 사용할 모듈 또는 테스트해 보고 싶은 모듈을 찾았다면, 다음과 같은 명령어를 사용해 모듈을 설치합니다.

```
npm install lodash
```

위와 같이 입력하면 "lodash"라는 이름의 모듈이 명령어를 실행한 폴더 내부의 node_modules 폴더에 설치됩니다. 그리고 다음과 같은 방법으로 코드에서 모듈을 사용할 수 있습니다.

```
const lodash = require('lodash');
```

이처럼 require() 함수를 사용하면 "lodash"라는 이름의 모듈을 읽어 들입니다. 참고로 한 프로그램 내부에서는 require() 함수로 모듈을 여러 번 읽어도, 캐시 되기 때문에 한 번만 읽어 들입니다.

2. package.json으로 모듈 설치 기록하기

어쨌거나 애플리케이션을 만들면서 수많은 모듈을 설치해서 사용하게 될 것입니다. 이때 자신이 사용한 모듈의 이름과 버전을 기록하고 싶을 수 있습니다. 이러한 때는 매니페스트 파일이 필요합니다. npm은 package.json이라는 이름의 매니페스트 파일을 사용해서 npm 모듈과 관련된 설명 등을 작성할 수 있습니다.

이전에 "npm install lodash"라는 명령어로 lodash 모듈을 설치했지만, 이와 관련된 정보를 따로 package.json에 저장하지는 않았습니다. 언급했던 것처럼 설치한 모듈을 기록하고 싶으면 일단 package.json 파일을 생성해야 합니다. 다음과 같은 명령어를 입력해서 package.json 파일을 생성할 수 있습니다.

```
npm init
```

명령어를 실행하면 몇 가지 질문을 받게 되고, 질문에 답변하면 답변을 기반으로 package.json 파일을 생성해 줍니다. 다음은 질문을 답변해서 package.json 파일을 생성한 예입니다.

```
{
  "name": "pkgjson",
  "version": "1.0.0",
  "description": "My testbed for playing with npm",
  "main": "index.js",
  "scripts": {
    "test": "echo \"Error: no test specified\" && exit 1"
  },
  "author": "",
  "license": "ISC"
}
```

이렇게 package.json을 작성하면 모듈 정보, 엔트리 포인트가 되는 파일, 스크립트 명령어, 소프트웨어 라이선스 등의 설정 정보를 저장할 수 있습니다.

그럼 이제 package.json이 있으므로, 어떤 모듈을 사용하는지 추적할 수 있습니다. 다음과 같은 명령어를 실행해 봅시다.

```
npm install lodash --save
```

명령어를 입력하면 lodash라는 이름의 모듈이 설치됩니다. 이때 package.json 파일을 보면, 다음과 같이 어떤 모듈이 설치되었다는 정보가 기록되어 있습니다.

```
"dependencies": {
  "lodash": "^4.15.0"
}
```

모듈의 이름과 버전이 기록되어 있는데요. 이와 같은 방법으로 어떤 모듈을 사용하는지 추적합니다.

만약 Git과 같은 버전 관리 시스템을 사용하고 있다면, package.json을 사용해 다른 개발자들의 환경에 같은 애플리케이션 환경을 구현할 수 있습니다. 소스 코드를 옮긴 뒤 package.json 파일이 들어있는 폴더에서 다음 명령어를 입력합니다.

```
npm install
```

아무런 매개변수도 따로 지정하지 않고 **npm install** 명령어를 실행하면, package.json 파일의 내용을 기반으로 모듈을 알아서 설치해 줍니다.

개발 전용 모듈 설치하기

Mocha 또는 Karma와 같은 테스트 라이브러리는 개발 용도로만 사용합니다. 이러한 모듈들은 개발 단계에서만 사용하고, 실제 애플리케이션 등을 배포할 때는 필요 없을 것입니다. 이러한 경우에는 다음과 같은 명령어로 모듈을 설치해 주세요.

```
npm install mocha --save-dev
```

이렇게 입력하면 Mocha 모듈이 node_modules 폴더에 추가되며, package.json 파일에는 다음과 같은 정보가 기록됩니다.

```
"devDependencies": {
  "mocha": "^3.0.2"
}
```

개발 전용 모듈로 설정하면, 애플리케이션 배포 단계에서 해당 모듈이 포함되지 않습니다. 따라서 바이너리의 크기를 조금이라도 더 줄일 수 있답니다.

3. npm으로 모듈과 애플리케이션 패키징 하기

npm 모듈들을 활용해 다른 개발자와 협업할 때 가장 중요한 것은 "내 컴퓨터가 아닌 다른 개발자의 컴퓨터에 모듈을 얼마나 쉽게 설치하고, 애플리케이션을 실행할 수 있느냐"하는 것입니다. 따라서 모듈과 애플리케이션을 패키징 해서, 다른 시스템에서도 원활하게 설치하고 실행하게 만들 수 있어야 합니다.

package.json의 모듈 버전 관리하기

Git 등의 버전 관리 도구로 Node.js 코드를 관리할 때, 초보자들이 자주 질문하는 내용이 있다면 "어떤 것을 버전 관리해야 하나요?"입니다. 두 가지 선택지가 있습니다. 첫 번째는 npm으로 설치한 외부 모듈들을 포함해 모든 파일을 추적하는 것이고, 두 번째는 외부 모듈이 설치되어 있는 node_modules 폴더를 제외한 파일들만 추적하는 것입니다. 두 번째만 해도 괜찮은 이유는 모듈의 정보가 들어있는 package.json 파일이 있기 때문입니다.

일반적으로 두 번째 방법을 선택합니다. 여러 가지 이유가 있는데요. 일단 버전 관리 도구로 추적할 파일 수가 굉장히 줄어듭니다*. 그리고 운영체제 호환성 이유도 있습니다. 일부 Node.js 모듈은 C++로 작성된 확장 기능을 사용합니다. 이런 C++ 모듈을 사용하려면, 개발자 컴퓨터에 맞게 컴파일해야 합니다. C++을 사용하는 외부 모듈을 macOS에서 컴파일했다면, 이를 윈도우/리눅스가 설치된 컴퓨터에서 사용할 수 없습니다. 따라서 package.json 파일을 기반으로 각각의 컴퓨터에서 모듈을 설치하는 것이 훨씬 더 편합니다.

＊ 역주: 외부 모듈 하나를 설치하면, 해당 모듈이 사용하는 외부 모듈들이 재귀적으로 설치되어서 수 천 개의 파일을 내려받을 수 있습니다. 이러한 파일을 모두 업로드하고 내려받는 것 자체가 굉장히 큰 부담입니다.

추가로 package.json 파일의 어떤 모듈을 사용하는지 추적하는 기능 이외에도, 모듈의 버전을 고정하는 기능을 사용하는 것이 좋습니다. `npm install`을 사용해서 모듈을 설치하면, package.json의 모듈 앞에 "^"(캐럿) 기호가 붙는 것을 볼 수 있습니다. ^ 기호는 "해당 메이저 버전의 최신 버전"을 설치하라는 의미입니다.

예로 커피스크립트를 npm으로 설치해서 살펴봅시다.

```
npm install coffee-script --save
```

package.json을 보면 다음과 같이 추가되어 있을 것입니다.

```
"dependencies": {
  "coffee-script":"^1.10.1"
}
```

모듈 버전 앞에 ^이 붙어있는 것을 볼 수 있습니다. 현재 모듈은 1.10.1로 설치되었습니다. 그런데 몇 개월이 지난 뒤에 프로젝트를 GitHub에서 내려받고, `npm install` 명령어를 사용해 모듈을 설치하면 어떻게 될까요? 만약 커피스크립트 1.11.0이라던지, 1.10.2가 나왔다면, 기존의 1.10.1이 아니라 새 버전들이 설치됩니다.

이처럼 ^ 기호를 사용하면, 패치 버전(X.Y.Z에서 Z를 나타내며, 버그 수정 등의 변경 사항을 반영한 버전)과 마이너 버전(X.Y.Z에서 Y를 나타내며 애플리케이션에게 영향을 주지 않는 한에서 모듈을 변경한 버전)이 반영된 최신 버전을 설치해 줍니다.

따라서 커피스크립트 2.0.0버전이 나온다면, 해당 버전을 설치하지는 않습니다. 이는 메이저 버전(X.Y.Z에서 X를 나타내며 새로운 API 추가/변경처럼 하위 호환성을 무너뜨릴 수 있는 변경이 추가된 버전)이 다르기 때문입니다.

이렇게 메이저 버전의 최신 버전을 설치해 주는 이유는 개발자가 package.json 파일을 따로 수정하거나 하지 않고, 버그 등이 수정된 최신 버전을 사용할 수 있게 하기 위해서입니다. Node.js 모듈 개발자가 시맨틱 버저닝에 따라 모듈의 버전을 잘 붙인다면, 문제없이 작동합니다.

하지만 모듈 개발자가 버전을 잘못 붙여서 하위 호환성을 깨는 문제가 발생하거나, 모듈에 버그가 발생한다면 어떻게 될까요? DevOps의 관점에서 보면, 이는 오류를 발생시킬 수 있는 여지를 만드는 것입니다. 따라서 모듈의 버전을 제한할 수 있는 방법이 필요합니다.

그럼 어떻게 버전을 제한할 수 있을까요? 두 가지 방법이 있습니다. 첫 번째 방법은 버전 앞에 붙는 ^ 또는 ~ 등의 기호를 제거하는 것입니다. `npm shrinkwrap`이라는 명령어를 호출하면 이러한 처리를 자동으로 해줍니다.

`npm shirinkwrap` 명령어는 모듈의 버전을 잠급니다. package.json 파일이 있는 위치에서 명령어를 실행하면, npm-shrinkwrap.json이라는 파일이 생성되며, 다음과 같은 내용이 들어갑니다.

```
{
  "name": "pkgjson",
  "version": "1.0.0",
  "dependencies": {
    "underscore": {
      "version": "1.8.3",
      "from": "underscore@",
      "resolved": "https://registry.npmjs.org/underscore/-/underscore-1.8.3.tgz"
    }
  }
}
```

이러한 파일을 사용하면 어떤 버전을 사용했는지, 어떤 리포지터리에서 모듈을 내려받았는지 등을 npm에 정확하게 전달할 수 있습니다.

2010년부터 Node.js 개발을 해왔던 필자의 경험으로는 package.json 파일을 사용해 모듈을 사용하고, node_modules 폴더를 버전 관리 도구의 감시 대상에서 제외하는 것이 좋습니다. 추가로 모듈의 버전을 잠가야 하는 경우에는 `npm shrinkwap` 명령어를 사용합니다.

npm을 사용해서 애플리케이션과 모듈 공개하기

모듈 또는 애플리케이션을 만들고, package.json 파일을 적절하게 설정했다면, 다른 사람들이 해당 모듈과 애플리케이션을 내려받기해서 사용하게 공개할 수 있습니다. 이때도 npm을 사용합니다. npm에서 계정을 만들고(https://npmjs.com에서 클릭 몇 번이면 만들 수 있습니다), 다음과 같은 명령어를 명령 라인에서 실행해 봅시다.

```
npm login
```

한 번 로그인하면, 이후에는 다음과 같은 명령어로 모듈을 공개할 수 있습니다. 이 명령어는 package.json 파일이 있는 폴더에서 실행합니다.

```
npm publish
```

이렇게 모듈을 공개하면, 해당 모듈들이 npm 리포지터리에 올라갑니다. 따라서 `npm install` 명령어를 사용해 설치할 수 있습니다. 이때 모듈의 버전 관리 등은 모두 package.json을 사용해서 합니다.

정리

이번 장에서는 Node.js와 관련된 전반적인 소개를 했습니다. Node.js를 프로그래밍 프레임워크로써 잘 이해하면, 애플리케이션을 구현할 때 도움이 될 것입니다. 이번 장의 내용을 정리해 보면 다음과 같습니다.

- Node.js는 비동기 프로그래밍을 사용합니다. Node.js를 사용할 때는 콜백을 사용해 코드를 구성하기 바랍니다.

- 스트림을 사용하면 데이터를 읽고 쓸 때 메모리를 절약할 수 있습니다.

- Node.js API 중에는 브라우저 API와 같은 이름을 가진 것들이 있습니다. 이름은 같지만, 미묘한 차이가 있으므로 사용할 때 주의하기 바랍니다.

- npm의 모듈을 사용하면 애플리케이션의 기능을 빠르게 구현할 수 있습니다.

- npm을 사용하면 모듈을 커뮤니티에 공개할 수 있습니다.

이어지는 6장에서는 NW.js와 일렉트론으로 시야를 옮겨서, 이러한 것들이 내부적으로 어떻게 동작하는지 이해해 보도록 합시다. 조금 쓸데없는 과정이라 생각할 수도 있겠지만, 내부 구조를 이해하면 애플리케이션을 만들 때 도움이 될 것입니다.

NW.js와 일렉트론의 내부 구조

학습 목표

☑ NW.js와 일렉트론이 내부적으로 어떻게 Node.js와 Chromium을 결합했는지 알아봅니다

☑ NW.js의 공유 콘텍스트 접근 방법에 대해 알아봅니다

☑ 일렉트론의 멀티 프로세스 접근 방법에 대해 알아봅니다

☑ 메시지를 통해 상태를 공유하는 방법에 대해 알아봅니다

NW.js와 일렉트론이 같은 소프트웨어 구성 요소를 사용하며 Cheng Zhao가 개발에 모두 참여했지만, 두 프레임워크는 굉장히 다른 접근 방법을 사용해 개발되었습니다. 두 프레임워크가 내부적으로 어떻게 동작하는지 살펴보면, 애플리케이션이 어떻게 실행되는 것인지 확실하게 이해할 수 있을 것입니다.

이번 장에서는 NW.js와 일렉트론이 내부적으로 어떻게 기능하는지 알아보도록 하겠습니다. 일단 NW.js가 Node.js와 Chromium을 어떻게 결합했는지 알아보겠습니다(NW.js가 먼저 나온 프레임워크이므로). 이어서 일렉트론은 이러한 구성 요소를 결합할 때 어떤 다른 접근 방법을 사용했는지 알아보겠습니다. 이를 살펴본 이후에 이로 인해 발생되는 콘텍스트와 상태의

차이를 알아봅니다. 그리고 일렉트론에서 메인 프로세스와 렌더러 프로세스가 어떻게 메시지를 통해 통신할 수 있는지 살펴봅니다.

또한 추가로 읽을 만한 자료들을 소개하겠습니다. 이번 장의 최종적인 목표는 두 프레임워크가 내부적으로 어떻게 다른지, 그리고 이로 인해 애플리케이션 개발 방식에 어떠한 영향이 있는지 이해하는 것입니다.

6-1 | NW.js의 내부 구조

개발자의 관점에서 NW.js는 프로그래밍 프레임워크 Node.js와 Chromium의 브라우저 엔진을 결합한 것입니다. 이때 두 대상은 모두 V8을 공통적으로 사용하고 있습니다. V8은 구글 크롬을 위해 만든 자바스크립트 엔진입니다. V8 엔진은 C++로 작성되어 있으며, 자바스크립트의 실행 속도를 높이기 위해 디자인되었습니다.

구글 크롬이 발표된 다음 해인 2009년에 Node.js가 발표되었습니다. Node.js는 V8 엔진과 멀티 플랫폼 라이브러리인 libuv를 결합해서, 자바스크립트를 사용해 비동기적인 서버 사이드 프로그램을 만들 수 있게 해주었습니다. Node.js와 Chroimun이 모두 내부적으로 자바스크립트를 실행할 때 V8을 사용하고 있다는 것에 착안해서, Roger Wang은 그림 6.1과 같은 형태로 두 개를 결합할 수 있다고 생각했습니다.

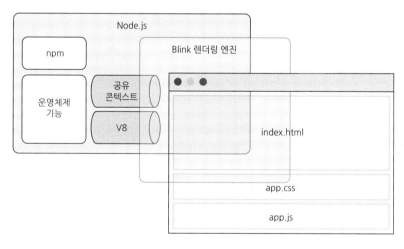

그림 6.1 NW.js의 컴포넌트 아키텍처

그림을 보면 알 수 있는 것처럼 Node.js는 백엔드에서 운영체제와 관련된 기능을 처리할 때 사용됩니다. 그리고 Blink(Chromium의 렌더링 엔진)는 프런트엔드에서 사용자가 보이는 화면을 렌더링 할 때 사용됩니다. Node.js와 Blink는 모두 같은 V8 컴포넌트를 사용합니다. 따라서 Node.js와 Chromium이 함께 자바스크립트 콘텍스트를 공유할 수 있는 것입니다.

정리해 보겠습니다. Node.js와 Chromium을 결합하기 위해 다음과 같은 요소가 사용되었습니다.

- Node.js와 Chromium이 동일한 V8 인스턴스를 사용하게 합니다.
- 메인 이벤트 루프를 통합합니다.
- Node.js와 Chromium가 자바스크립트 콘텍스트를 공유할 수 있게 연결했습니다.

Column | **NW.js와 관련된 모듈**

NW.js는 Node.js와 웹키트 브라우저 엔진이 결합되었다는 의미로 node-webkit라는 이름을 사용했습니다. 그런데 최근 NW.js가 사용하고 있던 Node.js와 웹키트가 포크 되었습니다. 구글은 웹키트를 포크 해서 Blink라는 엔진을 만들었고, 2015년 8월에는 Node.js가 포크 되어 IO.js가 만들어졌습니다. 서로 다른 이유로 포크 되었지만, Blink와 IO.js가 더 정기적인 업데이트를 하므로, NW.js도 두 가지를 사용하게 변경되었습니다.

node-webkit은 더 이상 Node.js와 웹키트를 사용하지 않고, IO.js와 Blink를 사용하게 되었습니다. 그래서 이때 이름을 변경해야 한다는 의견이 나왔고, NW.js라는 이름으로 바뀐 것입니다.

2015년 5월에 IO.js 프로젝트가 다시 Node.js로 통합되었으며, 현재 NW.js는 Node.js를 사용하고 있습니다.

---

1. 동일한 V8 인스턴스 사용

Node.js와 Chromium은 모두 V8을 사용해서 자바스크립트를 실행합니다. 따라서 두 가지 엔진이 어떻게 서로 연동할지를 정의해야 합니다. 일단 NW.js는 Node.js와 Chromium을 둘 다로드하고, 각자의 자바스크립트 콘텍스트에서 V8 엔진이 실행되게 합니다. 그리고 Node.js의 자바스크립트 콘텍스트는 `module`, `process`, `require` 등의 함수들을 외부에 공개합니다.

또한 Chromium의 자바스크립트 콘텍스트는 `window`, `document`, `console` 등의 객체와 함수를 공개합니다. 이를 그림으로 나타내면 **그림 6.2**와 같습니다. 그림을 보면 알겠지만, `console` 등의 객체는 Node.js와 Chromium이 모두 가지고 있으므로 겹칩니다.

이어서 Node.js가 공개한 자바스크립트 콘텍스트를 모두 Chromium의 콘텍스트에 옮깁니다.

사실 말로만 들으면 엄청나게 쉬운 것 같지만, Node.js와 Chromium이 함께 동작하게 하려면, 굉장히 많은 구현이 필요합니다. 예를 들어 두 가지 모두 이벤트 루프를 사용하므로, 이벤트 루프 등도 별도의 구현을 해야 합니다.

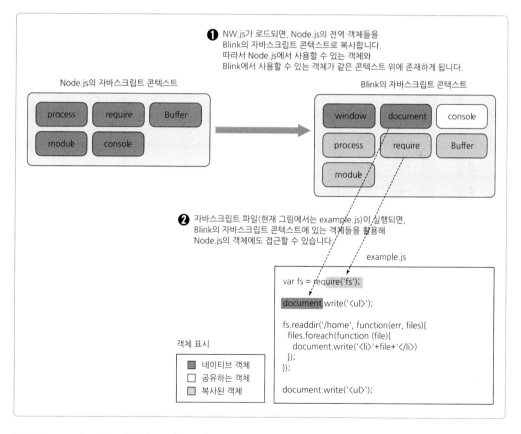

그림 6.2 NW.js가 Node.js의 자바스크립트 콘텍스트를 Chromium의 자바스크립트 콘텍스트에 복사하는 과정

2. 메인 이벤트 루프 통합

5.1.3절에서 언급했던 것처럼 Node.js는 이벤트 루프 프로그래밍 패턴을 사용해 비동기 스타일로 코드를 실행합니다. Chromium도 이벤트 루프 패턴을 사용해 비동기 실행을 처리합니다.

하지만 Node.js와 Chromium이 내부적으로 사용하는 이벤트 루프 라이브러리는 다릅니다. Node.js는 libuv 라이브러리를 사용하며, Chromium은 자체적인 C++ 라이브러리(`MessageLoop`와 `MessagePump`)를 사용합니다. 따라서 이를 통합하기 위해 그림 6.3의 방식을 취합니다.

Node.js의 자바스크립트 콘텍스트가 Chromium의 자바스크립트로 복사될 때, Chromium의 이벤트 루프는 libuv 위에서 작동하게 별도로 만들어진 `MessagePump` 라이브러리를 사용합니다.

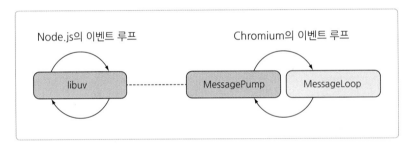

그림 6.3 libuv 위에서 작동하게 만들어진 별도의 `MessagePump`를 사용해 Node.js와 Chromium의 이벤트 루프를 통합하는 과정

3. 자바스크립트 콘텍스트 공유

Node.js와 Chromium의 통합을 위한 마지막 과정은 Node.js의 `start` 함수와 Chromium의 렌더링 프로세스를 동합하는 것입니다. Node.js는 코드 처리를 시작할 때 `start`라는 이름의 함수를 호출합니다. 따라서 Node.js가 Chromium과 함께 동작하게 하려면, Chromium의 렌더링 프로세스와 함께 `start` 함수가 호출될 수 있게 해야 합니다. 그래서 NW.js는 Node.js의 `start` 함수를 따로 구현했습니다.

이러한 작업들이 모두 끝나면, Chromium 내부에서 Node.js를 사용할 수 있습니다. NW.js는 이와 같은 방법으로 Chromium이 처리하는 프런트엔드 코드에서 Node.js 코드가 동작하게 하는 것입니다.

NW.js가 어떠한 형태로 동작하는지 알아보았으니, 이어지는 절에서는 일렉트론이 어떤 형태로 동작하는지 살펴봅시다.

6-2 일렉트론의 내부 구조

일렉트론은 NW.js와 비슷한 구성 요소를 사용합니다. 하지만 이를 내부적으로 결합하는 방법이 다릅니다. 일단 일렉트론을 구성하는 요소들을 살펴보도록 합시다. 일렉트론의 최신 소스 코드를 http://mng.bz/ZQ2J에서 확인할 수 있습니다.

그림 6.4는 간단하게 그려본 일렉트론의 아키텍처입니다. 일렉트론은 이처럼 Chromium의 소스 코드와 애플리케이션을 지원하는 요소들을 확실하게 구분하고 있습니다. Chromium이 거의 완벽하게 분리되어 있으므로, 업데이트가 있을 때 쉽게 업데이트할 수 있습니다. 또한 소스 코드를 기반으로 일렉트론을 빌드할 때도 일렉트론 쪽만 빌드하면 되므로 간단합니다.

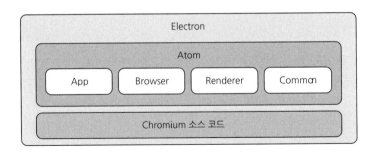

그림 6.4 일렉트론의 소스 코드 아키텍처

이때 Atom이라는 구성 요소는 쉘을 나타내는 C++ 소스 코드입니다. 쉘은 크게 4개의 부분으로 구분되는데요 이와 관련된 내용은 6.2.2절에서 다루도록 하겠습니다. 그리고 Atom 쉘이 Node.js와 결합하게 되는 Chromium의 소스 코드가 있습니다.

1. libchromiumcontent 소개

일렉트론은 libchromiumcontent이라는 이름의 공유 라이브러리를 사용해 Blink와 V8 등의 Chromium이 가지고 있는 콘텐츠들을 읽어 들입니다. 이러한 Chromium의 콘텐츠 모듈은 페이지 렌더링을 담당하게 됩니다. 참고로 libchromiumcontent는 https://github.com/electron/libchromiumcontent에서 살펴볼 수 있습니다.

이렇게 읽어 들인 Chromium 콘텐츠 모듈을 사용해 웹 페이지 렌더링을 합니다. 그리고 일렉트론의 구성 요소들과 Chromium의 콘텐츠 모듈들이 상호작용할 수 있게 하는 API들이 제공됩니다.

2. 일렉트론의 구성 요소

일렉트론의 코드를 살펴보면, Atom이라는 폴더 내부에 다음과 같은 4개의 폴더가 있는 것을 볼 수 있습니다.

- App
- Browser
- Renderer
- Common

그럼 각각의 내용을 조금 자세하게 살펴보도록 하겠습니다.

App

App 폴더 내부에는 Node.js를 읽어 들이는 기능, Chromium의 콘텐츠 모듈을 읽어 들이는 기능, libuv에 접근하는 기능 등을 포함한 코드들이 C++11과 Objective-C++로 작성되어 있습니다.

Browser

Browser 폴더 내부에는 자바스크립트 엔진 초기화, UI와의 상호작용, 각각의 운영체제와 모듈을 바인딩하는 기능 등을 포함한 코드들이 들어있습니다.

Renderer

Renderer 폴더에는 일렉트론의 렌더러 프로세스와 관련된 코드들이 들어있습니다. 일렉트론은 각각의 화면들이 서로 다른 프로세스로 관리됩니다. 구글 크롬은 각각의 탭들이 서로 다른 프로세스로 관리되는데요. 이를 그대로 옮겼기 때문에 서로 다른 프로세스로 관리하는 것입니다. 따라서 특정한 웹 페이지가 무거운 처리를 해서 응답 없음 상태가 되어도, 다른 페이지에는 영향을 주지 않습니다.

일렉트론이 메인 프로세스의 코드를 실행하는 방법, 애플리케이션 화면들이 각각의 렌더러 프로세스를 실행하는 방법은 이후에 설명하도록 하겠습니다.

Common

Common 폴더는 메인 프로세스와 렌더러 프로세스 양쪽 모두에서 사용되는 유틸리티 관련 코드들이 들어있습니다. 또한 Node.js 이벤트 루프와 Chromium 이벤트 루프가 서로 통신할 때 사용하는 메이지 관련 코드도 들어있습니다.

지금까지 일렉트론이 어떤 아키텍처로 구성되어 있는지 간단하게 살펴보았습니다. 이어지는 절에서는 어떻게 메인 프로세스가 각각의 화면을 독립적인 프로세스로 관리하는지에 대해서 알아보겠습니다.

3. 일렉트론이 애플리케이션을 관리하는 방법

NW.js는 Node.js와 Chromium의 이벤트 루프를 결합하고, 자바스크립트 콘텍스트를 Chromium 쪽으로 복사해서 몰아넣음으로써, 프런트엔드와 백엔드가 같은 자바스크립트 콘텍스트를 공유합니다. 그런데 일렉트론은 이와 전혀 다른 접근 방법을 사용합니다.

일렉트론은 프런트엔드와 백엔드 자바스크립트 콘텍스트가 분리되어 있습니다. 그럼 데이터를 어떻게 교환해야 할까요? 일렉트론은 ipcMain 모듈과 ipcRenderer 모듈을 활용해서 프런트엔드와 백엔드 프로세스가 데이터를 교환하는 접근 방법을 사용합니다.

ipcMain과 ipcRenderer 모듈은 **EventEmitter** 객체를 기반으로 만들어진 모듈입니다. 이를 활용해서 애플리케이션의 백엔드(ipcMain)와 애플리케이션 화면을 나타내는 프런트엔드(ipcRenderer)가 그림 6.5처럼 통신합니다.

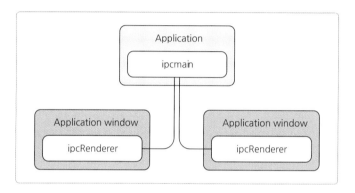

그림 6.5 일렉트론의 백엔드와 프런트엔드가 데이터를 교환하는 방법

이렇게 하면 애플리케이션 화면의 상태를 쉽게 관리할 수 있으며, 애플리케이션의 백과 프런트가 쉽게 상호작용할 수 있습니다.

어쨌거나 지금까지 NW.js와 일렉트론이라는 데스크톱 애플리케이션 프레임워크가 자바스크립트 콘텍스트를 어떠한 형태로 다루는지 등에 대해 알아보았습니다. 애플리케이션을 만들기 전이라면 이러한 내용들을 기반으로 어떠한 프레임워크를 사용하는 것이 더 좋을지 검토해 보기 바랍니다. 또한 프레임워크를 선택해서 애플리케이션을 이미 만들고 있더라도, 지금까지 설명한 내용을 기억하고 있다면 도움이 될 것입니다.

그럼 일렉트론과 NW.js 내부에서 어떻게 Node.js를 사용할 수 있는 것인지 조금 더 자세하게 알아봅시다.

NW.js와 일렉트론 내부에서 Node.js가 동작하는 방식

Node.js는 NW.js와 일렉트론 내부에서 하이브리드 데스크톱 환경의 서버 사이드를 구성하게 됩니다. 하지만 각각의 프레임워크가 Node.js를 활용하는 방식이 약간 다릅니다. 어떻게 다른지 NW.js부터 살펴보도록 합시다

1. NW.js 내부에서 Node.js의 위치

NW.js의 아키텍처에서 Node.js는 구성 요소 중의 하나일 뿐입니다. NW.js는 Node.js를 활용해 웹 애플리케이션에서는 처리할 수 없었던 컴퓨터의 파일 시스템과 리소스에 접근할 수 있습니다. 또한 Node.js는 npm을 통해 수많은 라이브러리를 제공합니다(그림 6.6).

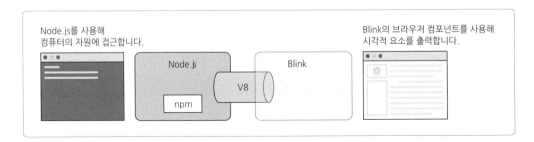

그림 6.6 NW.js에서 Node.js가 사용되는 곳

NW.js는 웹 브라우저와 Node.js의 자바스크립트 콘텍스트를 결합합니다. 따라서 자바스크립트 파일 내부에서 Node.js의 API를 호출할 수 있으며, WebSocket 클래스와 같은 브라우저의 자바스크립트 API도 호출할 수 있습니다. 이전에 우리가 만들었던 Lorikeet 애플리케이션도 하나의 자바스크립트 파일 내부에서 Node.js 파일 시스템 모듈과 브라우저의 DOM API를 사용했습니다.

이는 NW.js가 Node.js와 Blink의 자바스크립트 이름 공간을 결합하게 때문에 가능한 것입니다. 또한 NW.js는 Node.js와 Blink의 이벤트 루프를 결합하므로, 서로 다른 두 구성 요소가 서로 콘텍스트를 공유할 수 있습니다.

2. NW.js 내부에서 Node.js가 동작하는 방식

NW.js는 Blink 렌더링 엔진과 Node.js의 자바스크립트 콘텍스트를 결합했습니다. 그리고 이로 인해 다양한 결과가 발생하게 됩니다. 이를 이해하면, NW.js를 사용할 때 다른 사람들이 많이 겪는 문제를 쉽게 해결할 수 있을 것입니다.

모든 화면에서 접근 가능한 Node.js 콘텍스트

지금까지 계속해서 Node.js와 Blink가 자바스크립트 콘텍스트를 공유한다고 언급했습니다. 그런데 여러 개의 화면을 가지고 있는 NW.js 애플리케이션의 경우는 어떨까요?

각각의 웹 페이지는 읽어 들이는 자바스크립트 파일이 다르며, 페이지 DOM의 구성도 다릅니다. 따라서 Blink는 각각의 화면이 서로 다른 자바스크립트 콘텍스트를 가지게 합니다. 만약 그렇게 구성되어 있지 않다면, 어떤 웹 페이지가 현재 실행되어 있는 다른 모든 페이지의 자바스크립트 콘텍스트에 접근할 수 있으므로, 보안 문제 등을 일으킬 수 있습니다. 각각의 화면이 독립되어 있다는 것을 반드시 기억해 주세요.

하지만 데스크톱 애플리케이션은 화면끼리 상태 등을 공유하는 경우가 있을 수 있습니다. NW.js는 이를 해결하기 위해 모든 화면이 같은 Node.js 이름 공간을 공유하게 만들었습니다. 조금 말이 어려운데요. 각각의 화면은 Blink와 관련된 객체들을 각자 가지지만, Node.js와 관련된 객체들은 모두 공유한다는 것입니다. 따라서 Node.js가 가지고 있는 객체, 함수 들을 활용하면 화면끼리 데이터를 공유할 수 있습니다. 심지어 모듈을 읽어 들일 때 사용하는 `require` 함수를 통해서도 데이터를 교환할 수 있습니다. 일반적으로는 Node.js의 전역 객체를 나타내는 `global` 객체를 사용해 데이터를 교환합니다.

Chromium과 Node.js가 공통으로 가지는 메서드

그런데 Node.js와 Blink가 공통으로 가지는 API들이 있습니다. 예를 들어 `console`, `setTimeout`, `encodeURIComponent` 등의 객체와 함수를 들 수 있는데요. 이러한 것들은 어떻게 처리될까요? 결론부터 말하면, 일부는 Blink의 것을 사용하고, 일부는 Node.js의 것을 사용합니다. `console` 객체의 경우는 무조건 Blink의 구현을 사용하지만, `setTimeout` 등은 메서드를 호출하는 위치에 따라 다른 구현을 사용합니다. 참고로 사용하는 구현에 따라서 내부적으로 동작하는 구조가 달라지므로, 성능 차이가 발생할 수 있습니다. 따라서 이러한 이유로도 성능 차이가 발생할 수 있다는 것을 꼭 기억하기 바랍니다.

3. 일렉트론 내부에서 Node.js가 동작하는 방식

일렉트론은 Node.js와 Chromium을 직접적으로 결합하지 않고, Node.js의 `node_bindings`라는 기능으로 느슨하게 결합했습니다. 이 방법을 사용했기 때문에 일렉트론은 Chromium과 Node.js라는 구성 요소를 쉽게 교체할 수 있습니다. 따라서 구성 요소들의 버전 업데이트에 대한 대응이 굉장히 빠릅니다.

일렉트론은 Node.js와 Chromium의 자바스크립트 콘텍스트를 분리된 형태로 다룹니다. 이러한 분리로 인해서 자바스크립트의 상태를 관리하는 방법이 NW.js와 다릅니다. 물론 Node.js 모듈을 프런트엔드 코드에서 참조하고 사용할 수는 있지만, "별도의 프로세스에서 동작하고 있다"라는 경고가 출력됩니다. 실제로 사용해 보면 콘텍스트가 공유되지 않아서 문제가 발생하는 경우가 많습니다. 그래서 백과 애플리케이션 화면을 나타내는 프런트가 IPC(inter-process communication)로 통신해야 상태를 공유하는 것이 일반적입니다.

만약 이와 관련된 내용을 조금 더 자세하게 알고 싶다면, http://jlord.us/essential-electron/#stay_in_touch를 참고해 보세요.

정리

이번 장에서는 NW.js와 일렉트론이 가지고 있는 차이점에 대해서 살펴보았습니다. 이번 장에서 다루었던 내용을 간단하게 정리하면 다음과 같습니다.

- NW.js의 경우, Node.js와 Blink가 자바스크립트 콘텍스트를 공유합니다. 따라서 여러 화면끼리 데이터를 공유할 수 있습니다.
- NW.js 애플리케이션은 이러한 자바스크립트 상태 공유 때문에, 여러 화면에서 같은 상태를 공유해서 사용할 수 있습니다.
- 이는 NW.js는 커스터마이즈 바인딩이 추가된 Chromium 컴파일 버전을 사용하기 때문입니다. 반면 일렉트론은 Chromium API를 사용해 Node.js와 Chromium을 통합한 형태입니다.
- 따라서 일렉트론은 프런트에 있는 부분과 백에 있는 부분의 자바스크립트 콘텍스트가 분리되어 있습니다.
- 프런트와 백끼리 상태를 공유하고 싶을 때는 ipcMain과 ipcRenderer API를 사용해서 메시지를 주고받아야 합니다.

다음 장에서는 NW.js와 일렉트론이 제공하는 다양한 API를 사용해서, 데스크톱 애플리케이션을 구축하는 방법에 대해 살펴보겠습니다. 특히 애플리케이션의 룩 앤드 필(Look and Feel)을 만드는 방법에 대해 살펴보겠습니다.

Part 03

Node.js 데스크톱
애플리케이션 마스터하기

다양한 API를 활용하면 데스크톱 애플리케이션을 개발할 때 웹캠, 클립보드 접근, 파일 조작 등을 쉽게 할 수 있습니다. 이번 파트에서는 NW.js와 일렉트론으로 데스크톱 애플리케이션을 만들 때 활용할 수 있는 기능들에 대해서 알아보겠습니다.

7, 8, 9장에서는 창 크기 제어, 전체 화면, 메뉴, 트레이 애플리케이션 등의 기능을 살펴보며, 데스크톱 애플리케이션을 더 데스크톱 애플리케이션처럼 만드는 방법을 소개하겠습니다.

10장에서는 HTML5 API를 사용해 드래그앤드롭 기능을 구현하는 방법에 대해 알아보겠습니다. 그리고 11장에서는 웹캠 기능을 살펴보며, 사진을 찍고 디스크에 사진을 저장하는 내용을 알아보겠습니다.

12장과 13장에서는 애플리케이션 데이터를 저장하고 접근하는 방법을 배웁니다. 그리고 운영체제의 클립보드에 접근하는 방법에 대해서도 살펴보겠습니다.

그리고 14장과 15장에 걸쳐 키보드 단축키를 활용해 게임 전용 컨트롤을 구축하는 방법, 실시간 Twitter 피드를 노티피케이션 하는 방법에 대해 알아보겠습니다.

데스크톱 애플리케이션의 화면 출력 제어하기

학습 목표

☑ 애플리케이션 화면을 제어하는 방법을 알아봅니다

☑ 애플리케이션 화면의 크기를 설정하는 방법을 알아봅니다

☑ 애플리케이션을 전체 화면으로 만드는 방법에 대해 알아봅니다

☑ 간단한 애플리케이션을 만듭니다

애플리케이션을 만들 때 가장 처음 고려해야 하는 것이 있다면, "사용자가 애플리케이션 화면과 어떻게 상호작용할 것인가?"입니다. 예를 들어 만들고 싶은 애플리케이션이 여러 개의 화면을 동시에 조작하는지, 은행처럼 한 번에 하나의 화면만 조작하는지, 게임처럼 사용자의 시선 집중을 위해 전체 화면으로 만들어야 하는지 등을 구분하는 것입니다.

데스크톱 애플리케이션은 다양한 형태를 가질 수 있습니다. 최대화하거나, 최소화할 수 있으며, 전체 화면 모드 등으로도 화면을 출력할 수 있습니다. 이번 장에서는 애플리케이션 화면이 사용자에게 출력되는 방법을 제어하는 방법에 대해 설명하겠습니다.

사용자 인터페이스는 크기에 따라 형태를 구분할 수 있습니다. 예를 들어 AIM, MSN 메신저 같은 전통적인 메신저 애플리케이션은 채팅 또는 연락처 화면이 세로로 긴 형태를 사용합니다. 최근의 Slack 또는 Gitter 같은 메신저 애플리케이션은 장문의 글 또는 이미지를 출력해야 하는 경우가 많습니다(Slack 커뮤니티에서는 GIF 이미지 등을 많이 사용합니다). 그래서 전통적인 메신저와 다르게 가로로 긴 형태를 사용합니다.

예로 그림 7.1의 스카이프를 살펴봅시다. 메시지와 관련된 부분들은 UI가 세로로 긴 형태라는 것을 알 수 있습니다.

그림 7.1 스카이프

사용자에게 최적의 경험을 제공하기 위해서는 애플리케이션 화면의 크기를 적절하게 설정해야 합니다. 따라서 화면의 크기를 조절하는 방법을 알아야 합니다.

NW.js와 일렉트론은 화면을 설정하는 여러 가지 방법을 제공합니다. 이번 절에서는 NW.js에서 화면의 너비와 높이를 설정하는 방법에 대해 살펴보겠습니다.

1. NW.js에서 화면 크기 설정하기

NW.js는 화면의 크기와 관련된 설정을 package.json으로 설정합니다. 이 책의 GitHub 리포지터리를 보면, chapter-07 폴더에 window-resizing-nwjs라는 이름의 NW.js 애플리케이션이 있습니다. 이 코드를 살펴봅시다.

```html
<html>
  <head>
    <title>Window sizing NW.js</title>
  </head>
  <body>
    <h1>Hello World</h1>
  </body>
</html>
```

이전에 살펴본 것과 같은 코드인데요. body 태그 내부에 "Hello World"라고 적혀 있는 h1 태그 이외에 아무것도 없는 굉장히 간단한 HTML 파일입니다. 이러한 간단한 애플리케이션의 화면 크기를 조절하고 싶을 때는 package.json 파일에 화면 크기와 관련된 설정을 입력해 줍니다.

```json
{
  "name" : "window-sizing-nwjs",
  "version" : "1.0.0",
  "main" : "index.html",
  "window" : {
    "width" : 300,
    "height" : 200
  }
}
```

이때 width 속성과 height 속성은 픽셀 단위로 지정합니다. 이렇게 코드를 입력하면, 애플리케이션을 실행했을 때 **그림 7.2**처럼 너비와 높이가 설정한 크기로 열립니다.

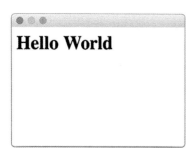

그림 7.2 화면 크기와 관련된 속성이 적용된 화면

간단하게 NW.js에서 화면의 초기 크기를 제어하는 방법을 살펴보았습니다. 그럼 일렉트론에서는 어떻게 화면 크기를 설정할까요?

2. 일렉트론에서 화면 크기 설정하기

일렉트론도 NW.js처럼 화면의 크기를 설정할 수 있는 기능을 제공합니다. 하지만 접근 방법이 조금 다릅니다. NW.js가 package.json을 사용해서 화면의 크기를 설정하는 것과 다르게, 일렉트론은 애플리케이션 화면을 초기화할 때 화면의 크기를 지정합니다.

이 책의 GitHub 리포지터리를 보면, chapter-07 폴더 내부에 window-sizing-electron이라는 폴더가 있을 것입니다. 간단하게 이 폴더의 내용을 살펴봅시다.

```
{
  "name"    : "window-sizing-electron",
  "version" : "1.0.0",
  "main"    : "main.js"
}
```

그리고 index.html 파일은 다음과 같이 되어 있습니다.

```
<html>
  <head>
    <title>Window sizing Electron</title>
  </head>
  <body>
    <h1>Hello from Electron</h1>
  </body>
</html>
```

위의 코드들은 딱히 특별한 점이 없습니다. 화면 크기를 설정하는 부분은 바로 main.js 파일입니다.

코드 7.1   main.js에서 일렉트론의 화면 크기 설정하기

```
'use strict';

const electron = require('electron');
const app = electron.app;
const BrowserWindow = electron.BrowserWindow;

let mainWindow = null;

app.on('window-all-closed', () => {
  if (process.platform !== 'darwin') app.quit();
});

app.on('ready', () => {                                           너비와 높이를 설정하는 부분
  mainWindow = new BrowserWindow({ width: 400, height: 200 });  ←
  mainWindow.loadURL('file://${__dirname}/index.html');
  mainWindow.on('closed', () => { mainWindow = null; });
});
```

터미널 또는 명령 프롬프트에서 이러한 코드를 **electron** .으로 실행해 봅시다. 그림 7.3과 같은 화면을 볼 수 있을 것입니다.

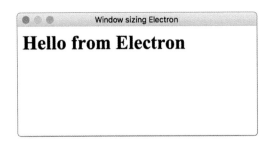

그림 7.3 너비 400픽셀, 높이 200픽셀로 설정된 일렉트론 애플리케이션 화면

화면을 초기화할 때 크기를 설정하므로, 일렉트론의 경우 각각의 애플리케이션 화면마다 크기를 다르게 설정할 수 있습니다. `BrowserWindow` 객체를 생성할 때 설정할 수 있는 속성과 관련된 자세한 내용은 http://electron.atom.io/docs/api/browser-window/를 참고해 주세요.

문서를 보면 화면을 불러오는 시점에 화면의 크기를 조절하는 방법 등도 다룹니다. 어쨌거나 그러면 화면의 크기를 제어하는 추가적인 내용에 대해 살펴봅시다.

3. NW.js에서 화면의 너비와 높이 제한하기

사용자가 화면의 너비와 높이를 일정 범위 이하 또는 이상으로 변경하지 못하게 하고 싶다면 (화면 UI가 이상하게 보이지 않게), 표 7.1의 옵션들을 사용합니다.

표 7.1 화면 크기를 제한할 때 사용하는 옵션

속성	설명
max_width	화면의 최대 너비를 설정합니다.
max_height	화면의 최대 높이를 설정합니다.
min_width	화면의 최소 너비를 설정합니다.
min_height	화면의 최소 높이를 설정합니다.

이를 다음과 같은 형태로 package.json에 입력합니다.

```
"window": {
    "max_width": 1024,
    "min_width": 800,
    "max_height": 768,
    "min_height": 600
}
```

각각의 속성이 화면의 어떤 부분에 제약을 주는지 그림 7.4에 표시해 보았습니다.

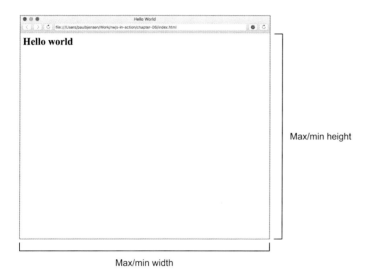

그림 7.4 max/min width와 max/min height 속성이 화면의 크기에 제약을 주는 부분

위에서 언급한 package.json 설정의 경우 max_width를 1024, min_width를 800으로 설정했습니다. 따라서 화면의 너비를 1024 이상, 800 이하로 변경할 수 없습니다. 높이도 마찬가지입니다. max_height을 768, min_height을 600으로 설정했으므로, 화면의 높이를 768 이상, 600 이하로 변경할 수 없습니다.

화면의 너비와 높이를 제한할 수 있게 되면, 사용자가 화면 크기를 바꿔도, 여러분이 원하는 디자인을 벗어나지 않게 제어할 수 있게 됩니다.

애플리케이션이 로드될 때 화면의 크기를 제한하는 방법으로 충분할 수 있겠지만, 이미지를 출력하는 애플리케이션 중에 이미지 크기에 맞게 화면을 출력하는 경우를 생각해 봅시다. 이럴 때는 애플리케이션의 너비와 높이를 동적으로 설정해야 할 것입니다.

그러한 때는 NW.js의 window API를 사용합니다. 예를 들어 컴퓨터에 900x550 크기의 이미지가 있다고 합시다. 그리고 이 이미지 크기에 맞게 화면의 크기를 변경하고 싶다면, 다음과 같은 방법을 사용합니다.

코드 7.2   동적으로 애플리케이션 화면 크기 변경하기

```
const gui = require('nw.gui');      ◀────── NW.js의 GUI API를 추출합니다.
const win = gui.Window.get();       ◀────── NW.js의 GUI API를 추출합니다.

win.width = 900;      ◀────── 너비와 높이를 동적으로 변경합니다.
win.height = 550;
```

화면의 크기를 동적으로 변경하는 방법을 알면, 내용물의 크기에 맞게 화면을 출력할 수 있습니다. 결과적으로 사용자에게 더 다양하고 좋은 경험을 줄 수 있게 되는 것이지요.

마찬가지로 같은 API를 사용해서 화면의 위치를 변경할 수도 있습니다. 다음 코드는 동적으로 화면의 위치를 변경하는 코드입니다.

코드 7.3   애플리케이션 화면 위치 변경하기

```
const gui = require('nw.gui');
const win = gui.Window.get();
win.x = 400;      ◀────── 화면의 수평 위치를 설정합니다.
win.y = 500;      ◀────── 화면의 수직 위치를 설정합니다.
```

이러한 코드를 사용하면 특정한 위치에 애플리케이션 화면을 배치할 수 있습니다. 유틸리티 프로그램 등을 만들 때 유용하게 활용할 수 있을 것입니다.

그럼 이제 일렉트론에서는 화면 제한을 어떻게 하는지 살펴봅시다.

4. 일렉트론에서 화면의 너비와 높이 제한하기

일렉트론에서 화면의 너비와 높이를 제한할 때는 **BrowserWindow** 객체를 사용합니다. 지금까지 일렉트론으로 애플리케이션 화면을 만들 때는 다음과 같은 형태로 **BrowserWindow** 클래스의 인스턴스를 초기화해서 만들었습니다.

코드 7.4　일렉트론에서 **BrowserWindow** 인스턴스 초기화하기

```
'use strict';

const electron = require('electron');
const app = electron.app;
const BrowserWindow = electron.BrowserWindow;

let mainWindow = null;

app.on('window-all-closed', () => {
  if (process.platform !== 'darwin') app.quit();
});

app.on('ready', () => {
  mainWindow = new BrowserWindow({ width: 400, height: 200 });
  mainWindow.loadURL('file://${__dirname}/index.html');
  mainWindow.on('closed', () => { mainWindow = null; });
});
```

> BrowserWindow 객체
> 의 옵션을 입력합니다.

변수 **mainWindow**는 **BrowserWindow** 클래스의 인스턴스입니다. 그리고 인스턴스를 생성할 때 화면의 너비와 높이를 옵션으로 전달했습니다. 이때 너비와 높이 최솟값과 최댓값을 함께 지정하면, 화면 크기에 제한을 걸 수 있습니다. 예를 들어 너비를 300px, 높이를 150px보다 크게, 너비를 600px, 높이를 450px보다 작게 제한하고 싶을 때는 다음과 같은 형태로 **BrowserWindow** 인스턴스를 생성합니다.

```
mainWindow = new BrowserWindow({
  width: 400, height: 200,
  minWidth: 300, minHeight: 150,
  maxWidth: 600, maxHeight: 450
});
```

추가로 사용한 속성을 정리하면 **표 7.2**와 같습니다.

표 7.2 화면 크기를 제한할 때 사용하는 속성

속성	설명
maxWidth	화면의 최대 너비를 설정합니다.
maxHeight	화면의 최대 높이를 설정합니다.
minWidth	화면의 최소 너비를 설정합니다.
minHeight	화면의 최소 높이를 설정합니다.

일렉트론은 이러한 접근 방법을 사용하므로, 화면에 따라 각각 크기를 제한할 수 있습니다. 또한 화면을 생성할 때 화면의 너비를 함께 제한할 수 있다는 장점도 있습니다. NW.js는 스네이크 케이스(예를 들어 **max_width**) 형태의 속성 이름을 사용하는데요. 일렉트론은 일반적인 자바스크립트처럼 캐멀 케이스(예를 들어 **maxWidth**)라는 이름을 사용한다는 것에 주의해 주세요.

디폴트로 일렉트론은 애플리케이션을 화면의 중앙에 출력합니다. 만약 화면의 특정한 위치에 애플리케이션을 배치해서 실행하고 싶다면, **BrowserWindow** 객체를 생성할 때 x와 y라는 속성을 지정합니다.

```
mainWindow = new BrowserWindow({
  width: 400, height: 800,
  x: 10, y: 10
});
```

이렇게 지정하면 화면의 왼쪽(x)에서 10픽셀, 위(y)에서 10픽셀 떨어진 위치에 화면이 나옵니다. 이제 화면의 크기를 조정하는 방법은 물론이고, 위치를 조정하는 방법까지 알아보았습니다. 이어지는 절에서는 프레임리스 화면을 만드는 방법과 전체 화면을 만드는 방법에 대해서 알아보겠습니다.

7-2 | 프레임리스 화면과 전체 화면

가끔 지하철에 있는 전광판에 오류가 발생하면, 윈도우 운영체제의 모습이 떠 있는 것을 볼 수 있습니다. 이는 지하철 전광판에 윈도우 운영체제가 설치되어 있으며, 그 위에 나오는 전광판 프로그램은 데스크톱 애플리케이션이라는 의미입니다. 마찬가지로 은행 ATM기도 데스크톱 애플리케이션으로 실행되는 경우가 많습니다.

참고로 공항 또는 은행처럼 많은 사람이 사용할 수 있는 곳에 설치되어 있는 데스크톱 애플리케이션을 키오스크(kiosk) 애플리케이션이고 부릅니다. 키오스크 애플리케이션은 사용자들이 애플리케이션을 벗어나서 컴퓨터를 가지고 게임을 하지 못하게 하는 애플리케이션을 의미합니다.

NW.js와 일렉트론은 애플리케이션을 전체 화면으로 만들 수 있는 기능, 프레임리스로 만드는 기능, 키오스크로 만드는 기능을 모두 제공합니다. 그럼 전체 화면 기능부터 살펴봅시다.

1. NW.js의 전체 화면

비디오 게임 등은 애플리케이션이 실행되자마자 전체 화면으로 진입하는 대표적인 예입니다. 최근 macOS는 애플리케이션을 쉽게 전체 화면 모드로 변경할 수 있게 하는 기능도 지원하고 있습니다. NW.js에서 전체 화면 모드를 사용하는 방법은 크게 두 가지로 나뉩니다. 첫 번째는 package.json 매니페스트 파일을 수정하는 것이고, 두 번째는 자바스크립트 API를 사용하는 방법입니다.

그럼 package.json 매니페스트 파일을 수정해서 전체 화면 모드를 만드는 방법부터 알아봅시다.

```
{
  "window": {
    "fullscreen": true
  }
}
```

package.json에 이와 같은 내용을 지정하고, NW.js 애플리케이션을 실행하면, 프로그램이 실행되자마자 전체 화면 모드로 진입하는 것을 볼 수 있습니다. 타이틀 바도 보이지 않으며, HTML의 내용이 화면 전체에 출력됩니다.

반대로 사용자가 전체 화면 모드로 변경하는 것을 아예 차단하고 싶다면, 값을 false로 지정합니다.

이전에 언급했던 것처럼 NW.js의 네이티브 UI API를 사용하면, 프로그래밍적으로 전체 화면 모드를 전환할 수 있습니다. 이때 다음과 같은 코드를 사용합니다.

```
const gui = require('nw.gui');
const window = gui.Window.get();
window.enterFullscreen();
```

그럼 굉장히 단순한 NW.js 애플리케이션(Hello World 정도의 수준의 예)에 전체 화면으로 전환하는 버튼을 만들어봅시다.

코드 7.5 코드로 전체 화면 모드로 전환하기

```
<html>
  <head>
    <title>Full-screen app programmatic NW.js</title>
    <script>
      'use strict';

      const gui = require('nw.gui');      ◀─── NW.js의 UI 라이브러리를 읽어 들입니다
      const win = gui.Window.get();       ◀─── 현재 애플리케이션 화면을 추출합니다.
```

```
            function goFullScreen () {       ←──  전체 화면 모드로 전환하는 함수를 만듭니다.
                win.enterFullscreen();
            }
        </script>
    </head>
    <body>
        <h1>Full-screen app example</h1>              버튼을 클릭하면 goFullScreen 함수를
                                                      호출하게 합니다.
        <button onclick="goFullScreen();">Go full screen</button>  ←──┘
    </body>
</html>
```

이렇게 index.html을 작성한 뒤 **nw.** 명령어를 사용해 애플리케이션을 실행하면 **그림 7.5**처럼
나옵니다.

그림 7.5 클릭하면 전체 화면 모드로 변환되는 기능을 가진 애플리케이션

"Go full screen"이라고 적혀 있는 버튼을 눌러보세요. 버튼을 누르면 애플리케이션이 전체 화
면 모드로 전환될 것입니다. 코드를 다시 살펴봅시다. 버튼을 누르면 NW.js의 GUI API를 읽
어 들이고, 현재 화면을 추출한 뒤, 전체 화면 모드로 전환합니다. 굉장히 단순한 코드라고 할
수 있습니다.

그런데 전체 화면 모드로 변경할 수는 있지만, 전체 화면 모드를 탈출하려면 어떻게 해야 할까
요? 당연히 NW.js는 이와 관련된 기능을 제공합니다. 간단하게 **leaveFullscreen**이라는 이름
의 함수를 출력하면 됩니다.

그럼 현재 화면의 상태를 확인하고 전체 화면 모드를 토글 하게 코드를 작성합시다. 현재 화면
의 상태를 확인할 때는 **isFullscreen**을 사용합니다. 이전의 코드를 다음과 같이 수정해 주세

요. 추가로 전체 화면 모드 상태에서는 버튼 내부의 글자를 "Exit full screen"으로 변경하게 했습니다.

```html
<head>
    <title>Full-screen app example</title>
    <script>
      'use strict';
      const gui = require('nw.gui');
      const win = gui.Window.get();

      function toggleFullScreen () {
        const button = document.getElementById('fullscreen');
        if (win.isFullscreen) {
          win.leaveFullscreen();
          button.innerText = 'Go full screen';
        } else {
          win.enterFullscreen();
          button.innerText = 'Exit full screen';
        }
      }
    </script>
  </head>
  <body>
    <h1>Full-screen app example</h1>
    <button id="fullscreen" onclick="toggleFullScreen();">Go full screen
      </button>
  </body>
</html>
```

일단 **goFullScreen**이라는 이름의 함수를 **toggleFullScreen**이라는 이름으로 변경했습니다. 이 함수는 현재 화면의 상태가 전체 화면 모드라면 전체 화면 모드를 탈출하고, 창 모드라면 전체 화면 모드로 전환합니다. 이때 **isFullscreen**을 사용했는데요. **isFullscreen**은 현재 상태가 전체 화면 모드라면 true를 출력하고, 아니라면 false를 출력합니다.

toggleFullScreen 함수는 버튼을 클릭할 때 실행됩니다. 따라서 처음 버튼을 누르면 전체 화면 모드로 전환되며, 버튼 내부의 글자도 "Exit full screen"이라고 변경됩니다. 이어서 버튼을 다시 클릭하면 글자가 "Go full screen"이라고 변경되며, 원래 상태로 돌아올 것입니다. 간단하게 굉장히 친숙한 형태의 전체 화면 전환 기능을 구현했습니다.

HTML 파일을 변경했으면, 저장한 뒤에 애플리케이션을 다시 실행해 주세요. 이어서 "Go full screen"이라는 버튼을 누르면, 애플리케이션이 전체 화면으로 바뀔 것입니다. 추가로 "Go full screen"이라는 글자가 "Exit full screen"이라는 글자로 변경될 것입니다.

Fullscreen app example

Exit full screen

그림 7.6 전체 화면 모드 예

전체 화면 모드를 사용하면 사용자가 애플리케이션 이외의 것들에 신경 쓰지 않게 만들 수 있습니다. 따라서 사용자가 애플리케이션에 집중하게 됩니다.

지금까지 NW.js로 전체 화면 모드를 사용하는 방법을 다루었습니다. 다음 절에서는 일렉트론으로는 어떻게 하는지 알아보도록 합시다.

2. 일렉트론의 전체 화면

일렉트론도 전체 화면 기능을 제공합니다. **BrowserWindow** 인스턴스를 생성할 때, 전체 화면과 관련된 설정을 지정할 수 있습니다. 만약 일렉트론 애플리케이션이 처음 시작할 때부터 전체 화면으로 실행되게 하고 싶다면, **BrowserWindow** 인스턴스를 생성할 때 다음과 같이 입력합니다.

```
mainWindow = new BrowserWindow({fullscreen: true});
```

애플리케이션을 실행하면, 시작하자마자 곧바로 전체 화면으로 작동할 것입니다. 일반적으로 비디오 또는 게임 애플리케이션을 만들 때 많이 사용합니다.

그런데 반대로 전체 화면 모드를 어떠한 경우에도 사용하고 싶지 않다면 어떻게 할까요? 굉장히 간단한데요. 다음과 같이 **BrowserWindow** 인스턴스를 생성할 때 **fullscreenable** 속성을 **false**로 지정하면 됩니다.

```
mainWindow = new BrowserWindow({fullscreenable: false});
```

이렇게 입력하면 어떠한 경우에도 전체 화면 모드로 변경할 수 없습니다. 애플리케이션 사용자 인터페이스의 크기를 강제하고 싶은 간단한 유틸리티 애플리케이션을 만들 때 많이 사용합니다.

만약 **mainWindow** 인스턴스가 생성된 이후에 이를 프로그래밍적으로 전체 화면 모드로 변경하고 싶다면 어떻게 할까요? 이전에 NW.js로 만들었던 것과 같은 애플리케이션을 일렉트론으로 만들어보며 살펴봅시다.

코드 7.6　일렉트론에서 전체 화면을 만드는 예(main.js 파일)

```
'use strict';

const electron = require('electron');
const app = electron.app;
const BrowserWindow = electron.BrowserWindow;

let mainWindow = null;

app.on('window-all-closed', () => {
  if (process.platform !== 'darwin') app.quil(),
});

app.on('ready', () => {
  mainWindow = new BrowserWindow();
  mainWindow.loadURL('file://${__dirname}/index.html');
```

```
    mainWindow.on('closed', () => { mainWindow = null; });
  });
```

일단 main.js 파일은 지금까지 보았던 표준적인 애플리케이션과 큰 차이가 없습니다. 그럼 이어서 index.html 파일을 만들고, 내부에 버튼을 생성하도록 합시다.

코드 7.7 　 일렉트론에서 전체 화면을 만드는 예(index.html 파일)

```
<html>
  <head>
    <title>Fullscreen app programmatic Electron</title>
  </head>
    <script src="app.js"></script>     ◀──── 별도의 클라이언트측 자바스크립트 파일을 읽어 들입니다.
  <body>
    <h1>Hello from Electron</h1>
    <button id="fullscreen" onclick="toggleFullScreen();">  ◀─┐
        Go full screen                           버튼을 클릭하면 toggleFullScreen( )이라는
    </button>                                    이름의 함수를 호출하게 합니다.
  </body>
</html>
```

이전에 살펴보았던 NW.js 버전처럼 전체 화면 모드와 창 화면 모드를 토글 할 수 있는 버튼을 만들었습니다. 차이점이 있다면 이때 실행하는 toggleFullScreen( ) 함수를 app.js라는 이름의 클라이언트 측 자바스크립트 파일에 만들 예정이라는 것입니다.

이어서 이전의 일렉트론 예제와 같은 package.json 파일을 만들어서 추가하고, 클라이언트 측 자바스크립트 파일로 app.js 파일을 추가합니다. app.js 파일에는 다음과 같은 코드를 입력해 주세요.

코드 7.8 　 일렉트론에서 전체 화면을 만드는 예(app.js 파일)

```
const remote = require('electron').remote;   ◀──── remote API를 사용해서 렌더러 프로세스에서
                                                   메인 프로세스와 상호 작용 할 수 있게 합니다.

function toggleFullScreen() {
```

```
  const button = document.getElementById('fullscreen');

  const win = remote.getCurrentWindow();  ◄──┐ remote API를 사용해서 현재 페이지를 나타내는
                                              └ BrowserWindow 인스턴스를 추출합니다.
  if (win.isFullScreen()) {  ◄────── BrowserWindow 인스턴스의 isFullScreen( ) 함수
                                     를 통해 현재 화면의 상태를 추출합니다.
    win.setFullScreen(false);  ◄────── 전체 화면 모드라면 윈도우 모드로 전환합니다.
    button.innerText = 'Go full screen';
  } else {
    win.setFullScreen(true);  ◄────── 아니라면 전체 화면 모드로 전환합니다.
    button.innerText = 'Exit full screen';
  }
}
```

이 예제는 NW.js와 일렉트론의 서로 다른 접근 방법을 보여주는 좋은 예라고 할 수 있습니다. 일렉트론은 remote라는 API를 사용해서 프런트엔드에서 백엔드를 호출할 수 있습니다. remote API 덕분에 렌더러 프로세스(프런트엔드)에서 메인 프로세스(백엔드)로 메시지를 보낼 수 있으며, **BrowserWindow** 인스턴스를 추출하고 상호작용할 수 있는 것입니다.

이처럼 **BrowserWindow** 인스턴스를 추출하면, **BrowserWindow**가 가지고 있는 다양한 기능을 사용할 수 있습니다. 예를 들어 현재 화면이 전체 화면인지 확인하는 것처럼 **BrowserWindow** 의 상태를 확인할 수 있으며, 화면을 전체 화면 모드 또는 윈도우 모드로 변환할 수 있습니다.

Column │ **BrowserWindow 인스턴스에서 호출할 수 있는 함수들**

이 책에서는 **BrowserWindow** 인스턴스에서 호출할 수 있는 함수를 일부만 다룹니다. 따라서 전부를 다루지는 않습니다. **BrowserWindow** 클래스는 굉장히 다양한 설정을 기반으로 인스턴스를 생성할 수 있으며, 이를 기반으로 Hyper, Kitematic, WebTorrent처럼 타이틀 바의 스타일 등을 원하는 대로 변경할 수 있습니다.

BrowserWindow 인스턴스의 추가적인 설정과 함수는 http://electron.atom.io/docs/api/browser-window/를 참고해 주세요.

이번 절의 예제는 어떻게 전체 화면 모드와 윈도우 모드를 변환할 수 있는지에 대해서 다루었습니다. 그럼 이어지는 절에서는 애플리케이션의 UI를 조금 더 특별하게 만들 수 있게 해주는 프레임리스 애플리케이션(프레임 없는 애플리케이션)에 대해 알아보겠습니다.

3. 프레임리스 애플리케이션

버튼을 클릭해서 전체 화면 모드와 윈도우 모드를 전환할 수 있는 애플리케이션을 만들 수 있게 되었지만, 애플리케이션의 목적에 따라서는 이러한 기능이 전혀 필요 없을 수 있습니다. 예를 들어 미디어 플레이어, 화면 위젯, 유틸리티 애플리케이션 등은 애플리케이션 고유의 UI를 사용하지 않는 경우가 있습니다. 그림 7.7은 macOS에서 사용할 수 있는 VOX라는 뮤직 플레이어입니다. 사용자 정의 UI를 사용했으며, macOS가 기본적으로 제공하는 UI(제목 표시줄, 신호등 같은 모습의 최대화 버튼과 종료 버튼 등)를 찾아볼 수 없습니다.

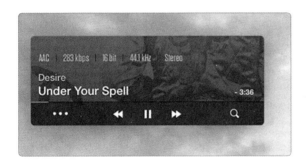

그림 7.7 VOX 뮤직 플레이어

NW.js로 프레임리스 애플리케이션 만들기

이러한 애플리케이션을 프레임리스 애플리케이션(frameless app)이라고 부릅니다. NW.js를 사용할 경우 package.json 매니페스트 파일에 `window.frame`이라는 속성을 `false`로 지정하기만 하면, 쉽게 구현할 수 있습니다.

```
{
"name" : "frameless-transparent-app-nwjs",
"version" : "1.0.0",
```

```
  "main" : "index.html",
    "window" : {
      "frame" : false
    }
}
```

또한 다음과 같이 애플리케이션의 배경을 투명하게 만들고 적절한 CSS를 사용하면, 모서리가
둥근 애플리케이션을 만들 수 있습니다.

```
"window" : {
  "frame" : false,
  "transparent": true,
  "width": 300,
  "height": 150
}
```

이 상태에서 index.html 파일을 다음과 같이 구성하면, VOX 애플리케이션과 비슷한 인터페이
스를 만들 수 있습니다.

코드 7.9   프레임리스 애플리케이션의 테두리를 둥글게 만들기

```html
<html>
  <head>
    <title>Transparent NW.js app - you won't see this title</title>
    <style rel="stylesheet">
      html {
        border-radius: 25px;
       }
      body{
        background: #333;
        color: white;
        font-family: 'Signika';
      }
      p {
        padding: 1em;
```

```
        text-align: center;
        text-shadow: 1px 1px 1px rgba(0,0,0,0.25);
      }
    </style>
  </head>
  <body>
    <p>Frameless app example</p>
  </body>
</html>
```

명령 라인에서 예제를 실행하면, 그림 7.8과 같은 모습을 볼 수 있습니다. 애플리케이션 화면이
투명한 상태에서 검은 배경의 둥근 테두리를 적용했습니다. VOX 뮤직 플레이어와 거의 비슷
한 모습의 화면이라고 할 수 있습니다.

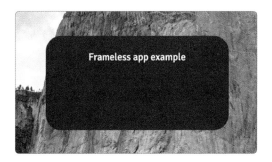

그림 7.8 NW.js로 구현한 프레임리스 애플리케이션

프레임리스 애플리케이션으로 애플리케이션을 구현하면, 굉장히 멋지고 독창적인 UI를 구현
할 수 있습니다. 하지만 몇 가지 주의해야 하는 것이 있습니다. 첫 번째는 프레임을 제거했으므
로, 최대화/최소화 버튼은 물론이고 종료 버튼도 함께 제거된다는 것입니다. 따라서 이러한 버
튼들을 별도로 제공하는 것이 좋습니다.

또한 프레임리스 애플리케이션은 디폴트로 드래그가 안 된다는 점도 기억해 주세요. 이는 화
면 드래그에 사용할 수 있는 UI 요소(예를 들어 타이틀 바)가 없기 때문입니다. 만약 드래그하
고 싶다면, 적당한 요소에 -webkit-app-region이라는 이름의 CSS 속성을 사용해야 합니다.

예를 들어 html 요소 또는 body 요소에 다음과 같은 CSS를 적용하면, 애플리케이션 화면의 아무 곳이나 잡고 드래그할 수 있게 됩니다.

```
-webkit-app-region: drag;
```

이전 예제의 **body** 태그에 이러한 CSS를 적용한 뒤 예제를 다시 실행해 보세요. 화면을 잡고 드래그할 수 있게 됩니다. "이렇게 하면 된다"라고 명확하게 말해 주고 싶지만, 사실 이렇게 해버리면 모든 HTML 요소가 애플리케이션을 드래그할 수 있는 영역이 되어버립니다. 현재 예제에서는 "Frameless app example"이라고 적혀 있는 부분도 드래그하면 애플리케이션 전체가 드래그됩니다. 텍스트를 선택하려고 해도, 애플리케이션이 드래그되어 버리므로 할 수 없습니다. 현재 예제에서는 큰 문제가 없지만, 이런 상황을 원하지 않는 경우가 있을 수도 있습니다.

만약 이런 상황을 피하고 싶다면, 다음과 같이 **-webkit-app-region: no-drag**를 지정합니다. html 요소 전체에 **drag**를 지정하고 내부의 특정 요소에 **no-drag**를 지정하면, 특정 요소를 드래그해도 애플리케이션이 움직이지 않습니다.

```
button, select {
  -webkit-app-region: no-drag;
}
```

참고로 HTML 요소 내부에서 글자 또는 이미지 등을 한꺼번에 드래그해서 외부 애플리케이션에 붙여 넣고 싶을 때는 **-webkit-user-select** 속성을 사용합니다. 예를 들어 **p** 태그에 이 속성을 적용하면, 드래그했을 때 텍스트가 드래그되는 것이 아니라, **p** 태그 전체가 한 번에 드래그됩니다. **-webkit-app-region: no-drag**와 함께 자주 사용되는 속성이므로 기억해 주세요.

```
p, img {
  -webkit-user-select: all;
  -webkit-app-region: no-drag;
}
```

클릭하고 선택할 수 있는 모든 UI 요소에 이와 같은 CSS를 적용하는 것이 좋습니다. 조금 귀찮은 일이지만, 그래야 사용자가 쉽게 사용할 수 있는 완전히 새로운 사용자 정의 인터페이스를 구현할 수 있습니다.

최종적으로 index.html 파일은 다음과 같이 구성할 수 있습니다.

코드 7.10   배경이 투명한 프레임리스 애플리케이션(index.html 파일)

```html
<html>
  <head>
    <title>Transparent NW.js app - you won't see this title</title>
    <style rel="stylesheet">
      html {
        border-radius: 25px;
        -webkit-app-region: drag;
      }
      body {
        background: #333;
        color: white;
        font-family: 'Signika';
      }
      p {
        padding: 1em;
        text-align: center;
        text-shadow: 1px 1px 1px rgba(0,0,0,0.25);
      }
      button, select {
        -webkit-app-region: no-drag;
      }
      p, img {
        -webkit-user-select: all;
        -webkit-app-region: no-drag;
      }
    </style>
  </head>
  <body>
    <p>Frameless app example</p>
  </body>
</html>
```

이제 모서리가 둥근 애플리케이션을 잡고 드래그할 수 있습니다. 아마 이번 예제를 통해 배경이 투명한 애플리케이션을 만들 때는 어떻게 만들어야 할 것인지 이해했을 것으로 생각합니다. 그럼 곧바로 일렉트론에서는 이와 같은 처리를 어떻게 하는지 살펴봅시다.

일렉트론으로 프레임리스 애플리케이션 만들기

이전에 언급했던 것처럼 일렉트론은 **BrowserWindow** 인스턴스를 초기화할 때 애플리케이션 화면과 관련된 설정을 합니다. 따라서 프레임을 제거하거나, 배경이 투명한 화면을 만들고자 한다면 **BrowserWindow** 객체를 초기화하는 부분에서 이와 관련된 설정을 해야 합니다.

일렉트론은 다음과 같은 코드를 사용해 프레임리스 애플리케이션을 만듭니다.

```
mainWindow = new BrowserWindow({ frame: false });
```

이처럼 애플리케이션을 프레임리스 모드로 실행하면, 그림 7.9처럼 출력합니다.

그림 7.9 일렉트론 애플리케이션을 프레임리스 모드로 실행하기

이 예제는 책과 함께 제공되는 GitHub 리포지터리의 chapter-07 폴더 내부에 frameless-app-electron(https://github.com/paulbjensen/cross-platform-desktop-applications)이라는 이름으로 들어있습니다.

추가로 배경이 투명한 애플리케이션을 만들고 싶을 때는 **transparent** 속성을 다음과 같이 지정합니다.

```
mainWindow = new BrowserWindow({ transparent: true });
```

배경을 투명하게 만들면, 그림 7.10처럼 출력합니다. 타이틀 바의 버튼을 제외하고, 모든 배경이 투명해진 모습을 볼 수 있습니다.

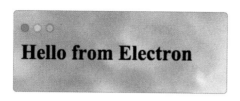

그림 7.10 투명한 배경의 일렉트론 애플리케이션

배경을 투명하게 만들 수 있다는 것은 굉장히 멋진 특징입니다. UX를 굉장히 단순하게 구성할 수 있으므로, 작은 유틸리티 애플리케이션을 만들 때 유용합니다. 하지만 당연히 애플리케이션이 무엇을 하는 애플리케이션인지, 그리고 누가 애플리케이션을 사용하는지를 언제나 염두해야 합니다.

일부 애플리케이션은 사용자가 애플리케이션을 벗어날 수 없게 만들어야 하는 경우가 있습니다. 예를 들어 공항 터미널 등에 있는 예매 프로그램은 프로그램을 벗어나게 만들어서는 안 됩니다(그러면 컴퓨터가 사람들의 장난감으로 쓰여버릴 수 있으니까요). 이러한 프로그램을 만들 때는 키오스크 모드(kiosk mode)라는 기능을 사용하는데요. 곧바로 살펴보도록 합시다.

4. 키오스크 모드 애플리케이션

가끔 많은 사람이 공공장소에서 이용하는 애플리케이션을 만들어야 하는 경우가 있습니다. 예를 들어 박물관에서 정보를 보여주는 단말기의 애플리케이션, 은행의 장치에 있는 애플리케이션, 서점에서 책을 찾을 수 있게 해주는 애플리케이션처럼 말이지요. 이러한 애플리케이션은 사용자가 애플리케이션을 종료할 수 없게 해야 합니다. 또한 사용자가 컴퓨터의 다른 프로그램들을 켜서 컴퓨터를 가지고 놀게 만들어서는 안됩니다. 따라서 이러한 애플리케이션을 만들 때는 운영체제에 대한 접근을 제한해야 합니다.

NW.js와 일렉트론의 키오스크 모드는 운영체제에 대한 접근을 어렵게 만드는 잠금 모드라고 할 수 있습니다. 따라서 애플리케이션을 종료할 수 있게 개발자가 관련된 기능을 추가해야 합니다(그렇지 않은 경우, 애플리케이션을 종료하기 위해 컴퓨터를 재부팅해야 합니다).

NW.js로 키오스크 모드 애플리케이션 만들기

애플리케이션을 키오스크 모드로 실행하고 싶을 때는 package.json 매니페스트 파일의
window.kiosk라는 속성을 다음 코드처럼 **true**로 지정합니다.

```
{
  "window": {
    "kiosk":true
  }
}
```

애플리케이션은 타이틀 바가 없는 전체 화면 모드로 실행됩니다. Alt + Tab이라던지 Ctrl + Alt
+ Delete라는 단축키도 전혀 먹지 않게 되어 버립니다. 바로 키오스크 모드가 되어 버리는 것
입니다. 프로그램을 종료하고, 운영체제에 다시 접근하기 위해서는 컴퓨터를 재부팅하는 방법
밖에 없습니다. 따라서 예제를 실행해 보고자 한다면, 실행 전에 저장해야 하는 프로그램이 있
는지 꼭 확인해 주세요

키오스크 애플리케이션을 만드는데, 애플리케이션을 종료해야 하는 경우가 있다면 어떻게 해
야 할까요?

답은 굉장히 단순합니다. 키보드 단축키를 누르거나 버튼을 눌렀을 때, 애플리케이션이 키오
스크 모드를 벗어날 수 있게 하는 **leaveKioskMode()**라는 API를 호출하면 됩니다. 이전에 만
들어보았던 전체 화면 애플리케이션처럼 키오스크 모드에 진입하고 벗어나는 API는 물론 현
재 상태가 키오스크 모드인지 확인하는 애플리케이션도 있습니다.

공항에서 항공권 예매와 관련된 애플리케이션을 만든다고 생각해 봅시다. 일반적으로 이런 곳
의 컴퓨터는 지나가는 사람들이 호기심으로 눌러보지 않게, 전원 공급 장치와 전원 버튼이 숨
겨져 있습니다. 하지만 운영체제에 문제가 생길 수 있으므로, IT 관리자만 알 수 있는 위치에
키오스크 모드를 벗어나는 버튼을 넣기로 했다고 가정합시다.

일단 키오스크 모드 애플리케이션을 만드는 것이므로, package.json을 다음과 같이 구성하게 될 것입니다.

```
{
  "name"      : "kiosk-mode-example-app",
  "version"   : 1.0,
  "main"      : "index.html",
  "window"    : {
    "kiosk"   : true
  }
}
```

이어서 index.html 파일은 다음과 같이 구성합니다.

코드 7.11 키오스크 애플리케이션의 index.html 파일

```html
<html>
  <head>
    <title>Kiosk mode NW.js app example</title>
    <script>
      'use strict';

      const gui = require('nw.gui');
      const win = gui.Window.get();

      function exit () {    ◀──── 애플리케이션이 키오스크 모드를 벗어날 수 있게 하는 함수입니다.
        win.leaveKioskMode();
      }
    </script>
  </head>
  <body>
    <h1>Kiosk mode app</h1>
    <button onclick="exit();">Exit</button>    ◀──── 위의 함수를 호출하는 버튼입니다.
  </body>
</html>
```

이전에 만들었던 전체 화면 애플리케이션 예제와 거의 비슷한 패턴을 사용하고 있습니다(버튼을 눌러 모드 종료하기). 어쨌거나 애플리케이션을 실행하면, 그림 7.11과 같은 모습을 볼 수 있습니다. 그림이 조금 작지만, 전체 화면 모드로 실행됩니다.

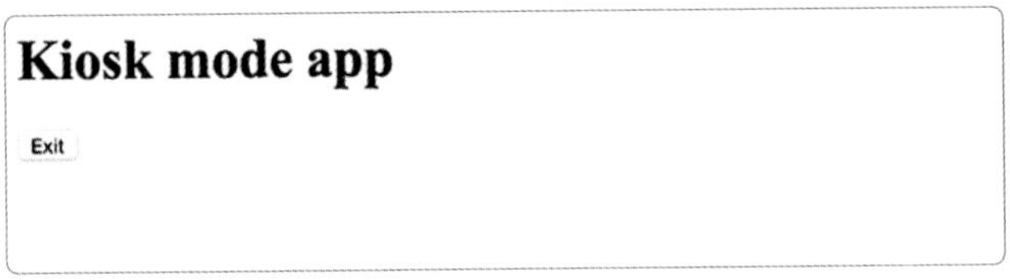

Kiosk mode app

Exit

그림 7.11 키오스크 모드 애플리케이션

Exit 버튼을 누르면, 키오스크 모드를 벗어날 것입니다.

지금까지 NW.js로 키오스크 모드 애플리케이션을 만드는 방법을 살펴보았습니다. 이제 일렉트론으로 키오스크 모드 애플리케이션을 만드는 방법을 알아볼 텐데요. 훨씬 간단합니다.

일렉트론으로 키오스크 모드 애플리케이션 만들기

일렉트론으로 키오스크 모드 애플리케이션을 만들려면, BrowserWindow 인스턴스를 초기화할 때 kiosk라는 속성을 true로 전달합니다.

```
mainWindow = new BrowserWindow({ kiosk: true });
```

이렇게 **BrowserWindow** 인스턴스를 생성하면, 애플리케이션이 전체 화면 키오스크 모드로 실행되며, 애플리케이션을 종료할 수 있는 방법은 재부팅 또는 키보드 단축키(macOS는 Command + Q, 윈도우/리눅스는 Alt + F4)뿐입니다.

만약 버튼을 눌러서 키오스크 모드를 벗어나고 싶다면, 이전에 만들었던 전체 화면 애플리케이션과 거의 비슷한 코드를 사용합니다.

예제는 책과 함께 제공되는 GitHub 리포지터리의 chapter-07에 들어있는 kiosk-app-programmatic-electron이라는 폴더에서 확인할 수 있습니다. 애플리케이션의 기본 설정은 굉장히 단순한 애플리케이션이며, index.html과 app.js 파일에 키오스크 모드와 관련된 코드가 들어있습니다.

일단 index.html 파일부터 살펴봅시다.

코드 7.12 일렉트론 키오스크 모드 애플리케이션의 index.html 파일

```html
<html>
  <head>
    <title>Programmatic Kiosk app Electron</title>
  </head>
    <script src="app.js"></script>
  <body>
    <h1>Hello from Electron</h1>
    <button id="kiosk" onclick="toggleKiosk();">Enter kiosk</button>  ← 키오스크 모드를 벗어날 때 사용할 버튼입니다.
  </body>
</html>
```

버튼을 클릭하면, **toggleKiosk**라는 이름의 함수를 호출합니다. 이 함수는 app.js 파일에 들어 있는데요. 다음과 같이 작성되어 있습니다.

코드 7.13 일렉트론 키오스크 모드 애플리케이션의 app.js 파일

```
const remote = require('electron').remote;

function toggleKiosk() {    ◀── 버튼을 클릭할 때 호출할 toggleKiosk 함수를 정의합니다.
  const button = document.getElementById('kiosk');
  const win = remote.getCurrentWindow();
  if (win.isKiosk()) {    ◀── 애플리케이션이 Kiosk 모드로 실행되고 있는지 확인합니다.
    win.setKiosk(false);  ◀── Kiosk 모드로 실행되고 있다면, Kiosk 모드를 벗어나고 버튼의 글자를 변경합니다.
    button.innerText = 'Enter kiosk mode';
  } else {                    Kiosk 모드로 실행되고 있지 않다면,
    win.setKiosk(true);  ◀── Kiosk 모드로 진입하고 버튼의 글자를 변경합니다.
    button.innerText = 'Exit kiosk mode';
  }
}
```

애플리케이션을 실행한 뒤 버튼을 클릭하면 키오스크 모드로 전환됩니다. 이어서 다시 한 번 버튼을 누르면 키오스크 모드를 종료합니다. 이렇게 키오스크 모드 전환을 할 수 있으면, 컴퓨터에 키보드가 달려있지 않아도 키오스크 모드에서 빠져나온 뒤 애플리케이션을 종료할 수 있습니다.

키오스크 모드는 공공장소에서 사람들이 애플리케이션 이외의 부분에 접근하지 못하게 할 때 유용합니다. 하지만 그래도 이전에 언급했던 것처럼 키오스크 모드를 사용한다고, 애플리케이션을 탈출할 수 없는 것은 아닙니다. 따라서 "애플리케이션 이외의 부분을 완전히 보호해 준다"라고 할 수는 없습니다. 그래도 설정하지 않는 것보다는 사람들이 애플리케이션 이외의 것을 마음대로 사용하는 것으로부터 컴퓨터를 보호해 줄 것입니다.

정리

이번 장에서는 애플리케이션 화면의 출력에 대한 다양한 내용을 살펴보았습니다. 몇 가지 정리하면 다음과 같습니다.

- 애플리케이션 화면을 특정한 너비와 높이를 주고 생성할 수 있습니다.
- 애플리케이션 화면의 크기를 사용자가 따로 조절하지 못하게 만들 수 있습니다.
- 애플리케이션을 전체 화면 모드로 만드는 것은 굉장히 쉽습니다.
- 애플리케이션 화면의 프레임을 제거하면, 프레임리스 애플리케이션을 만들 수 있습니다.
- 프레임리스 애플리케이션을 만들 때는 화면 드래그와 관련된 내용에 주의해 주세요
- 공공장소에서 사용되는 ATM 애플리케이션 등에는 키오스크 모드를 활용하세요.

애플리케이션을 구축할 때 처음 생각해야 하는 것은 애플리케이션의 화면 크기가 고정적인지, 유동적인지 정하는 것입니다. 이를 정했다면 package.json 매니페스트 파일에 화면과 관련된 옵션을 지정해서 크기를 제한하거나, 전체 화면 모드로 실행하게 합니다. 추가로 애플리케이션이 공공장소에서 사용되는지, 개인에 의해 사용되는지도 생각해 보세요. 이에 따라 키오스크 모드로 만들지 정할 수 있습니다. 키오스크 애플리케이션을 만들 때는 상황에 따라 키오스크 모드를 종료할 수 있는 버튼이 필요할 수도 있다는 것도 기억하기 바랍니다.

8장에서는 NW.js와 일렉트론을 사용해서 트레이 애플리케이션을 구현해 보겠습니다.

트레이 애플리케이션

학습 목표

☑ 트레이 기반의 애플리케이션을 만드는 방법을 알아봅니다

☑ 트레이 메뉴를 눌러 애플리케이션 화면을 띄우는 방법을 알아봅니다

☑ 트레이 메뉴에 메뉴 아이템을 추가하는 방법을 알아봅니다

애플리케이션 중에는 사용자의 쉬운 접근을 목적으로 하는 애플리케이션이 있습니다. 일반적으로 이러한 애플리케이션은 운영체제의 트레이 바를 통해 애플리케이션의 기능을 사용할 수 있게 합니다. 운영체제의 트레이 바는 일반적으로 윈도우의 경우 화면 아래에 위치하며, macOS는 화면 위에 위치합니다. 리눅스의 경우는 Gnome은 위에 위치하는 경우가 많고, KDE의 경우 아래에 위치하는 경우가 많습니다.

트레이는 일반적으로 타이머, 뮤직 컨트롤러, 인스턴트 메시지 애플리케이션에 많이 사용됩니다. 또한 트레이에 출력하는 아이콘의 모양을 기반으로 현재 상태를 알려주거나 합니다. 이번 장에서는 NW.js의 UI API를 사용해서 작은 유틸리티 트레이 애플리케이션을 만들어보도록 하겠습니다. 추가로 이러한 예제를 일렉트론으로도 구현하며, NW.js와 일렉트론의 트레이 기능 차이를 살펴보도록 하겠습니다.

8-1 | NW.js로 간단한 트레이 애플리케이션 만들기

그림 8.1과 같은 간단한 트레이 애플리케이션을 만들어봅시다.

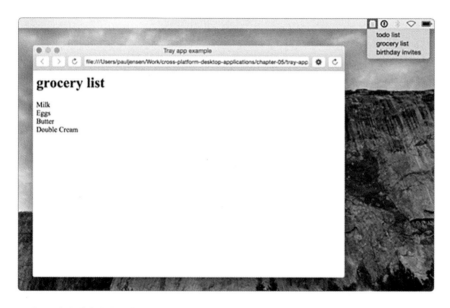

그림 8.1 이번 절에서 만들 애플리케이션: 간단한 트레이 애플리케이션

굉장히 간단한 Hello World NW.js 애플리케이션을 기반으로, 운영체제의 메인 바에 접근한 뒤 트레이 아이콘을 출력하는 간단한 예입니다. 트레이에 그림 8.2와 같은 메시지를 출력하겠습니다.

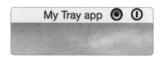

그림 8.2 트레이 영역에 메시지 출력하기

이어서 index.html 파일에 다음과 같은 자바스크립트 코드를 입력해 주세요.

```html
<html>
  <head>
    <title>tray app example</title>
    <script>
      const gui = require('nw.gui');
      const tray = new gui.Tray({title: 'My tray app'});
    </script>
  </head>
  <body>
    <h1>Hello world</h1>
  </body>
</html>
```

Hello World 애플리케이션에 간단한 자바스크립트 코드를 추가했습니다. 딱 두 줄 추가했는데요. 첫 번째 줄은 NW.js의 UI API를 읽어 들이는 부분, 두 번째 줄은 "My tray app"이라는 문자열을 사용해 Tray 인스턴스를 생성하는 부분입니다. 명령 라인에서 애플리케이션을 실행하면, Hello World 예제와 똑같은 화면을 출력합니다. 다만 운영체제의 메인 바를 보면, 그림 8.2처럼 트레이 영역에 메시지가 출력될 것입니다.

Column | **트레이 애플리케이션에 텍스트 레이블 출력하기**

macOS만 지원할 것이라면 텍스트 레이블을 출력해도 문제없습니다. 하지만 윈도우와 리눅스는 트레이 영역에 텍스트 레이블을 출력할 수 없습니다. 따라서 모든 운영체제에서 동작하는 애플리케이션을 만들 때는 텍스트 레이블을 사용하지 않는 것이 좋습니다.

트레이 영역에 텍스트 레이블이 출력되는데요. 아마 실행되고 있는 다른 트레이들(VOX와 1Password)은 대부분 아이콘을 출력하고 있을 것입니다. 텍스트 레이블을 사용하는 것보다 아이콘을 사용하는 것이 트레이 영역을 훨씬 더 조금 차지하므로, 일반적으로 아이콘을 사용합니다*.

책과 함께 제공되는 예제에 Pixelmator를 사용해 만든 32x32 픽셀의 png 형식 아이콘이 있습니다. 이를 index.html 파일과 같은 폴더에 저장하고, 두 번째 줄의 자바스크립트 코드를 다음과 같이 수정해 봅시다.

```
const tray = new gui.Tray({icon: 'icon@2x.png'});
```

코드를 수정한 뒤 NW.js 애플리케이션을 다시 실행하면, 그림 8.3과 같은 트레이 아이콘을 볼 수 있습니다.

그림 8.3 Pixelmator로 만든 사용자 정의 아이콘 출력하기

이렇게 하면 macOS에 맞는 멋진 트레이 아이콘을 가진 트레이 애플리케이션을 만들 수 있습니다. 이때 아이콘을 보면 그레이 스케일로 출력되는데요. NW.js는 이처럼 아이콘을 그레이 스케일로 출력합니다. 이후에 알아보겠지만, 일렉트론의 경우는 아이콘에 색상을 붙여 출력합니다.

1. 트레이 아이콘에 메뉴 추가하기

현재 상태에서 트레이 아이콘을 클릭하면 아무런 일도 없습니다. 트레이 애플리케이션은 트레이 아이콘을 클릭했을 때 어떤 상호작용이 발생해야 합니다. 일반적으로 메뉴를 표시해서 콘텐츠의 내용과 사용할 수 있는 액션들을 출력합니다. 이번 절에서는 트레이 아이콘을 클릭했을 때, 그림 8.4과 같은 메뉴를 출력하게 만들어보게 하겠습니다.

그림 8.4 트레이를 클릭하면 노트 제목 출력하기

이번 절에서 만들 애플리케이션은 트레이 메뉴에 노트의 제목이 들어있고, 해당 메뉴를 클릭하면 애플리케이션 화면에 노트의 내용을 출력하는 간단한 예제입니다. 일단 다음과 같이 노트를 샘플로 몇 개 만들어서 사용해 보도록 합시다.

```
const notes = [
  {
    title: 'todo list',
    contents: 'grocery shopping\npick up kids\nsend birthday party invites'},
  {
    title: 'grocery list',
    contents: 'Milk\nEggs\nButter\nDouble Cream'},
  {
    title: 'birthday invites',
    contents: 'Dave\nSue\nSally\nJohn and Joanna\nChris and Georgina\nElliot'
  }
];
```

이를 활용해 노트의 타이틀을 새로운 메뉴에 메뉴 아이템으로 추가합니다. 그리고 이를 트레이 메뉴에 할당합니다.

```
const menu = new gui.Menu();
notes.forEach((note) => {
  menu.append(new gui.MenuItem({label: note.title}));
}

tray.menu = menu;
```

일단 **Menu** 객체를 초기화합니다. 이어서 노트들에 반복을 적용해 출력할 메뉴 아이템을 생성합니다. 최종적으로 트레이의 메뉴(tray.menu)에 메뉴를 할당합니다. 이렇게 하고 NW.js 애플리케이션을 실행하면, 그림 8.4와 같은 모습을 볼 수 있습니다.

그럼 이제 트레이 메뉴가 애플리케이션의 화면과 상호작용하도록 하겠습니다. 트레이 메뉴에 있는 노트 제목을 클릭하면, 노트의 내용이 애플리케이션에 출력되게 해봅시다.

이를 처리하려면 다음과 같은 과정을 거쳐야 합니다.

- HTML에 노트의 타이틀과 내용을 출력할 태그를 만든다.
- 노트의 타이틀과 내용을 HTML에 출력하는 함수를 만든다.
- **menuItem** 객체를 클릭할 때 해당 함수가 호출되게 한다.

body 태그 내부를 다음과 같이 수정해 주세요.

```
<body>
  <h1 id="title"></h1>
  <div id="contents"></div>
</body>
```

h1 태그에는 노트의 타이틀을 넣을 것입니다(**id** 속성을 **"title"**이라고 지정). 그리고 **div** 태그에는 노트의 콘텐츠를(내용을) 넣을 것입니다(**id** 속성을 **"contents"**라고 지정). 이어서 자바스크립트 코드의 앞부분에 타이틀과 내용을 넣는 함수를 생성합니다.

```
function displayNote (note) {
  document.getElementById('title').innerText = note.title;
  document.getElementById('contents').innerText = note.contents;
}
```

displayNote() 함수는 매개변수로 **note** 객체를 받고, HTML 요소 내부에 타이틀과 내용을 넣습니다. 그럼 이제 **menuItem** 객체를 수정해서 클릭했을 때, **displayNote()** 함수가 호출되도록 하겠습니다.

일단 반복문 내부에서 함수를 생성하면 예상하지 못한 결과가 나올 수 있으므로, 코드 일부를 옮기도록 하겠습니다. 메뉴 객체를 초기화하는 부분 뒤에 **appendNoteToMenu**라는 이름의 함수를 새로 만들고, 다음과 같이 입력합니다.

```
function appendNoteToMenu (note) {
  const menuItem = new gui.MenuItem({
    label: note.title,
    click: () => { displayNote(note); }
  });
  menu.append(menuItem);
}
```

appendNoteToMenu() 함수는 매개변수로 **note** 객체를 받고, **MenuItem** 객체를 생성합니다. **MenuItem** 객체를 생성할 때는 **label**에 노트의 타이틀로 지정하고, 해당 요소를 클릭할 때 호출될 함수를 **click** 메서드로 지정했습니다. 이어서 이 함수는 **note**를 매개변수로 전달해서, **diaplyNote()** 함수를 호출합니다. 따라서 **MenuItem** 객체를 클릭하면, 해당 노트의 타이틀과 내용을 애플리케이션 화면에 출력하게 될 것입니다. 그리고 최종적으로 해당 **MenuItem** 객체를 **menu** 객체에 추가합니다.

메뉴를 트레이에 설정하기 전에 **notes**에 반복을 돌려, **appendNoteToMenu()** 함수를 호출하게 합니다.

```
notes.map(appendNoteToMenu);
```

거의 끝나갑니다. 이어서 애플리케이션이 로드될 때 목록에 있는 첫 번째 메모가 출력되게 만들고, 스타일을 지정하도록 하겠습니다.

스크립트의 마지막 부분 정도에 다음과 같은 코드를 추가합니다. 이 코드는 HTML이 로드될 때 첫 번째 노트를 화면에 출력합니다.

```
document.addEventListener('DOMContentLoaded', () => {
  displayNote(notes[0]);
});
```

애플리케이션이 로드되면, 첫 번째 메모가 그림 8.5처럼 애플리케이션 화면에 출력됩니다.

그림 8.5 리스트의 첫 번째 노트를 애플리케이션 화면에 출력

그럼 마지막으로 index.html 파일에 link 태그를 추가해서 app.css라는 CSS 스타일 시트를 읽어 들입시다. 스타일을 적용하면 노트가 조금은 더 노트처럼 보일 것입니다.

코드 8.1 index.html 파일에 link 태그로 CSS 추가하기

```html
<html>
  <head>
    <title>tray app example</title>
    <link href="app.css" rel="stylesheet">        ◀———— link 태그로 CSS를 추가합니다.
    <script>
      'use strict';
```

이어서 app.css 파일을 추가한 뒤, 다음과 같이 입력합니다.

```css
body {
  background: #E2D53C;
  color: #292929;
  font-family: 'Comic Sans', 'Comic Sans MS';
  font-size: 14pt;
  font-style: italic;
}
```

스타일이 변경되면, 노트 애플리케이션 화면이 그림 8.6처럼 변경될 것입니다.

그림 8.6 CSS 스타일이 적용된 노트 애플리케이션

명령 라인으로 NW.js 애플리케이션을 실행하면, 트레이 메뉴에 있는 노트 타이틀을 클릭할 때, 노트의 타이틀과 내용이 애플리케이션 화면에 출력될 것입니다.

Column | **예제 소스 코드**

GitHub 리포지터리(https://github.com/paulbjensen/cross-platform-desktop-applications)에서 예제의 전체 소스 코드를 확인할 수 있습니다.

지금까지 NW.js를 사용해서 트레이 애플리케이션을 만들었습니다. 그럼 이와 같은 내용을 일렉트론으로 진행해 봅시다.

일렉트론의 모듈적인 접근 방법은 트레이 애플리케이션을 만들 때 굉장히 적합합니다. API는 NW.js가 제공하는 것과 거의 비슷합니다. 어쨌거나 이번 절에서는 이전 절에서 살펴보았던 예제를 일렉트론으로 구현하겠습니다.

1. 애플리케이션 골격 만들기

트레이 애플리케이션을 만들 때 필요한 최소한의 파일은 다음과 같습니다.

- 애플리케이션의 코드로 사용할 main.js 파일
- 애플리케이션 아이콘으로 사용할 PNG 이미지
- 애플리케이션의 설정을 입력할 package.json 파일

트레이 애플리케이션을 만들 때는 따로 index.html이 필요하지 않습니다. 하지만 우리가 만들 애플리케이션은 노트 목록을 출력하는 기능이 있으므로, 노트 목록 출력을 위한 index.html 파일과 프런트엔드 코드로 사용할 app.js 파일도 만들도록 하겠습니다.

그럼 package.json 파일을 만들어봅시다. tray-app-electron이라는 이름의 폴더를 만들고, 내부에 package.json 파일을 생성한 뒤 다음과 같은 코드를 입력합니다.

```
{
  "name"    : "tray-app-electron",
  "version" : "1.0.0",
  "main"    : "main.js"
}
```

이어서 노트의 내용을 출력할 index.html 파일을 만듭니다. index.html 파일을 생성하고, 다음과 같은 코드를 입력해 주세요.

```html
<html>
  <head>
    <title>tray app Electron</title>
    <link href="app.css" rel="stylesheet">
    <script src="app.js"></script>
  </head>
  <body>
    <h1 id="title"></h1>
    <div id="contents"></div>
  </body>
</html>
```

NW.js의 index.html에서는 인라인 자바스크립트를 사용했지만, 이번 일렉트론 버전의 index.html에서는 app.js라는 별도의 파일에 프런트엔드 자바스크립트 코드를 작성했습니다. 이는 일렉트론은 프런트엔드 자바스크립트와 백엔드 자바스크립트를 별도로 분리하기 때문입니다. 그리고 잠시 후에 프로세스 간 통신(inter-process communication)으로 데이터 통신을 할 것이므로 미리 분리해둔 것입니다. 이 이외의 부분은 모두 NW.js 버전과 같습니다.

app.css 파일은 NW.js 트레이 애플리케이션 때와 완전히 같습니다. 따라서 지면을 낭비하지 않기 위해 따로 코드를 보여드리지 않겠습니다. 이와 관련된 내용은 이전 NW.js 버전을 참고해 주세요. 또한 애플리케이션 아이콘도 같습니다.

이제 중요한 부분은 main.js 파일(백엔드)과 app.js 파일(프런트엔드)입니다. 일단 main.js부터 살펴봅시다. main.js라는 이름의 파일을 만들고, 다음 코드를 입력합니다.

코드 8.2 　일렉트론 트레이 애플리케이션의 main.js 파일

```js
'use strict';

const electron = require('electron');
const app = electron.app;
```

```
const Menu = electron.Menu;          ←———— 메뉴 API의 참조를 만듭니다.
const tray = electron.Tray;          ←———— 트레이 API의 참조를 만듭니다.
const BrowserWindow = electron.BrowserWindow;

let appIcon = null;          ←———— 애플리케이션 아이콘을 나타내는 appIcon 변수를 외부에
                                     선언해서, 이후 사용 때 가비지 컬렉터가 수집하지 않게 만듭니다.
let mainWindow = null;

const notes = [
  {
    title: 'todo list',
    contents: 'grocery shopping\npick up kids\nsend birthday party invites'
  },
  {
    title: 'grocery list',
    contents: 'Milk\nEggs\nButter\nDouble Cream'
  },
  {
    title: 'birthday invites',
    contents: 'Dave\nSue\nSally\nJohn and Joanna\nChris and Georgina\nElliot'
  }
];

function displayNote (note) {                                    일렉트론의 웹 콘텐츠 API를 사용해
  mainWindow.webContents.send('displayNote', note);  ←———— 브라우저 윈도우 쪽에 노트의 내용을
}                                                               전달합니다.

function addNoteToMenu (note) {
  return {
    label: note.title,
    type: 'normal',
    click: () => { displayNote(note); }
  };
}

app.on('ready', () => {
  appIcon = new Tray('icon@2x.png');  ←———— 아이콘을 사용해 트레이를 생성합니다.
  let contextMenu = Menu.buildFromTemplate(notes.map(addNoteToMenu)); ←——┐
                                                                          │
                          노트를 기반으로 트레이에 들어갈 컨텍스트
                          메뉴를 생성합니다.
```

```
    appIcon.setToolTip('Notes app');          ←—— 트레이에 툴팁을 설정합니다.
    appIcon.setContextMenu(contextMenu);      ←—— 트레이에 컨텍스트 메뉴를 설정합니다.

    mainWindow = new BrowserWindow({ width: 800, height: 600 });
    mainWindow.loadURL('file://${__dirname}/index.html');
    mainWindow.webContents.on('dom-ready', () => {
      displayNote(notes[0]);          ←—— 애플리케이션 화면이 로드되면, 디폴트로 첫 번째 노트를 출력합니다.
    });
  });
```

백엔드 코드를 저장하고 실행하면 트레이를 출력하고, **BrowserWindow** 인스턴스를 생성해서 노트의 내용을 출력할 것입니다. 첫 번째 노트가 출력될 텐데요. 이제 app.js 파일을 수정해서 메뉴의 노트 제목을 클릭하면, 해당 노트의 내용을 노트에 출력하게 하겠습니다.

app.js 파일에 다음과 같은 코드를 입력해 주세요.

> **코드 8.3 일렉트론 트레이 애플리케이션의 app.js 파일**

```
function displayNote(event, note) {   ←—— 노트의 내용을 출력하는 displayNote 함수입니다.
  document.getElementById('title').innerText = note.title;
  document.getElementById('contents').innerText = note.contents;
}
                                          일렉트론의 ipcRenderer 모듈을
                                          사용해 이벤트를 읽어 들입니다.
const ipc = require('electron').ipcRenderer;   ←——
ipc.on('displayNote', displayNote);   ←—— 메뉴 아이템을 클릭하거나 애플리케이션이 실행될 때,
                                          ipcRenderer 모듈에서 이벤트가 발생되어 들어오면,
                                          displayNote 함수를 실행합니다.
```

일렉트론의 ipcRenderer 모듈을 사용하면 메인 프로세스끼리 통신할 수 있습니다. 현재 코드를 보면 백엔드 프로세스가 웹 콘텐츠 API를 사용해서 브라우저 윈도우에 데이터를 전달하고 있습니다. 백엔드에서 프런트엔드로 **displayNote** 이벤트를 전달하는데요. 프런트엔드 코드에서 **ipcRenderer**를 사용해 이벤트를 받습니다. 따라서 이벤트가 트리거 되면, **ipcRenderer**가 **displayNote** 함수를 호출하게 됩니다. 따라서 화면에 노트를 출력하는 것입니다.

최종적으로 그림 8.7과 같은 노트 애플리케이션이 만들어졌습니다. 참고로 이때 아이콘 색상은 디폴트 아이콘 색상이랍니다.

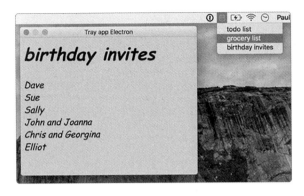

그림 8.7 일렉트론 노트 애플리케이션

지금까지 트레이 애플리케이션을 만들어보면서, 트레이와 메뉴에 관련된 내용을 살펴보았습니다. 이를 활용하면 채팅 애플리케이션, 비밀번호 관리 애플리케이션, 할 일 목록 애플리케이션 등을 쉽게 구현할 수 있을 것입니다. 또한 애플리케이션 아이콘을 설정하는 방법과 메뉴를 클릭할 때 애플리케이션과 상호작용하는 방법을 배웠습니다.

정리

이번 장에서는 NW.js와 일렉트론을 사용해 트레이 애플리케이션을 만들어보았습니다. 트레이는 운영체제에 따른 차이가 있으므로, 운영체제마다 동작을 확인해야 합니다. 예를 들어 macOS에서는 레이블을 사용할 수 있지만, 윈도우와 리눅스에서는 아이콘만 출력합니다. 그리고 아이콘은 32x32픽셀 범위 내에 있어야 합니다.

몇 가지 중요한 내용을 정리하면 다음과 같습니다.

- 트레이 메뉴를 만들 때 텍스트와 아이콘을 모두 활용할 수 있지만, 윈도우와 리눅스에서는 아이콘만을 출력할 수 있으므로 아이콘만 사용하는 것을 추천합니다.
- macOS에서 NW.js 트레이 애플리케이션은 아이콘을 그레이 스케일로 출력하지만, 일렉트론 애플리케이션은 아이콘에 디폴트 색상을 적용해서 출력합니다.

NW.js와 일렉트론은 메뉴로 트레이 이외에도 애플리케이션 메뉴와 콘텍스트 메뉴를 사용할 수 있습니다. 이는 9장에서 살펴보도록 하겠습니다.

애플리케이션 메뉴와 콘텍스트 메뉴

학습 목표

- ☑ 애플리케이션 화면 메뉴를 만들어봅니다
- ☑ macOS에서 메뉴를 만들어봅니다
- ☑ 윈도우와 리눅스에서 메뉴를 만들어봅니다
- ☑ 애플리케이션 내부에 콘텍스트 메뉴를 만들어봅니다

메뉴는 사용자가 다양한 기능을 활용하기 위해 필요한 굉장히 중요한 요소입니다. 마이크로소프트 오피스를 많이 사용하는 사용자라면, 워드 또는 엑셀을 사용할 때 애플리케이션 메뉴를 통해 얼마나 많은 기능들이 제공되는지 알고 있을 것입니다. 메뉴는 오늘날 널리 사용되고 있는 가장 효과적인 UI 패턴 중 하나입니다.

이번 장에서는 데스크톱 애플리케이션의 애플리케이션 메뉴를 만드는 방법에 대해서 살펴보겠습니다. 그리고 이 과정에서 macOS와 윈도우/리눅스에서 애플리케이션 메뉴를 만드는 차이점에 대해서도 살펴보겠습니다. 추가로 콘텍스트 메뉴에 대해서도 살펴보도록 하겠습니다. 콘텍스트 메뉴는 애플리케이션 내부에서 특정 위치를 마우스 오른쪽 버튼을 클릭할 때 나오는 메뉴입니다. 일반적으로 문서 내부의 특정 위치에 내용을 붙여 넣거나 할 때 사용되는 메뉴입니다.

9-1 | 애플리케이션에 메뉴 추가하기

Node.js로 데스크톱 애플리케이션을 만들 때는 3가지 종류의 메뉴를 사용할 수 있습니다. 바로 애플리케이션 메뉴, 콘텍스트 메뉴, 트레이 메뉴인데요. 이 중에서 트레이 메뉴는 8장에서 살펴보았습니다. 애플리케이션 메뉴는 애플리케이션 화면의 윗부분(또는 macOS의 경우 시스템 메뉴)에 나오는 메뉴입니다. 그리고 콘텍스트 메뉴는 애플리케이션 내부에서 마우스 오른쪽 버튼을 클릭했을 때 나오는 메뉴입니다. 그럼 애플리케이션 메뉴부터 살펴보도록 합시다.

1. 애플리케이션 화면 메뉴

애플리케이션 메뉴를 만드는 방법은 약간 복잡하고, 대상으로 하는 운영체제를 고려해야 합니다.

윈도우와 리눅스는 완전히 같은 방법으로 애플리케이션 메뉴를 만들 수 있으며, macOS는 혼자 약간 다른 방법을 사용해야 합니다. 윈도우와 리눅스에서는 각각의 애플리케이션 화면이 각각의 메뉴를 가질 수 있습니다. 반면 macOS는 모든 애플리케이션 화면이 단 하나의 애플리케이션 메뉴를 가질 수 있습니다(애플리케이션과 아예 떨어진, 운영체제의 메뉴 바에 출력됩니다).

그래서 NW.js는 macOS 전용 API와 윈도우/리눅스 전용 API를 따로따로 제공해 줍니다. 반면 일렉트론의 경우는 통합해서 제공해 줍니다. 그럼 지금부터 이러한 API를 사용해서 간단한 예제를 만들고, 두 가지 접근 방법을 비교해 보도록 하겠습니다.

2. NW.js로 macOS 애플리케이션 메뉴 만들기

그럼 일단 NW.js의 macOS 전용 애플리케이션 메뉴 API를 사용해 보겠습니다. 기본적인 Hello World 예제에 애플리케이션 메뉴를 추가하도록 하겠습니다. 예제는 이 책의 GitHub 페이지에 있는 mac-app-menu-nw.js에서 확인할 수 있습니다.

이 예제는 기본적인 package.json 파일과 index.html을 만들고, index.html 파일에서 다음과 같은 app.js 파일을 읽어 들이는 구조로 되어 있습니다.

코드 9.1   NW.js로 macOS의 애플리케이션 메뉴 만들기

```
'use strict';

const gui = require('nw.gui');

const mb = new gui.Menu({ type: 'menubar' });    ◄──── Menu 인스턴스를 생성합니다.
mb.createMacBuiltin('Mac app menu example');     ◄──── 메뉴를 macOS 전용으로 변환합니다.
                                                       이때 애플리케이션 이름을 매개변수로 전달합니다.

gui.Window.get().menu = mb;    ◄──── 애플리케이션 화면에 메뉴를 붙입니다.
```

코드 9.1의 app.js 파일은 Menu 객체를 생성한 뒤, createMacBuiltin( ) 메서드를 사용해 macOS 전용 메뉴를 만듭니다. 그리고 이렇게 만든 메뉴를 현재 화면의 메뉴 속성에 집어넣습니다. 이런 코드를 작성한 뒤 실행하면, 그림 9.1과 같은 모습을 볼 수 있습니다. 기본적인 복사/붙여 넣기, 화면 숨기기/닫기 등의 메뉴가 추가되어 있는 것을 볼 수 있습니다.

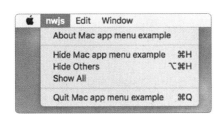

그림 9.1 NW.js의 macOS 전용 디폴트 메뉴

createMacBuiltin( ) 메서드를 사용하면, Edit와 Window라는 디폴트 메뉴가 생성됩니다. 이 메뉴가 가지고 있는 옵션들은 표 9.1과 같습니다.

표 9.1 디폴트 메뉴의 옵션

Edit 메뉴	설명
Undo	취소
Redo	다시 하기
Cut	잘라내기
Copy	복사하기
Paste	붙여 넣기
Delete	삭제
Select All	전체 선택
Window 메뉴	**설명**
Minimize	최소화
Close Window	화면 닫기
Bring All to Front	화면을 위에 표시하기

이러한 디폴트 메뉴는 수많은 애플리케이션에서 사용됩니다.

그럼 이제 일렉트론에서 macOS 전용 애플리케이션 메뉴를 만드는 방법에 대해 살펴보면서, NW.js와 비교해 봅시다.

3. 일렉트론으로 macOS 애플리케이션 메뉴 만들기

기본적인 메뉴와 메뉴 아이템을 생성하는 방법은 거의 비슷합니다. 물론 API의 이름이 조금 다르기는 합니다. 그럼 이전과 같은 간단한 애플리케이션을 일렉트론으로 만들어보면서 살펴 봅시다. 코드는 책과 함께 제공되는 GitHub 리포지포리의 mac-app-menu-electron라는 폴더 에 있습니다.

애플리케이션을 내려받기하면, 굉장히 기본적인 일렉트론 애플리케이션이라는 것을 알 수 있습니다. 메뉴를 만드는 코드는 **app.js** 파일에 들어있으므로, 이 파일만 살펴봅시다. 일렉트론에서 애플리케이션 메뉴를 정의하려면, 메뉴를 생성하고 애플리케이션 화면에 메뉴를 붙여야 합니다. 따라서 렌더러 프로세스에 코드를 작성해야 합니다. 그럼 코드를 살펴보고 다시 이야기해 봅시다.

코드 9.2   일렉트론으로 macOS의 애플리케이션 메뉴 만들기

```
'use strict';

const electron = require('electron');
const Menu  = electron.remote.Menu;            ◀── remote API의 Menu 모듈을 읽어 들입니다.
const name = electron.remote.app.getName();    ◀── remote API를 사용해 애플리케이션의
                                                     이름을 읽어 들입니다.

const template = [{         ◀── 메뉴 아이템 템플릿 배열을 정의합니다.
  label: '',        ◀── label 속성을 비워두면 macOS에서 알아서 애플리케이션 이름을 지정하게 됩니다.
  submenu: [   ◀── 서브 메뉴를 배열로 정의합니다.
    {
      label: 'About ' + name,
      role: 'about'     ◀── 정보 대화 상자를 출력하는 기본 액션을 사용합니다.
    },
    {    ◀── 구분자를 사용합니다.
      type: 'separator'
    },
    {
      label: 'Quit',
      accelerator: 'Command+Q',     ◀── accelerator 속성으로 키보드 단축키를 지정합니다.
      click: electron.remote.app.quit    ◀── 메뉴를 클릭할 때 실행할 사용자 정의 액션을 지정합니다.
    }
  ]
}];

const menu = Menu.buildFromTemplate(template);    ◀── buildFromTemplate 함수를 사용해
                                                       애플리케이션 메뉴를 생성합니다.
Menu.setAppMenu(menu);    ◀── 애플리케이션 메뉴에 템플릿 배열을 지정합니다.
```

이 코드를 실행하면, 그림 9.2처럼 굉장히 단순한 메뉴가 생성됩니다. 이때 주목했으면 하는 것이 있다면, 프로세스의 이름이 애플리케이션 메뉴의 레이블로 출력된다는 것입니다.

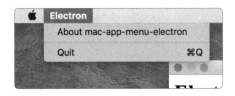

그림 9.2 일렉트론의 macOS 전용 메뉴

애플리케이션 메뉴와 관련된 자세한 내용을 알고 싶다면, https://electron.atom.io/docs/api/menu/를 참고해 주세요.

참고로 이전처럼 Edit 또는 Window 메뉴가 디폴트로 있으면 좋겠다고 생각할 수 있습니다. 이러한 경우에는 electron-default-menu(http://www.npmjs.com/package/electron-default-menu)라는 npm 모듈을 사용합니다.

```
npm install electron-default-menu --save
```

모듈 설치가 끝나면, app.js 파일의 내용을 다음과 같이 수정해 주세요.

코드 9.3 app.js 파일에서 **electron-default-menu** 사용하기

```
'use strict';

const electron = require('electron');
const defaultMenu = require('electron-default-menu');  ◄── npm 모듈을 읽어 들입니다.
const Menu    = electron.remote.Menu;


const menu = Menu.buildFromTemplate(defaultMenu());  ◄── electron-default-menu
Menu.setAppMenu(menu);                                   모듈로 디폴드 메뉴를 생성합니다.
```

이제 애플리케이션을 다시 실행하면, 그림 9.3과 같은 애플리케이션 메뉴를 볼 수 있습니다. Edit, View, Window 옵션이 추가되었습니다.

그림 9.3 디폴트 메뉴가 추가된 모습

electron-default-menu 모듈은 굉장히 다양한 기능을 가진 기본 메뉴를 제공합니다. defaultMenu() 함수를 호출하면 배열을 반환하는데요. 이렇게 반환된 배열에 pop, push, shift, unshift 같은 배열의 함수를 적용하면, 메뉴를 추가하거나 제거할 수 있습니다. 배열의 함수와 관련된 자세한 내용은 http://mng.bz/cS21을 참고해 주세요.

Column │ 첫 번째 메뉴의 이름 변경하기

macOS에서 애플리케이션의 첫 번째 메뉴는 label 속성에 무엇을 설정해도, 자동으로 애플리케이션의 이름이 출력됩니다. 이는 macOS가 첫 번째 메뉴에 들어갈 내용을 애플리케이션의 Info.plist에서 가져오기 때문입니다. 따라서 애플리케이션 첫 번째 메뉴의 내용을 변경하려면, 애플리케이션을 빌드한 이후에 Info.plist를 수정해야 합니다. 이와 관련된 내용은 http://mng.bz/12r1을 참고해 주세요.

지금까지 macOS에서 데스크톱 애플리케이션 메뉴를 다루는 방법을 알아보았습니다. 그럼 이제 윈도우와 리눅스에서 데스크톱 애플리케이션 메뉴를 다루는 방법에 대해 알아보겠습니다.

4. 윈도우와 리눅스 애플리케이션을 위한 메뉴 만들기

윈도우와 리눅스는 macOS와 다른 형태로 애플리케이션 메뉴를 다룹니다. 따라서 NW.js는 아예 다른 API 메서드를 제공해서 메뉴를 만들게 합니다.

NW.js에서 윈도우/리눅스 애플리케이션의 메뉴 만들기

이번 절에서는 그림 9.4와 같은 예제를 만들 것입니다. 메뉴 바를 만들고, 내부에는 File이라는 메뉴 아이템을 하나 놓겠습니다. 그리고 이를 클릭하면 Say Hello와 Quit the App이라는 메뉴 아이템을 출력합니다.

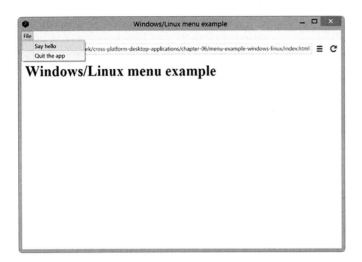

그림 9.4 이번 절에서 만들 애플리케이션

Say Hello 메뉴를 클릭하면, "Hello World"라는 경고창을 출력하게 만들 것입니다. 그리고 Quit the App이라는 메뉴를 클릭하면 애플리케이션을 종료하도록 하겠습니다. 그럼 일단 File 이라는 메뉴 아이템을 만드는 방법부터 살펴봅시다.

메뉴 바 만들기

index.html부터 만들어봅시다.

```html
<html>
  <head>
    <title>Windows/Linux menu app example for NW.js</title>
  </head>
  <body>
```

```
      <h1>Windows/Linux menu example</h1>
   </body>
</html>
```

페이지에 아직 메뉴와 관련된 코드가 없습니다. 따라서 head 태그 내부(title 태그 뒤)에 다음과 같은 script 태그를 추가해 줍니다.

```
<script>
  'use strict';
</script>
```

이어서 script 태그 내부에 GUI 라이브러리를 읽어 들이는 코드를 추가합니다.

```
<script>
  'use strict';

  const gui      = require('nw.gui');
  const menuBar  = new gui.Menu({type:'menubar'});
</script>
```

NW.js의 GUI 라이브러리를 읽어 들였으면, 이를 사용해서 메뉴를 만들어봅시다. 다음과 같은 코드로 메뉴 바와 메뉴 아이템을 생성합니다.

```
<script>
  'use strict';

  const gui      = require('nw.gui');
  const menuBar  = new gui.Menu({type:'menubar'});
  const fileMenu = new gui.MenuItem({label: 'File'});
</script>
```

이렇게 생성한 메뉴 바와 메뉴 아이템을 연결합니다. 이때 **append** 함수를 사용합니다. 다음 코드는 메뉴 바 아래에 메뉴 아이템을 추가한 것입니다.

```
<script>
  'use strict';

  const gui        = require('nw.gui');
  const menuBar    = new gui.Menu({type:'menubar'});
  const fileMenu   = new gui.MenuItem({label: 'File'});

  menuBar.append(fileMenu);
</script>
```

이어서 **gui.Window.get()** 함수를 사용해서 현재 애플리케이션의 화면을 선택하고, **menu** 속성에 메뉴 바를 할당합니다.

```
<script>
  'use strict';

  const gui        = require('nw.gui');
  const menuBar    = new gui.Menu({type:'menubar'});
  const fileMenu   = new gui.MenuItem({label: 'File'});

  menuBar.append(fileMenu);
  gui.Window.get().menu = menuBar;
</script>
```

NW.js를 위한 package.json 파일을 설정한 뒤에 **nw** 명령어로 애플리케이션을 실행하면 그림 9.5처럼 출력하는 모습을 볼 수 있습니다.

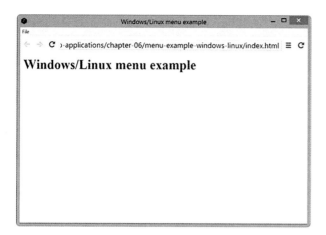

그림 9.5 애플리케이션 바가 추가된 모습

지금까지의 과정을 거쳐서 애플리케이션의 메뉴 바와 메뉴 아이템을 만들었습니다. 하지만 File 메뉴를 클릭해도 아무 일도 일어나지 않습니다. File 메뉴를 클릭하면, Say Hello와 Quit the App이라는 추가적인 메뉴를 출력하게 해봅시다.

서브 메뉴

이번 절에서는 다음과 같은 코드를 작성할 것입니다.

- Say Hello와 Quit the App이라는 메뉴 아이템을 만들고, 이를 클릭했을 때의 동작을 지정합니다.
- 이렇게 만든 서브 메뉴 아이템을 그룹화할 수 있는 메뉴를 만듭니다.
- 이렇게 만든 메뉴를 File 메뉴 아이템에 추가합니다.

중요한 것은 메뉴 아이템은 메뉴 아래에만 추가할 수 있다는 것입니다. 따라서 서브 메뉴를 만들려면, 메뉴를 그룹화할 수 있는 메뉴를 만들고 내부에 아이템을 추가한 뒤 합쳐야 합니다.

말로 설명하면 약간 어려운데요. 곧바로 코드를 살펴봅시다. script 태그에 두 줄을 추가해서, 다음과 같이 구성합니다.

```
<script>
  'use strict';
  const gui        = require('nw.gui');
  const menuBar    = new gui.Menu({type:'menubar'});
  const fileMenu   = new gui.MenuItem({label: 'File'});

  const sayHelloMenuItem = new gui.MenuItem({label: 'Say hello'});
  const quitAppMenuItem = new gui.MenuItem({label: 'Quit the app'});
  menuBar.append(fileMenu);

  gui.Window.get().menu = menuBar;
</script>
```

sayHelloMenuItem과 quitAppMenuItem이라는 메뉴 아이템을 추가했습니다. 그럼 이제 이를 기반으로 fileMenuSubMenu라는 이름의 메뉴를 만들어 메뉴 아이템을 그룹화하겠습니다.

```
<script>
  'use strict';
  const gui        = require('nw.gui');
  const menuBar    = new gui.Menu({type:'menubar'});
  const fileMenu   = new gui.MenuItem({label: 'File'});

  const sayHelloMenuItem = new gui.MenuItem({label: 'Say hello'});
  const quitAppMenuItem = new gui.MenuItem({label: 'Quit the app'});

  const fileMenuSubMenu = new gui.Menu();
  fileMenuSubMenu.append(sayHelloMenuItem);
  fileMenuSubMenu.append(quitAppMenuItem);

  menuBar.append(fileMenu);
  gui.Window.get().menu = menuBar;
</script>
```

이제 이렇게 만든 **fileMenuSubMenu**를 File 메뉴 아래에 붙여서 계층 구조를 형성하게 하겠습니다. NW.js의 메뉴 아이템은 **submenu**라는 속성을 가지고 있습니다. 여기에 메뉴를 할당하면, 서브 메뉴가 만들어집니다. 다음과 같이 코드를 구성해서 모든 메뉴를 결합해 봅시다.

코드 9.6　File 메뉴 아래에 서브 메뉴 추가하기

```
<script>
  'use strict';

  const gui         = require('nw.gui');
  const menuBar     = new gui.Menu({type:'menubar'});
  const fileMenu    = new gui.MenuItem({label: 'File'});

  const sayHelloMenuItem  = new gui.MenuItem({label: 'Say hello'});
  const quitAppMenuItem = new gui.MenuItem({label: 'Quit the app'});

  const fileMenuSubMenu = new gui.Menu();
  fileMenuSubMenu.append(sayHelloMenuItem);
  fileMenuSubMenu.append(quitAppMenuItem);
  fileMenu.submenu = fileMenuSubMenu;    ←——— 서브 메뉴를 추가합니다.

  menuBar.append(fileMenu);
  gui.Window.get().menu = menuBar;
</script>
```

모든 메뉴를 결합했습니다. 이제 파일을 저장하고, **nw** 명령어를 사용해서 애플리케이션을 실행해 봅시다. 실행된 애플리케이션에서 File 메뉴를 클릭하면, 그림 9.6처럼 두 개의 서브 메뉴 아이템이 출력되는 것을 볼 수 있습니다.

그림 9.6 서브 메뉴가 추가된 모습

지금까지의 과정을 통해서 메뉴를 중첩했습니다. 이제 남은 것은 메뉴를 클릭했을 때 어떤 동작이 트리거 되게 하는 것입니다. NW.js에서 이를 구현하는 것은 굉장히 간단합니다. 메뉴 아이템을 생성하고, 레이블을 지정하는 부분에서 **click** 메서드를 지정하기만 하면 됩니다.

SayHelloMenuItem과 **quitAppItem** 객체를 생성하는 부분을 다음과 같이 입력합니다.

```
const sayHelloMenuItem = new gui.MenuItem(
  {
    label: 'Say hello',
    click: () => { alert('Hello'); }
  }
);

const quitAppMenuItem = new gui.MenuItem(
  {
    label: 'Quit the app',
    click: () => { process.exit(0); }
  }
);
```

click 속성에 함수를 지정하면, 메뉴 아이템을 클릭할 때 **click** 메서드가 자동적으로 호출됩니다. 따라서 Say Hello 메뉴를 클릭하면 "Helllo"라는 경고창을 출력할 것이고, Quit the App 메뉴를 클릭하면 Node.js의 **process.exit(0)**이 호출되어 애플리케이션이 종료될 것입니다.

애플리케이션을 저장하고, 명령 라인에 명령어를 입력해서 다시 실행해 봅시다. File 메뉴를 클릭한 뒤 Say hello라는 버튼을 누르면 "Hello"라는 내용이 적힌 경고창을 볼 수 있을 것입니다. 이어서 경고창을 닫은 뒤 이번에는 File 메뉴의 Quit the App 메뉴를 눌러보세요. 이번에는 애플리케이션이 종료될 것입니다.

만약 OpenSUSE 리눅스에서 애플리케이션을 실행하고 있다면, 그림 9.7과 같은 모습을 볼 수 있을 것입니다.

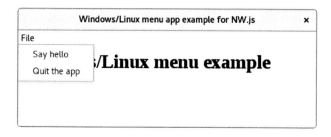

그림 9.7 OpenSUSE에서 실행한 애플리케이션, 메뉴를 확인할 수 있습니다

지금까지 NW.js를 사용해서 애플리케이션 메뉴를 만드는 방법에 대해서 알아보았는데요. 이제 일렉트론에서는 어떻게 구현하는지 살펴보도록 합시다.

일렉트론으로 애플리케이션 메뉴 만들기

개인적으로 일렉트론으로 애플리케이션 메뉴를 만드는 방법은 NW.js로 애플리케이션으로 메뉴를 만드는 방법보다 쉽다고 생각합니다. API를 여러 번 호출할 필요 없이, 메뉴를 배열 형태로 만들어 사용할 수 있기 때문입니다. 그럼 이전에 NW.js로 만들었던 애플리케이션을 일렉트론으로 구현해 봅시다.

책과 함께 제공되는 GitHub 리포지터리를 보면 windows-linux-menu-app-electron이라는 이름의 폴더가 있습니다. 이 폴더 내부에 관련된 코드가 들어있습니다. 책에서는 주요한 내용만 살펴보도록 하겠습니다.

NW.js로 만든 예제와 다르게 app.js 파일을 가지고 있습니다. 이는 브라우저 화면에서 읽어 들이는 자바스크립트 파일입니다. 그리고 이 파일 내부에서 메뉴를 정의합니다.

그럼 app.js 파일의 내용을 살펴보도록 합시다.

코드 9.7 **일렉트론으로 윈도우/리눅스 애플리케이션 메뉴 만들기(app.js 파일)**

```
'use strict';

const electron = require('electron');   ◀─── 일렉트론의 remote API를 사용해서 메뉴 API를 추출합니다.
const Menu    = electron.remote.Menu;
```

```
const sayHello = () => { alert('Hello'); };

const quitTheApp = () => { electron.remote.app.quit(); };

const template = [
  {
    label: 'File',
    submenu: [          ←──── 메뉴 템플릿을 생성합니다.
      {
        label: 'Say Hello',
        click: sayHello
      },
      {
        label: 'Quit the app',
        click: quitTheApp
      }
    ]
  }
];

const menu = Menu.buildFromTemplate(template);  ←──── 배열을 기반으로 메뉴를 생성하고, 곧바로
Menu.setAppMenu(menu);                                 애플리케이션 메뉴로 붙입니다.
```

굉장히 간단한 API를 사용해서 애플리케이션 메뉴와 서브 메뉴들을 만들 수 있습니다. 애플리케이션을 윈도우10에서 실행하면, 그림 9.8처럼 출력합니다.

그림 9.8 윈도우10에서 실행한 애플리케이션

지금까지 애플리케이션 메뉴를 만드는 방법에 대해서 알아보았습니다. 그럼 어떻게 해야 한 번에 여러 운영체제를 대상으로 애플리케이션을 만들 수 있을까요?

5. 운영체제에 따라 메뉴 생성하기

macOS과 윈도우/리눅스에서 애플리케이션 메뉴를 만드는 방법을 알았습니다. 이제 운영체제를 구분하고, 애플리케이션 메뉴를 각각 생성해 봅시다. 예를 들어 macOS 방법으로 메뉴를 생성하는 **loadMenuForMacOS**라는 함수와 윈도우/리눅스 방법으로 메뉴를 생성하는 **loadMenuForWindowsAndLinux**라는 함수가 있다고 합시다. 이때 Node.js의 os API를 사용하면 다음과 같이 운영체제에 따라 실행할 함수를 선택할 수 있습니다.

```
const os = require('os');

function loadMenuForWindowsAndLinux () {}
function loadMenuForMacOS () {}

if (os.platform() === 'darwin') {
  loadMenuForMacOS();
} else {
  loadMenuForWindowsAndLinux();
}
```

운영체제의 플랫폼 이름이 'darwin'(macOS의 기술적인 이름)인지 확인하고, 실행할 함수를 선택했습니다. 이렇게 하면 하나의 코드를 사용해 운영체제에 맞는 메뉴를 생성할 수 있습니다. 조금 귀찮다고 생각할 수 있는 코드인데요. 빠른 시일 내에 프레임워크가 변경되면 좋겠습니다. 하지만 일단 지금은 이렇게 해야 합니다.

9-2 | 콘텍스트 메뉴

애플리케이션 화면 내부에 있는 콘텐츠와 상호작용할 때는 콘텍스트 메뉴라는 기능을 사용해 콘텐츠에 대한 여러 가지 작업을 할 수 있습니다. 예를 들어 일반적인 텍스트 에디터에서 텍스트를 선택한 뒤 마우스 오른쪽 버튼을 클릭하면 잘라내기, 복사, 글꼴 등의 메뉴가 나옵니다.

그림 9.9 콘텍스트 메뉴의 예

NW.js와 일렉트론의 메뉴 API도 이와 같은 콘텍스트 메뉴를 만들 수 있습니다.

1. NW.js로 콘텍스트 메뉴 만들기

두 프레임워크 내부에서 API를 어떻게 사용하는지 확인할 수 있게, Cirrus라는 이름의 간단한 WYSIWYG 에디터를 만들었습니다(그림 9.10). Cirrus는 에디터 화면에서 문서를 작성할 수 있으며, 이를 HTML로 변환해 줍니다. 이번 절에서는 Cirrus라는 에디터의 내용에 마우스 오른쪽 버튼을 클릭했을 때 콘텍스트 메뉴를 출력하는 기능을 구현하겠습니다. 그럼 일단 NW.js를 사용한 예제를 먼저 살펴보고, 이어서 일렉트론을 사용한 예제를 살펴보겠습니다.

그림 9.10 간단한 WYSIWYG HTML 에디터 Cirrus

책의 내용을 진행할 수 있게 책과 함께 제공되는 GitHub 리포지터리에서 Cirrus NW.js 애플리케이션을 내려받아 주세요. 그럼 콘텍스트 메뉴를 사용해서 멀티미디어 콘텐츠(이미지 또는 비디오)를 넣을 수 있게 해보겠습니다.

그림 9.11 우리가 만들 콘텍스트 메뉴의 와이어 프레임

대충 다음과 같은 내용을 구현할 것입니다.

1. 이미지를 삽입하는 메뉴와 비디오를 삽입하는 메뉴 두 개를 생성합니다.

2. Design 탭에서 화면 내부의 콘텐츠에 마우스 오른쪽 버튼을 클릭하면, 메뉴가 출력되게 합니다.

3. 이미지를 삽입하는 함수와 비디오를 삽입하는 함수를 두 개 생성합니다.

4. 마우스 커서의 위치를 찾고, 해당 위치에 이미지와 비디오를 삽입할 수 있게 구현합니다.

cirrus 폴더 내부에 designMenu.js라는 파일을 생성합니다. 이 파일에서 그림 9.11의 콘텍스트 메뉴와 관련된 기능을 구현하도록 하겠습니다. 그리고 index.html 파일과 app.js 파일에서 이러한 기능을 호출하겠습니다.

degisnMenu.js 파일에 다음과 같은 코드를 추가하도록 합시다.

코드 9.8　이미지/비디오 삽입 콘텍스트 메뉴 만들기(1)

```
'use strict';

let x;
let y;        ◀── 컨텍스트 메뉴가 클릭된 위치를 저장할 변수입니다.
let document;

function insertContent (content) {   ◀── 컨텍스트 메뉴 위치에 텍스트 콘텐츠를 삽입하는 함수입니다.
  const range = document.caretRangeFromPoint(x, y);
  if (range) {
    range.insertNode(content);
  }
}
```

이렇게 하면 콘텍스트 메뉴가 클릭된 곳을 추적한 뒤, 해당 위치에 콘텐츠를 추가할 수 있습니다. 이어서 다음과 같은 코드를 작성합니다.

코드 9.9　이미지/비디오 삽입 콘텍스트 메뉴 만들기(2)

```
function openImageFileDialog (cb) {   ◀── 파일 열기 대화 상자를 실행한 뒤 이미지 파일의
  const inputField = document.querySelector('#imageFileSelector');        경로를 선택할 수 있게 하는 함수입니다.
```

```
    inputField.addEventListener('change', () => {
      const filePath = inputField.value; *
      cb(filePath);
    });
    inputField.click();
  }

  function insertImage () {  ◀──────  대화 상자에서 이미지를 선택하면, image 요소를 생성한
    openImageFileDialog((filePath) => {      뒤 HTML 페이지 내부에 삽입하는 함수입니다.
      if (filePath !== '') {
        const newImageNode = document.createElement('img');
        newImageNode.src = filePath;
        insertContent(newImageNode);
      }
    });
  }
```

---

* 역주: 책과 함께 제공되는 GitHub 리포지터리를 보면 const filePath = this.value라고 되어 있는데요. inputField. value로 변경해야 합니다. 화살표 함수를 잘못 사용해서 발생하는 문제입니다.

이러한 코드를 사용하면 마우스 오른쪽 버튼을 클릭한 위치에 이미지를 삽입할 수 있습니다. 이어서 다음과 같은 코드를 작성합니다.

코드 9.10   이미지/비디오 삽입 콘텍스트 메뉴 만들기(3)

```
function parseYoutubeVideo (youtubeURL) {  ◀──  youTube 비디오 URL을 분석해서
  if (youtubeURL.indexOf('youtube.com/watch?v=') > -1) {       비디오의 ID를 추출하는 함수입니다.
    return youtubeURL.split('watch?v=')[1];
  } else if (youtubeURL.match('https://youtu.be/') !== null) {
    return youtubeURL.split('https://youtu.be/')[1];
  } else if (youtubeURL.match('<iframe') !== null) {
    return youtubeURL.split('youtube.com/embed/')[1].split('"')[0];
  } else {
    alert('Unable to find a YouTube video id in the url');
    return false;
  }
```

```
  }

function insertVideo () {          ◄──── 사용자에게 동영상의 튜브 URL을 묻고, 이를
  const youtubeURL = prompt('Please insert a YouTube url');   기반으로 비디오를 삽입하는 함수입니다.
  if (youtubeURL) {
    const videoId = parseYoutubeVideo(youtubeURL);

    if (videoId) {  ◄──────── iframe 요소를 생성한 뒤 HTML 페이지 내부에 삽입합니다.
      const newIframeNode = document.createElement('iframe');
      newIframeNode.width = 854;
      newIframeNode.height = 480;
      newIframeNode.src = 'https://www.youtube.com/embed/${videoId}';
      newIframeNode.frameborder = 0;
      newIframeNode.allowfullscreen = true;
      insertContent(newIframeNode);
    }
  }
}
```

이러한 함수를 사용하면 HTML 페이지에 유튜브 비디오를 삽입할 수 있습니다. 그럼 이제 콘
텍스트 메뉴를 생성하고, 지금까지 만들었던 함수들을 호출하게 만들어봅시다.

코드 9.11   이미지/비디오 삽입 콘텍스트 메뉴 만들기(4)

```
function initialize (window, gui) {  ◄──── NW.js의 window 객체와 GUI 라이브러리를 매개변수로
  if (!document) document = window.document;   전달하면, 여러 가지를 초기화 해주는 함수입니다.
  const menu = new gui.Menu();  ◄──── NW.js의 GUI 라이브러리를 사용해서 컨텍스트 메뉴를 생성합니다.

  menu.append(
    new gui.MenuItem({
      label: 'Insert image',
      click: insertImage
    })
  );  ◄──── 이미지를 삽입하는 메뉴를 추가합니다.
  menu.append(
    new gui.MenuItem({
      label: 'Insert video',
```

```
      click: insertVideo
    })
);    ←——— 동영상을 삽입하는 메뉴를 추가합니다.

document.querySelector('#designArea')  ←——— 애플리케이션의 Design 탭 내부의 영역을
  .addEventListener('contextmenu', (event) => {       마우스 오른쪽 클릭할 때 컨텍스트 메뉴를
    event.preventDefault();                            출력합니다.
    x = event.x;
    y = event.y;
    menu.popup(event.x, event.y);
    return false;
  });
}

module.exports = initialize;  ←——— 모듈을 외부에 공개합니다.
```

이어서 index.html 파일에 다음과 같은 굵은 글씨 부분을 추가합니다.

```
</head>
  <body>
    <input type="file" accept="image/*" id="imageFileSelector" class="hidden"/>
```

마지막으로 app.js 파일에서 designMenu.js 모듈을 읽어 들이게 합니다.

```
const designMenu = require('./designMenu');
```

그리고 app.js 파일에서 읽어 들인 모듈을 호출하게 합니다.

```
designMenu(window, gui);
```

이렇게 수정된 코드는 GitHub 리포지터리의 "addContextMenu"라는 브랜치에서 확인할 수 있습니다. 어쨌거나 애플리케이션을 실행한 뒤 Degisn 탭에서 콘텐츠를 수정해 보세요. 그리고 적당한 위치에 마우스 오른쪽 버튼을 클릭하면, 그림 9.12처럼 콘텍스트 메뉴를 볼 수 있습니다.

그림 9.12 Cirrus WYSWIG HTML 에디터에 만든 콘텍스트 메뉴

"Insert Image"라는 메뉴를 클릭하면 파일 대화 상자가 뜹니다. 적당한 이미지 파일을 선택하면, 이미지가 삽입됩니다. 그리고 "Insert Video"라는 메뉴를 클릭하면 유튜브 URL을 물어보는 프롬프트가 나옵니다. 적당한 동영상의 URL을 입력하면, 동영상이 삽입됩니다.

2. NW.js에서 콘텍스트 메뉴를 만드는 방법 다시 살펴보기

콘텍스트 메뉴를 만드는 방법은 애플리케이션 메뉴를 만드는 방법과 거의 비슷합니다. 다만 메뉴를 생성할 때 별도의 매개변수를 넣지 않아도 됩니다.

```
const menu = new gui.Menu();
```

이처럼 메뉴 객체를 초기화하면, 다음과 같은 방법으로 메뉴 아이템을 추가합니다.

```
menu.append(
  new gui.MenuItem({
    label: 'Insert image',
    click: insertImage
  })
);
menu.append(
  new gui.MenuItem({
    label: 'Insert video',
    click: insertVideo
```

```
    })
  );
```

이렇게 코드를 작성하면, 콘텍스트 메뉴 아이템을 클릭했을 때 `insertImage` 또는 `insertVideo` 함수를 호출할 수 있습니다. 현재 단계에서는 어떻게 콘텍스트 메뉴가 작동하는 지는 무시하도록 합시다. 일단 사용자가 마우스 오른쪽 버튼을 클릭을 했을 때 어떻게 콘텍스 트 메뉴를 출력할 수 있는지에 집중하겠습니다.

NW.js의 API는 메뉴 객체 인스턴스에 **popup**이라는 메서드가 있습니다. 이 메서드는 매개변수 로 x, y 좌표를 전달하며, 해당 위치에 콘텍스트 메뉴를 출력해 줍니다.

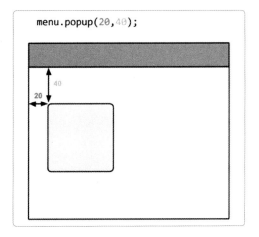

그림 9.13 menu.popup 함수를 사용하면 콘텍스트 메뉴의 위치를 정해 출력할 수 있습니다

마우스 오른쪽 버튼을 클릭을 했을 때 좌표를 알아야 적절한 위치에 콘텍스트 메뉴를 출력할 것입니다. 이때 다음과 같은 코드를 사용합니다.

```
document.querySelector('#designArea')
  .addEventListener('contextmenu', (event) => {
    event.preventDefault();
    menu.popup(event.x, event.y);
    return false;
  });
```

design 탭 내부에 있는 영역에 마우스 오른쪽 버튼 클릭과 관련된 이벤트를 연결했습니다. 이때 이벤트의 이름은 **contextmenu**입니다. 그리고 이 이벤트가 발생하면, 기본 이벤트를 제거하고 마우스 오른쪽 버튼을 클릭한 좌표에 콘텍스트 메뉴를 출력하게 했습니다.

3. 메뉴에 아이콘 붙이기

지금까지 만들었던 Cirrus 애플리케이션의 콘텍스트 메뉴는 메뉴들이 비슷한 이름을 가지고 있어서 구분하기가 쉽지 않습니다. 따라서 이를 쉽게 구분할 수 있게 아이콘을 붙이도록 하겠습니다.

메뉴 아이템에 아이콘을 추가할 때는 다음과 같은 코드를 사용합니다.

```
menu.append(
  new gui.MenuItem({
    icon: 'picture.png',
    label: 'Insert image',
    click: insertImage
  })
);
menu.append(
  new gui.MenuItem({
    icon: 'youtube.png',
    label: 'Insert video',
    click: insertVideo
  })
);
```

MenuItem의 옵션에 **icon** 속성을 추가했습니다. 이때 아이콘은 Font Awesome 라이브러리를 기반으로 만든 아이콘의 PNG 파일입니다(아이콘은 책과 함께 제공되는 GitHub 리포지터리에 있습니다).

애플리케이션을 다시 실행한 뒤, Design 탭의 콘텐츠 위를 마우스 오른쪽 버튼으로 클릭해 보세요. **그림 9.14**처럼 콘텍스트 메뉴가 나오는 것을 볼 수 있습니다.

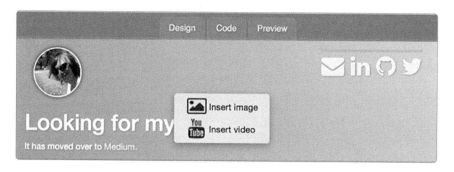

그림 9.14 아이콘이 붙어있는 콘텍스트 메뉴

지금까지 WYSIWYG 애플리케이션에 이미지와 비디오를 추가하는 콘텍스트 메뉴를 만들어 보았습니다. 이제 일렉트론에서는 어떻게 이러한 처리를 할 수 있는지 알아보도록 하겠습니다.

4. 일렉트론으로 콘텍스트 메뉴 만들기

일단 책과 함께 제공되는 GitHub 리포지터리에서 Cirrus 일렉트론 애플리케이션을 내려받기 해 주세요. 이 애플리케이션에 이전과 마찬가지로 콘텍스트 메뉴를 구현해 보며, 콘텍스트 메뉴의 사용 방법을 알아보겠습니다.

애플리케이션 내부에 이미지와 비디오를 삽입하는 콘텍스트 메뉴를 추가할 것입니다. 그전에 일단 애플리케이션 메뉴 위치를 살펴봅시다. 애플리케이션 메뉴에는 파일을 열고, 저장하는 메뉴가 있습니다. 파일을 열고 저장할 때는 사용자의 컴퓨터에 있는 데이터를 읽어 들이고 써야 합니다. 애플리케이션 메뉴는 사용자 UI와 관련된 내용이므로 렌더러 프로세스에서 처리 하지만, 파일을 읽고 저장하는 부분은 메인 프로세스에서 처리해야 합니다. 따라서 일렉트론의 IPC(inter process communication) API를 사용해서 프런트엔드와 백엔드가 파일의 경로와 파일의 저장 상태 등을 주고받아야 합니다.

GitHub에서 애플리케이션을 내려받기했다면, cirrus-electron 폴더 내부에 있는 app.js 파일을 살펴봅시다. app.js 파일의 윗부분을 보면 다음과 같이 모듈을 읽어 들이는 부분이 있습니다.

코드 9.12 Cirrus 일렉트론 애플리케이션의 프런트엔드 코드 중 모듈을 읽어 들이는 부분

```
const electron       = require('electron');
const Menu           = electron.remote.Menu;        ← remote API를 사용해서 렌더러 프로세스에
                                                       서 menu API를 읽어 들입니다.
const MenuItem       = electron.remote.MenuItem;+
const ipc            = electron.ipcRenderer;        ← ipcRenderer API를 사용해 메인
                                                       프로세스로 데이터를 전달할 것입니다.
const dialog         = electron.remote.dialog;
const designMenu     = require('./designMenu');     ← remote API를 사용해서 대화 상자 API를 읽어 들입니다.
let currentFile;                                      이를 활용해서 파일 열기 대화 상자 등을 출력할 것입니다.
let content;
let tabWas;
let done;
```

메인 프로세스에서 API를 사용하고 싶다면, 일렉트론의 remote API를 사용합니다. 추가로 현재 예제에서는 파일 읽기와 파일 저장하기 기능을 구현할 것이므로, 메뉴 API와 대화 상자 API를 함께 읽어 들였습니다.

지금부터 **그림 9.15**와 같은 통신을 구현할 것입니다. 렌더러 프로세스(프런트엔드)와 메인 프로세스(백엔드) 사이에서 일어나는 IPC 이벤트의 흐름을 그린 그림인데요. 이를 활용해서 index.html 파일에서 파일 열기 대화 상자 또는 파일 저장 대화 상자를 선택했을 때, 콘텐츠를 화면에 출력하거나 저장하는 기능을 구현하겠습니다.

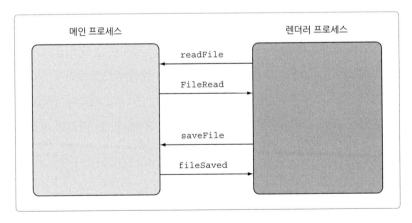

그림 9.15 파일을 읽고 저장할 때 발생하는 IPC 이벤트

어떤 형태로 작동하는지 확인할 수 있게 app.js 파일의 26번째 줄을 확인해 봅시다. 이 코드는 파일을 열고, 파일 목록을 ipc.send( ) 메서드로 메인 프로세스로 전달합니다.

코드 9.13   Cirrus 일렉트론 애플리케이션에서 UI를 통해 파일을 여는 코드

```
function openFile (cb) {
  dialog.showOpenDialog((files) => {   ◀──── 대화 상자 API를 사용해서 파일을 열 수 있게 합니다.
    ipc.send('readFile', files);   ◀──── 파일 목록을 메인 프로세스에 전달합니다.
    if (files) currentFile = files[0];
    if (cb && typeof cb === 'function') cb();
  });
}
```

메인 프로세스는 main.js 파일이므로, main.js 파일의 내용을 살펴보도록 합시다.

코드 9.14   Cirrus 일렉트론 애플리케이션에서 백으로 전달된 경로의 파일을 여는 코드

```
'use strict';

const electron = require('electron');
const fs = require('fs');
const app = electron.app;
const BrowserWindow = electron.BrowserWindow;
const ipc = electron.ipcMain;   ◀──── 메인프로세스에서 일렉트론의 IPC API를 읽어 들입니다.
let mainWindow = null;

app.on('window-all-closed', () => {
  if (process.platform !== 'darwin') app.quit();
});

app.on('ready', () => {
  mainWindow = new BrowserWindow();
  mainWindow.loadURL('file://${__dirname}/index.html');
  mainWindow.on('closed', () => { mainWindow = null; });
});

function readFile (event, files) {   ◀──── 매개변수로 전달된 파일의 콘텐츠를 읽는 함수입니다.
```

```
    if (files) {
      const filePath = files[0];  ◄───── 파일 목록에서 파일을 하나 추출합니다.
      fs.readFile(filePath, 'utf8', (err, data) => {
        event.sender.send('fileRead', err, data);  ◄───── 파일의 내용을 읽으면, 렌더러 프로세스에
      });                                                   결과를 반환합니다.
    }
};

function saveFile (event, currentFile, content) {  ◄───── 파일을 저장하는 함수입니다.
  fs.writeFile(currentFile, content, (err) => {
    event.sender.send('fileSaved', err);  ◄───── 렌더러 프로세스에 결과를 반환합니다.
  });
}

ipc.on('readFile', readFile);  ◄───── IPC를 통해 전달되는 readFile, saveFile 이벤트를 감시합니다.
ipc.on('saveFile', saveFile);
```

이 코드는 IPC 모듈을 사용해 이벤트를 연결하고, 파일 시스템 API를 사용해서 파일 처리를
수행합니다. 이와 같은 방법으로 메인 프로세스(백엔드)와 렌더러 프로세스(프런트엔드)라는
분리된 자바스크립트 콘텍스트를 연결할 수 있습니다. 그럼 마지막으로 파일을 읽고 저장할 때
app.js 파일(프런트엔드)에서 어떠한 처리를 하는지 살펴봅시다.

app.js 파일에서는 마찬가지로 IPC 모듈을 사용해 파일을 읽는 "fileRead" 이벤트와 파일이 저
장되었을 때의 처리를 하는 "fileSaved" 이벤트를 연결합니다.

코드 9.15 **프런트엔드에서 fileRead와 fileSave 이벤트 관리하기**

```
ipc.on('fileRead', (event, err, data) => {  ◄───── fileRead 이벤트가 발생하면, 파일의 콘텐츠를 출력합니다.
  loadMenu(true);
  if (err) throw(err);
  if (!done) bindClickingOnTabs();
  hideSelectFileButton();
  setContent(data);
  showViewMode('design');
});
```

```
ipc.on('fileSaved', (event, err) => {
  if (err) return alert('There was an error saving the file');
  alert('File Saved');
});
```

파일 저장이 완료되면, 제대로 저장되었는지 또는 아닌지 출력합니다.

이러한 코드를 사용하면, 파일이 로드되었을 때 콘텐츠를 화면에 출력할 수 있으며, design 탭에서 화면을 마우스 오른쪽 버튼을 클릭했을 때 이미지와 비디오를 삽입할 수 있습니다.

지금까지 프런트엔드와 백엔드라는 분리된 자바스크립트 콘텍스트에서 서로 데이터를 주고받는 방법을 배웠습니다. IPC 모듈을 활용해 이벤트를 연결하는 방법이었는데요. 중요한 내용이므로 꼭 기억하기 바랍니다.

5. 일렉트론에서 콘텍스트 메뉴 추가하기

일렉트론에서 콘텍스트 메뉴를 사용하는 방법은 NW.js와 거의 같습니다. designMenu.js 파일에서 다음과 부분이 콘텍스트 메뉴를 생성하는 부분입니다.

```
function initialize () {
  const menu = new Menu();
  menu.append(new MenuItem({label: 'Insert image', click: insertImage }));
  menu.append(new MenuItem({label: 'Insert video', click: insertVideo }));
  document.querySelector('#designArea')
  .addEventListener('contextmenu', function (event) {
    event.preventDefault();
    x = event.x;
    y = event.y;
    menu.popup(event.x, event.y);
    return false;
  });
}
```

지금까지 메뉴를 만드는 방법에 대해서 살펴보았습니다. 일렉트론과 NW.js가 모두 비슷한 형태의 API를 제공하고 있다는 것을 알 수 있을 것입니다.

참고로 일렉트론은 사용자로부터 입력을 받을 때 사용하는 **prompt()** 함수를 지원하지 않습니다. Cheng Zhao는 **prompt()** 함수는 기능을 구현하는 데 너무 많은 작업이 들어가는 것에 반해, 거의 사용되지 않는 기능이라는 이유로 **prompt()** 함수를 구현하지 않았다고 말했습니다. 만약 **prompt()** 함수와 비슷한 것을 사용하고 싶다면 www.npmjs.com/package/dialogs 같은 서드파티 모듈을 활용하기 바랍니다.

정리

이번 장에서는 NW.js와 일렉트론을 사용해 애플리케이션 메뉴와 콘텍스트 메뉴를 만드는 방법에 대해 알아보았습니다.

- macOS와 윈도우/리눅스에서 메뉴를 만들 때는 조금 다른 방식을 사용합니다. 따라서 운영체제를 확인하고, 조건문으로 운영체제에 따라 분기하고 메뉴를 만들기 바랍니다.
- 콘텍스트 메뉴를 만들 때는 애플리케이션의 **contextmenu**라는 이벤트를 사용합니다.
- 일렉트론에서 애플리케이션 메뉴를 사용해 화면의 내용을 조작할 때는 IPC API를 활용해야 합니다.

윈도우와 리눅스는 각각의 화면이 메뉴를 가질 수도 있지만, macOS는 무조건적으로 화면 상단의 메뉴 바를 사용하게 되므로 각각의 화면이 메뉴를 가지게 할 수 없습니다. 따라서 이러한 것을 고려해서 애플리케이션을 만들어야 합니다.

다음 장에서는 드래그&드롭 기능을 구현해 보고, 애플리케이션의 인터페이스를 사용자가 사용하는 운영체제와 비슷하게 출력하는 방법을 알아보도록 하겠습니다.

드래그&드롭과 네이티브 인터페이스

학습 목표

☑ 드래그&드롭을 구현하는 방법에 대해 알아봅니다

☑ 사용자 운영체제의 네이티브 룩 앤드 필(look and feel)을 모방하는 방법을 알아봅니다

애플리케이션의 UI는 사용자들이 사용할 때 시각적으로 처음 접하게 되는 부분이므로 굉장히 중요한 요소입니다. 사람들은 UI를 보고 애플리케이션의 사용 여부를 결정하기도 합니다. 하지만 UI가 전부는 아닙니다. 사용자가 실질적으로 애플리케이션을 사용할 때는 UX(사용자 경험)도 중요합니다.

20세기의 컴퓨터 사용자들에게 드래그&드롭이 처음 공개되었을 때, 사람들은 그 경험에 매료되었습니다. 현재 드래그&드롭은 스마트폰과 태블릿 같은 모바일 장치에서도 사용할 수 있는 범용적인 기능으로 자리 잡고 있습니다. 따라서 이번 절에서 UX를 모방하는 방법으로 드래그&드롭 기능을 살펴보도록 하겠습니다.

그리고 운영체제가 가지고 있는 네이티브 UI의 룩 앤드 필을 모방하는 방법에 대해서 살펴보겠습니다.

10-1 | 애플리케이션에 파일 드래그&드롭하기

대부분의 컴퓨터 사용자들은 탐색기라는 프로그램에 익숙합니다. 탐색기의 가장 대표적인 사용자 경험이 바로 드래그&드롭이라고 할 수 있습니다. 그리고 최근 몇 년 동안 웹 브라우저의 파일 API가 발전하면서, 웹에서도 파일을 업로드할 때 드래그&드롭을 사용하는 것이 일반화되었습니다.

파일을 업로드한 뒤, 다른 형식으로 변환하는 애플리케이션에서도 많이 사용됩니다. 다음 예는 NW.js를 기반으로 만들어진 Gifrocket이라는 애플리케이션입니다. 이 애플리케이션은 비디오 파일을 드래그&드롭하면, GIF 파일을 생성해 줍니다.

그림 10.1 드래그&드롭을 기반으로 비디오를 GIF로 변환해 주는 Gifrocket 애플리케이션

1. NW.js 애플리케이션에 드래그&드롭 기능 구현하기

파일을 처리하는 애플리케이션을 만들 때 드래그&드롭 기능을 추가하고 싶다고 합시다. 어떻게 드래그&드롭 기능을 구현해야 할까요?

아이콘 생성기를 구현하면서 드래그&드롭에 대해 알아봅시다. 이번 절에서 만들 아이콘 생성기는 Iconic이라는 이름을 붙이겠습니다. Iconic 애플리케이션은 큰 크기의 이미지를 기반으로 macOS에서 사용할 수 있는 다양한 크기의 아이콘 이미지를 생성해 주는 애플리케이션입니다. NW.js와 일렉트론으로 구축할 것이므로 당연히 모든 운영체제에서 동작하는 크로스 플랫폼 데스크톱 애플리케이션입니다.

어쨌거나 일단 큰 이미지를 애플리케이션에서 읽어 들여야 합니다. 이때 드래그&드롭 기능을 사용하게 구현해 보겠습니다.

시간을 절약할 수 있게 코드를 미리 작성해 보았습니다. 책과 함께 제공되는 GitHub 리포지터리(http://mng.bz/jKmw)에서 iconic-nwjs를 내려받기해 주세요.

현재 단계에서 애플리케이션을 실행하면 그림 10.2와 같은 모습입니다.

그림 10.2 우리가 만들 Iconic 애플리케이션의 드래그&드롭 위치

애플리케이션은 이미 모두 완성되어 있는 상태입니다. 전체적인 코드 설명은 생략하고, 드래그&드롭과 관련된 부분을 조금 주의 깊게 보도록 하겠습니다.

일단 app.js 파일을 보면 다음과 같이 드래그&드롭 이벤트를 바인딩하는 부분이 있습니다.

```
function stopDefaultEvent (event) {
  event.preventDefault();
  return false;
}
```

```
window.ondragover = stopDefaultEvent;
window.ondrop = stopDefaultEvent;
```

웹 브라우저에 파일을 드래그&드롭했을 때 발생하는 디폴트 동작은 파일을 웹 브라우저에 출력하는 것입니다. 하지만 현재 우리가 만드는 예제는 그런 기능을 원하지 않으므로, **ondragover** 이벤트와 **ondrop** 이벤트의 디폴트 동작을 제거하는 것입니다.

이어서 파일을 화면에 드래그&드롭했을 때 img 요소를 구성해 화면에 출력하는 기능을 구현해 보겠습니다. 화면에 드래그&드롭하는 처리는 **interceptDroppedFile** 함수로, 화면에 출력하는 기능은 **displayImageInIconSet** 함수와 **displayIconset** 함수로 구현하겠습니다. 이 두 함수는 다음과 같이 구성되어 있습니다.

1. 화면에 드래그&드롭했을 때 실행되는 함수를 지정합니다.

2. 이벤트가 발생하면 초기 화면을 숨깁니다.

3. 아이콘을 여러 크기로 출력합니다.

그럼 **interceptDroppedFile** 함수를 살펴보도록 합시다.

```
function interceptDroppedFile () {
  const interceptArea = window.document.querySelector('#load-icon-holder');
  interceptArea.ondrop = function (event) {
    event.preventDefault();
    if (event.dataTransfer.files.length !== 1) {
      window.alert('you have dragged too many files into the app. Drag
        just 1 file');
    } else {
      interceptArea.style.display = 'none';
      displayIconsSet();
      const file = event.dataTransfer.files[0];
      displayImageInIconSet(file.path);
    }
    return false;
  };
}
```

이 함수는 일단 #load-icon-holder라는 div 요소를 추출합니다. 이 div 요소는 초기 애플리케이션 화면을 나타냅니다. 이어서 이 영역 내부에 드래그&드롭할 때 발생하는 **ondrop** 이벤트를 지정합니다.

이 함수 내부에서는 사용자가 파일을 몇 개 드래그&드롭했는지 확인하고, 하나일 때 기존의 #load-icon-holder라는 div 요소를 숨기고, `displayImageInIconSet` 함수와 `displayIconset` 함수를 호출합니다. 이 함수들은 다음과 같이 구성되어 있습니다.

```
function displayImageInIconSet (filePath) {
  var images = window.document.querySelectorAll('#icons img');
  for (var i=0;i<images.length;i++) {
    images[i].src = filePath;
  }
}

function displayIconsSet () {
  const iconsArea = window.document.querySelector('#icons');
  iconsArea.style.display = 'block';
}
```

초기 화면을 애플리케이션 너비와 높이에 맞춰 늘리고 싶을 때는, app.css 파일에 다음과 같이 입력합니다.

```
#load-icon-holder {
  padding-top: 10px;
  text-align: center;
  top: 0px;
  left: 0px;
  bottom: 0px;
  right: 0px;
  width: 100%;
}
```

모든 파일을 수정했다면 저장하고 애플리케이션을 실행합니다. 이어서 애플리케이션에 이미지 파일(images 폴더의 example.png 등)을 드래그&드롭해 보세요. 그림 10.3처럼 출력하는 모습을 볼 수 있습니다.

그림 10.3 Iconic 애플리케이션

기존의 애플리케이션에 드래그&드롭 기능을 추가하는 것이 얼마나 쉬운지 알 수 있겠죠? 애플리케이션을 만들 때 다양하게 활용할 수 있을 것입니다.

그럼 일렉트론은 어떠한 형태로 드래그&드롭을 구현할까요? 곧바로 살펴보도록 합시다.

2. 일렉트론에서 드래그&드롭 구현하기

책과 함께 제공되는 GitHub 리포지터리에서 iconic-electron 애플리케이션을 살펴봅시다. NW.js 버전의 애플리케이션과 app.js 파일과 index.html 파일이 거의 같습니다. 다른 부분은 애플리케이션을 실행할 때 사용하는 main.js 파일뿐이라고 할 수 있습니다. NW.js와 일렉트론은 동일한 HTML5 파일 API를 사용하므로, 쉽게 코드를 재사용할 수 있는 것입니다.

어쨌거나 윈도우10에서 일렉트론 애플리케이션을 실행하면, 다음과 같은 모습을 볼 수 있습니다.

그림 10.4 윈도우10에서 실행한 Iconic 일렉트론 애플리케이션

지금까지 데스크톱 애플리케이션에 드래그&드롭 기능을 구현해 보았습니다. 이어지는 절에서는 사용자 운영체제의 룩 앤드 필을 모방하는 방법에 대해서 알아보겠습니다.

일렉트론과 NW.js처럼 크로스 플랫폼 데스크톱 애플리케이션 프레임워크를 사용할 때는 개발자들이 "어떻게 운영체제와 비슷한 느낌의 UI 요소를 사용할 수 있을까?"라는 고민을 하게 됩니다.

이를 구현하려면 사용자의 운영체제와 버전을 확인할 수 있어야 합니다. 그런 이후에 운영체제에 맞게 애플리케이션에 스타일 시트를 적용합니다.

1. 사용자의 운영체제 확인하기

만약 운영체제에 따라 다른 스타일의 UI를 출력하고 싶다면, 일단 실행되고 있는 운영체제를 감지할 수 있어야 합니다. 이때 Node.js의 운영체제 API를 사용합니다. 다음과 같은 코드를 사용하면, 사용자가 사용하고 있는 플랫폼을 구별해서 출력할 수 있습니다.

코드 10.1   **자바스크립트로 사용자의 운영체제 확인하기**

```
'use strict';

const os           = require('os');
const platform     = os.platform();

switch (platform) {
  case 'darwin':
    console.log('Running Mac OS');
    break;
  case 'linux':
    console.log('Running Linux');
    break;
  case 'win32':
```

```
    console.log('Running Windows');
    break;
  default:
    console.log('Could not detect OS for platform',platform);
}
```

만약 이 코드를 Node.js의 REPL 등에 붙여 넣고 실행해 보면, 운영체제에 따라 메시지를 출력하는 모습을 볼 수 있을 것입니다(필자의 노트북은 macOS라 "Running Mac OS"를 출력합니다).

2. NW.js에서 사용자의 운영체제 확인하기

만약 NW.js를 사용한다면, 코드 10.1의 자바스크립트 코드를 활용해서 운영체제에 따라 스타일을 다르게 적용할 수 있습니다. 만약 윈도우, Mac, 리눅스에서 각각 사용할 스타일 시트를 따로 정의했다고 합시다. 이때 다음과 같은 코드를 사용하면, 운영체제에 맞게 스타일 시트를 읽어 들일 수 있을 것입니다.

코드 10.2   운영체제에 따라 다른 디자인 적용하기

```
'use strict';

const os              = require('os');
const platform        = os.platform();

function addStylesheet (stylesheet) {
  const head = document.getElementsByTagName('head')[0];
  const link = document.createElement('link');
  link.setAttribute('rel','stylesheet');
  link.setAttribute('href',stylesheet+'.css');
  head.appendChild(link);
}

switch (platform) {
  case 'darwin':
    addStylesheet('mac');
```

```
      break;
    case 'linux':
      addStylesheet('linux');
      break;
    case win32:
      addStylesheet('windows');
      break;
    default:
      console.log('Could not detect OS for platform',platform);
  }
```

코드 10.1을 아주 조금 수정한 코드입니다. **addStylesheet**라는 이름의 함수를 추가했는데요. 이 함수는 **link** 태그를 **head** 요소의 innerHTML에 추가하는 코드입니다. 그리고 **link** 태그는 운영체제에 따라 다른 이름의 스타일 시트를 읽어 들이게 했습니다.

현재 예제의 코드를 사용하면 대부분의 애플리케이션에서 문제없이 사용자의 운영체제를 구분할 수 있을 것입니다. 그런데 만약 특정 운영체제의 추가적인 버전을 구분해야 하는 경우가 있다면(예를 들어 윈도우의 버전이라던지 등), **os.release()**를 사용합니다. 다만 **os.release()**는 기술적인 버전을 의미하며, 실제 제품의 버전과 다를 수 있습니다. 따라서 각각의 운영체제에서 어떻게 출력되는지는 따로 확인해서 사용하기 바랍니다.

예를 들어 Mac 운영체제 Mavericks는 운영체제의 리포트를 보면 10.10.3이라고 되어 있지만, **os.release()**를 사용했을 때 14.3.0을 반환합니다.

3. 일렉트론에서 사용자의 운영체제 확인하기

일렉트론은 메인 프로세스와 렌더러 프로세스가 별도의 Node.js 콘텍스트를 갖습니다. 그래도 app.js 파일에서 Node.js 모듈을 호출할 수 있으므로, 운영체제 API를 활용해서 사용자의 운영체제를 확인하면 됩니다. 책과 함께 제공되는 GitHub 리포지터리에 "사용자의 운영체제를 확인하는 일렉트론 애플리케이션"이 있는데요. 이 애플리케이션의 app.js를 확인하면 다음과 같습니다.

```js
'use strict';

function addStylesheet (stylesheet) {
  const head = document.getElementsByTagName('head')[0];
  const link = document.createElement('link');
  link.setAttribute('rel','stylesheet');
  link.setAttribute('href',stylesheet+'.css');
  head.appendChild(link);
}

function labelOS (osName) {
  document.getElementById('os-label').innerText = osName;
}

function initialize () {
  const os              = require('os');
  const platform         = os.platform();

  switch (platform) {
    case 'darwin':
      addStylesheet('mac');
      labelOS('Mac OS');
      break;
    case 'linux':
      addStylesheet('linux');
      labelOS('Linux');
      break;
    case 'win32':
      addStylesheet('windows');
      labelOS('Microsoft Windows');
      break;
    default:
      console.log('Could not detect OS for platform',platform);
  }
}

window.onload = initialize;
```

app.js 파일의 코드는 NW.js 때와 거의 비슷합니다. 어쨌거나 이와 같은 방법을 사용하면, 렌더러 프로세스에서도 사용자의 운영체제를 확인할 수 있습니다.

그럼 사용자의 운영체제의 룩 앤드 필을 재현할 때 활용할 수 있는 CSS 라이브러리를 몇 가지 살펴봅시다.

4. 운영체제 스타일을 가진 CSS 라이브러리

데스크톱 애플리케이션의 룩 앤드 필을 사용자의 운영체제에 맞게 만들면, 네이티브 데스크톱 애플리케이션과 같은 느낌을 낼 수 있습니다. 따라서 스타일 시트를 사용해서 애플리케이션의 외관을 사용자의 운영체제에 맞게 입히는 것이 좋습니다.

이전 절에서 살펴보았던 것처럼 사용자의 운영체제와 버전을 확인하고, 운영체제의 룩 앤드 필을 가진 스타일 시트를 적용하면 되는데요. 스타일 시트를 직접 하나하나 구현하는 것은 어려울 수 있습니다. 따라서 몇 가지 CSS 라이브러리를 소개하도록 하겠습니다.

Metro UI

윈도우8과 서피스 태블릿이 처음 소개될 때, Metro라는 이름의 마이크로소프트는 타일 기반 디자인을 함께 발표했습니다. 이로 인해 기존의 윈도우 애플리케이션의 UI 모양뿐만 아니라, 전체적인 레이아웃 설계가 함께 바뀌게 되었습니다.

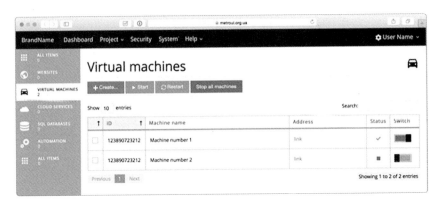

그림 10.5 웹 애플리케이션에서 Metro UI를 재현할 수 있는 Metro UI CSS 프레임워크

우크라이나 키예프의 Sergey Pimenov라는 개발자가 Metro UI CSS(https://metroui.org.ua)라는 CSS 프레임워크를 만들었는데요. 이를 활용하면 손쉽게 **그림 10.5**와 같은 Metro 스타일의 HTML 기반 애플리케이션을 만들 수 있습니다.

macOS Lion CSS UI Kit

시각 디자이너 Ville V. Vanninen가 만든 Lion CSS UI Kit(http://sakamies.github.io/Lion-CSS-UI-Kit/)를 사용하면, 네이티브 macOS의 느낌을 재현할 수 있습니다. UI Kit라는 이름 때문에 포토샵, 일러스트레이터, 스케치 등의 프로그램을 떠올릴 수 있는데요. 그런 것이 아니라 웹 브라우저에서 시각적인 디자인을 적용하기 위한 CSS 프레임워크입니다.

이를 활용하면 HTML, CSS, 자바스크립트를 사용하는 데스크톱 애플리케이션의 UI를 macOS처럼 구성할 수 있습니다. 그런데 참고로 현재 macOS는 룩 앤드 필이 macOS Lion 때와 다릅니다. 따라서 차이점이 있다는 것을 염두하고 사용하기 바랍니다(그림 10.6).

리눅스

아쉽게 리눅스를 위한 CSS Kit는 따로 찾을 수 없었습니다. 사실 리눅스는 수많은 배포판을 가지고 있으므로, 운영체제의 스타일에 완전히 맞추려고 하는 것은 것의 불가능에 가깝습니다. Chromium은 GTK를 UI 툴키트로 기본 적용하므로, 사용자가 선택한 테마가 어느 정도 브라우저의 기본 요소에 적용되기는 합니다. 따라서 리눅스에서는 이런 기본 스타일을 활용해서 디자인을 구현하는 것도 나쁘지 않습니다.

참고로 이러한 것들은 모두 CSS만 제공하는 CSS 프레임워크입니다. 만약 자바스크립트 라이브러리와 함께 통합되어 있는 UI 프레임워크를 찾아보면, 훨씬 많은 선택지를 찾을 수 있을 것입니다.

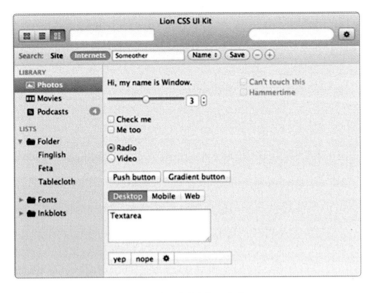

그림 10.6 Lion UI CSS Kit로 만든 애플리케이션 UI의 예

Photon

Photon(http://photonkit.com)은 네이티브 macOS 스타일의 애플리케이션과 같은 UI를 만들 수 있게 해주는 UI 프레임워크입니다. Photon은 **그림 10.7**처럼 직관적으로 쉽게 이해할 수 있 는 UI를 만들 때 사용할 수 있는 리스트 컴포넌트 등을 제공해 줍니다.

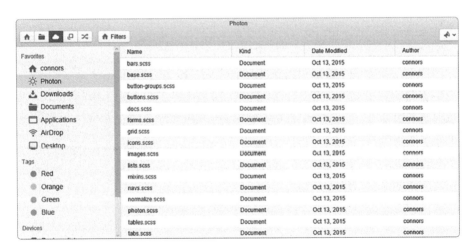

그림 10.7 Photon으로 만든 애플리케이션 UI의 예

만약 프런트엔드 자바스크립트 프레임워크로 React를 사용하고 있다면, React와 Photon이 결합되어 있는 React-Photon Kit(https://github.com/react-photonkit/react-photonkit)를 사용하는 것도 추천합니다.

React Desktop

React Desktop(http://reactdesktop.js.org)은 React를 기반으로 만들어진 또 다른 UI 라이브러리입니다. 이를 활용하면 macOS와 윈도우10에 어느 정도 적합한 UI를 구성할 수 있습니다. React Desktop을 활용하면 그림 10.8과 같은 디자인이 구성됩니다.

그림 10.8 윈도우10에서 실행한 React Desktop 데모

정리

이번 장에서는 NW.js와 일렉트론을 사용해 드래그&드롭을 처리하는 방법과 GUI API를 활용하는 방법에 대해 배웠습니다. 추가로 운영체제에 맞는 스타일을 적용하는 방법도 간단하게 살펴보았습니다. 짚고 넘어가야 하는 내용을 정리해 보면 다음과 같습니다.

- Node.js 데스크톱 애플리케이션에서 드래그&드롭을 구현할 때는, HTML5의 기능을 활용하면 됩니다.

- 사용자가 여러 개의 파일을 드래그&드롭할 수도 있습니다. 따라서 한 번에 하나의 파일만 처리하는 애플리케이션을 만들 때는 별도의 처리를 해야 하므로 주의하기 바랍니다.

- 애플리케이션 메뉴와 트레이를 제외하고, 일렉트론과 NW.js는 어떠한 기본 UI도 제공하지 않습니다. 따라서 사용자의 운영체제와 같은 룩 앤드 필의 애플리케이션을 만들려면, 사용자 운영체제를 확인하고 CSS UI Kit 등을 활용해야 합니다.

■ 사용자의 운영체제를 확인할 때 `os.release()`로 반환되는 버전 번호가 실제 제품의 버전 번호와 다를 수 있습니다.

다음 장에서는 조금 더 운영체제와 상호작용하는 애플리케이션을 만들어보겠습니다. 바로 사용자의 웹캠에 접근해서 비디오와 이미지를 출력하는 애플리케이션입니다. macOS를 사용하고 있다면, macOS의 Photo Booth 같은 애플리케이션이라고 생각하면 됩니다.

웹캠 활용하기

학습 목표

☑ 웹캠에 접근하는 방법을 알아봅니다

☑ 라이브 비디오를 캡처해서 이미지로 만드는 방법을 알아봅니다

☑ 이미지를 컴퓨터에 저장하는 방법을 살펴봅니다

과거에는 컴퓨터로 사진을 찍으려면, 웹캠이라는 장치를 따로 구매해서 설치하고 사용해야 했습니다. 하지만 오늘날 대부분의 노트북에는 웹캠과 마이크가 내장되어 있습니다. 그래서 인터넷만 연결되어 있다면, 외부에서 다른 사람과 화상 통화 등을 할 수 있습니다. 불과 몇 년 전만에도 웹 브라우저에서 웹캠을 사용하려면 플래시 같은 별도의 플러그인을 사용해야 했습니다.

하지만 이제 HTML5에 미디어 캡처 API라는 기능이 추가되면서, 별도의 플러그인을 사용하지 않아도 웹캠에 접근할 수 있게 되었습니다. 이번 장에서는 HTML5 미디어 캡처 API에 대해서 살펴보도록 하겠습니다. 일단 API의 기본적인 사용 방법을 알아보고, macOS에 있는 Photo Booth 같은 애플리케이션을 만들어봅시다.

11-1 | HTML5 미디어 캡처 API로 사진 찍기

일렉트론과 NW.js로 웹캠에 접근할 때는 구글 크롬이 내장하고 있는 HTML5 API를 사용하면 됩니다. HTML5에서 추가된 미디어 캡처 API를 사용하면, 쉽게 마이크와 비디오카메라에 접근할 수 있습니다.

전 세계적으로 셀피 애플리케이션이 많은 인기를 얻고 있습니다. 스냅챗은 2017년 2월에 IPO를 통해 220억 달러의 가치를 냈습니다. 셀피 애플리케이션을 만들고, 사람들이 셀피 애플리케이션을 사용하고, 사진을 공유하고, 더 많은 사람이 셀피 애플리케이션을 사용하면서 수 백억 달러의 창업이 된 것입니다. 셀피 애플리케이션이 그렇게 많은 돈이 될지 누가 알았을까요?

이번 장에서 우리도 Facebomb이라는 셀피 애플리케이션을 만들어봅시다. Facebomb 애플리케이션은 애플리케이션을 실행하고, 사진을 찍으면 사진이 저장되는 매우 간단한 애플리케이션입니다. 인생은 짧으니 곧바로 애플리케이션을 만들어보도록 합시다.

책과 함께 제공되는 GitHub 리포지터리를 보면 facebomb-nwjs(http://mng.bz/TX1k)와 facebomb-electron(http://mng.bz/dST8)이라는 폴더가 있습니다. 각각 NW.js와 일렉트론으로 만들어진 Facebomb 애플리케이션입니다. 이번 장의 내용을 진행하면서 참고하기 바랍니다.

추가로 폴더 내부의 README.md 파일을 보면, 설치할 때 사용하는 명령어와 실행할 때 사용하는 명령어가 들어있으니 애플리케이션을 미리 실행해서 어떤 프로그램인지 확인해 보세요.

1. NW.js 버전의 애플리케이션 살펴보기

대부분의 코드는 NW.js 애플리케이션을 실행하기 위한 기본 파일들입니다. 따라서 index.html과 app.js 파일에 집중하도록 하겠습니다. 그럼 일단 애플리케이션이 처음 실행하게 되는 index.html 파일부터 살펴봅시다.

```html
<html>
  <head>
    <title>Facebomb</title>
    <link href="app.css" rel="stylesheet" />
    <link rel="stylesheet" href="css/font-awesome.min.css">
    <script src="app.js"></script>
  </head>
  <body>
    <input type="file" nwsaveas="myfacebomb.png" id="saveFile">
    <canvas width="800" height="600"></canvas>
    <video autoplay></video>
    <div id="takePhoto" onclick="takePhoto()">
      <i class="fa fa-camera" aria-hidden="true"></i>
    </div>
  </body>
</html>
```

파일의 저장 위치를 지정할 입력 양식입니다.

비디오를 기반으로 이미지를 캡처할 때 사용할 canvas 요소입니다.

사용자의 카메라에서 비디오 스트림을 받아 출력할 video 요소입니다.

클릭하면 이미지를 캡처하는 버튼입니다.

현재 HTML 파일에는 다음과 같은 것들이 있습니다.

- 파일을 저장할 때 사용할 `input` 요소를 배치했습니다. NW.js의 `nwsaveas`라는 속성을 지정해서 파일의 디폴트 이름을 지정했습니다.

- 비디오 스트림을 기반으로 이미지를 캡처해서 이미지 데이터로 저장할 때 사용할 `canvas` 요소를 배치했습니다.

- 웹캠으로부터 스트림 받은 비디오를 출력할 `video` 요소를 배치했습니다.

- `takePhoto`라는 id를 가진 `div`를 배치했습니다. 이 버튼은 테두리가 둥근 모양으로 설정할 것이며, 화면의 오른쪽 아래에 배치할 것입니다. 이 버튼 내부에는 Font Awesome을 사용해서 카메라 아이콘을 넣었습니다. 이처럼 글자 대신 아이콘을 넣으면 적은 공간을 차지하며, 시각적으로 이해하기도 쉽습니다. 또한 전 세계 어느 나라의 사람들이 보아도 쉽게 이해할 수 있을 것입니다.

주목했으면 하는 부분이 있다면 NW.js의 `nwsaveas` 속성을 사용한 `input` 요소입니다. 이와 같은 NW.js의 추가적인 속성은 http://mng.bz/nU1c를 참고해 주세요.

그럼 이어서 app.js 파일을 살펴봅시다. 39줄 정도 되는 코드인데요. 조금씩 살펴보도록 하겠습니다. 일단 **bindSavingPhoto** 함수 부분입니다.

코드 11.2　Facebomb NW.js 애플리케이션의 app.js 파일(앞부분)

```
'use strict';

const fs = require('fs');
let photoData;
let saveFile;
let video;

function bindSavingPhoto () {  ◀──── 입력 양식의 이벤트 핸들러로 지정할 함수입니다.
  saveFile.addEventListener('change', function () {
    const filePath = this.value;  ◀──── 입력 양식의 value 속성을 파일 경로로 지정합니다.
    fs.writeFile(filePath, photoData, 'base64', (err) => {  ◀──── Base64 인코딩으로
      if (err) {                                                    이미지를 저장합니다.
        alert('There was a problem saving the photo:', err.message); ◀─┐
      }                                        오류가 발생하면 경고창을 출력합니다. │
      photoData = null;  ◀──── photoData 변수를 null로 설정합니다.
    });
  });
}
```

모듈을 읽어 들이고, 빈 변수를 몇 개 선언하고, **bindSavingPhoto**라는 이름의 함수를 정의했습니다. 이 함수 내부에서는 **input** 요소의 **change** 이벤트를 연결했습니다. 따라서 **input** 요소의 값이 변경되었다는 것은 저장 대화 상자로 파일의 경로를 지정했다는 의미입니다. 이때 파일을 Base64 인코딩으로 변환한 뒤, 지정된 이름으로 저장합니다. 이때 오류가 발생했다면 사용자에게 오류를 경고창으로 보여줍니다. 최종적으로 변수 **photoData**를 **null**로 초기화합니다.

이어서 app.js 파일의 **initialize** 함수를 살펴보도록 합시다.

```
function initialize () {        ← 애플리케이션 화면 로딩이 완료될 때 호출되는 initialize 함수입니다.
  saveFile = window.document.querySelector('#saveFile');
  video = window.document.querySelector('video');

  let errorCallback = (error) => {   ← 비디오 스트림을 생성하는 동안 오류가
    console.log(                         발생할 경우 호출할 콜백 함수입니다.
      'There was an error connecting to the video stream:', error
    );
  };

  window.navigator.webkitGetUserMedia(
    {video: true},                              video 요소로 비디오 스트림을 출력합니다.
    (localMediaStream) => {   ← 미디어 캡처 API을 사용해 사용자 컴퓨터에 있는 비디오 스
                                 트림에 접근을 요청합니다.
      video.src = window.URL.createObjectURL(localMediaStream); ←
      video.onloadedmetadata = bindSavingPhoto;  ←  이미지를 저장할 때 사용할
    }, errorCallback  ←   비디오 스트림에 접근할 수 없을 때        함수를 바인드합니다.
    );                     errorCallback 함수를 호출합니다.
}
```

굉장히 간단한 코드이지만, 사용자의 컴퓨터에 있는 미디어 캡처 장비(일반적으로는 웹캠이 되겠지만, 외부 비디오 장비가 될 수도 있습니다)에 접근하는 핵심적인 코드입니다. 사용자의 미디어 캡처 장비에 접근하면, 애플리케이션 화면에 있는 video 요소에 비디오 스트림을 출력합니다. 추가로 **bindSavingPhoto**라는 함수를 video 요소의 `loadmetadata` 이벤트에 바인드 했는데요. `loadmetadata` 이벤트는 비디오 스트림이 `video` 요소에 들어가기 시작할 때 트리거됩니다(일반적으로 연결 후 2~3초 후의 시점이 됩니다).

initialize 함수를 정의했다면, 이제 **takePhoto** 함수를 정의합시다. **takePhoto** 함수는 애플리케이션 화면에 있는 **#take Photo div** 요소를 클릭할 때 호출할 다음과 같은 함수입니다.

```
function takePhoto () {   ← div 요소를 클릭할 때 실행할
                             takePhoto 함수를 정의합니다.
  let canvas = window.document.querySelector('canvas');
  canvas.getContext('2d').drawImage(video, 0, 0, 800, 600);  ←  canvas 요소로 video
                                                                요소를 캡처합니다.
```

```
    photoData = canvas.toDataURL('image/png')
      .replace(/^data:image\/(png|jpg|jpeg);base64,/, '');    ◀━━  photoData 변수에 Base64
    saveFile.click();  ◀━━━  다른 이름으로 저장 대화 상자를 출력합니다.                인코딩으로 데이터를 저장해 넣습
                                                                                 니다.
  }

  window.onload = initialize;  ◀━━━  애플리케이션이 실행될 때 initialize 함수를 호출하게 바인딩합니다.
```

여기에서는 **canvas** 요소를 사용해 **video** 요소를 캡처합니다. 2D 콘텍스트를 사용해서 **video** 요소의 내용을 곧바로 캔버스에 그리는 것뿐입니다. 이때 왼쪽에서 0픽셀, 위에서 0픽셀의 좌표에 800픽셀의 너비와 600픽셀의 높이로 그립니다. 이후에 화면의 크기와 **video** 요소의 크기를 너비 800픽셀, 높이 600픽셀로 지정할 것인데요. 따라서 비디오 요소의 내용을 전부 캡처한다는 의미입니다.

이어서 **toDataURL** 메서드를 사용해서 캔버스에 캡처된 이미지를 PNG 파일 형식의 데이터 URL로 변환합니다. 데이터 URL을 파일로 저장할 때는 데이터 URL 앞에 붙어 있는 데이터 일부를 제거해야 합니다. 따라서 **replace** 메서드를 사용해 이를 제거했습니다.

이때 **input** 요소를 클릭하게 했습니다. 이렇게 코드를 구성하면, **#takePhoto div** 요소를 클릭했을 때 **video** 요소의 스냅샷을 찍은 뒤 파일 저장 대화 상자를 출력하게 됩니다.

마지막으로 애플리케이션이 로드될 때 **initialize** 함수를 호출하게 했습니다. 화면의 DOM이 모두 구성되어야, 이벤트를 연결하거나 할 수 있으므로 **onload** 이벤트를 사용한 것입니다.

그럼 이제 package.json 파일을 열고 화면이 너비 800픽셀, 높이 600픽셀을 가지게 설정하도록 합시다. 추가로 화면의 크기를 사용자가 임의로 수정할 수 없게 하고, 전체 화면 모드로도 진입되지 않게 합니다.

> **코드 11.5** Facebomb NW.js 애플리케이션의 package.json 파일

```
  {
    "name": "facebomb",
    "version": "1.0.0",
    "main": "index.html",
    "window": {
```

```
      "toolbar": false,
      "width": 800,
      "height": 600,
      "resizable": false,
      "fullscreen": false
    },
    "dependencies": {
      "nw": "^0.15.2"
    },
    "scripts": {
      "start": "node_modules/.bin/nw ."
    }
  }
```

이어서 app.css 파일을 사용해 간단한 스타일을 적용해 봅시다.

코드 11.6   Facebomb NW.js 애플리케이션의 app.css 파일

```
body {
  margin: 0;
  padding: 0;
  background: black;
  color: white;
  font-family: 'Helvetica', 'Arial', 'Sans';
  width: 800px;
  height: 600px;
}

#saveFile, canvas {
  display: none;
}

video {
  z-index: 1;
  position: absolute;
  width: 800px;
  height: 600px;
```

```
  }

  #takePhoto {
    z-index: 2;
    position: absolute;
    bottom: 5%;
    right: 5%;
    text-align: center;
    border: solid 2px white;
    box-shadow: 0px 0px 7px rgba(255,255,255,0.5);
    margin: 5px;
    border-radius: 3em;
    padding: 1em;
    background-color: rgba(0,0,0,0.2);
  }

  #takePhoto:hover {
    background: #FF5C5C;
    cursor: pointer;
  }
```

그럼 이제 애플리케이션을 실행해서 어떻게 출력되는지 확인해 봅시다. 그림 11.1은 윈도우10
에서 실행한 애플리케이션 모습입니다.

그림 11.1 Facebomb로 찍은 필자의 얼굴

애플리케이션을 실행하면 웹캠이 실행되고, 자신의 얼굴이 화면에 나올 것입니다. 이어서 버튼 을 누르면 사진을 찍고 저장할 수 있습니다. 굉장히 간단하지만 카메라와 관련된 애플리케이션 을 만들 때 필요한 기초적인 내용을 모두 살펴보았습니다.

지금까지 NW.js를 사용해서 예제를 만들어보았는데요. 그럼 일렉트론에서는 어떻게 할까요?

2. 일렉트론으로 Facebomb 애플리케이션 만들기

예제가 어떻게 실행되는지 책과 함께 제공되는 GitHub 리포지터리의 facebomb-electron 폴더 안에 있는 애플리케이션으로 확인해 보기 바랍니다. NW.js 버전과 일렉트론 버전은 몇 가지 차이가 있는데요. 일단 엔트리 포인트로 main.js 파일을 사용합니다. 그리고 main.js 파일에서 애플리케이션 화면을 생성할 때 화면 크기 변경을 하지 못하게 하고, 전체 화면으로 진입할 수 없게 제약을 겁니다. 또한 파일 저장 대화 상자와 관련된 부분이 다릅니다.

그러면 애플리케이션의 엔트리 포인트인 main.js 파일부터 살펴봅시다.

```
'use strict';

const electron = require('electron');
const app = electron.app;
const BrowserWindow = electron.BrowserWindow;          일렉트론 모듈을 읽어 들이고 BrowserWindow
                                                        클래스의 참조를 저장합니다.

let mainWindow = null;          mainWindow 변수를 외부에 선언해서 가비지 컬렉션에 의해 회수되지 않게 합니다.

app.on('window-all-closed', () => {
  if (process.platform !== 'darwin') app.quit();          macOS를 제외하고, 화면이 모두 종료되면
});                                                         애플리케이션을 곧바로 종료하게 합니다.

app.on('ready', () => {
  mainWindow = new BrowserWindow({          설정에 따라 BrowserWindow 클래스의 인스턴스를 생성합니다.
    useContentSize: true,
    width: 800,
    height: 600,
    resizable: false,
    fullscreen: false
  });
  mainWindow.loadURL('file://${__dirname}/index.html');          index.html을 읽어 들이고
                                                                   화면에 출력합니다.
  mainWindow.on('closed', () => { mainWindow = null; });          애플리케이션 화면을 닫으면,
});                                                                mainWindow 변수를 null로
                                                                   비워줍니다.
```

굉장히 기본적인 일렉트론 애플리케이션의 기본 형태입니다. 하지만 **BrowserWindow** 인스턴스를 초기화할 때 전달하는 매개변수들이 조금 많습니다.

useContentSize라는 속성을 전달했는데요. 이 속성은 **width** 속성과 **height** 속성을 애플리케이션 화면 내부의 요소를 기준으로 잡게 해줍니다. 이 속성을 전달하지 않으면, 디폴트로 **false**가 입력되어 화면이 작게 나오며 스크롤이 생길 것입니다. 이는 **useContentSize** 속성이 **false**일 때는 애플리케이션의 타이틀 바와 애플리케이션의 테두리를 포함해서 너비 800픽셀, 높이 600픽셀의 크기를 잡기 때문입니다.

만약 이 설정을 넣지 않으면, 내용물과 화면의 크기를 맞추기 위해 너비와 높이를 미세하게 설정해 주어야 할 것입니다. 하지만 운영체제마다 타이틀 바와 테두리의 크기가 다르므로, 굉장히 힘든 일이 될 것입니다. 따라서 그냥 **useContentSize** 속성을 지정해서 애플리케이션 화면의 크기를 설정하는 것이 좋습니다. 이외의 추가적인 속성에 대해 알고 싶다면 http://electron.atom.io/docs/api/browser-window/를 참고해 주세요.

추가로 화면의 크기를 조절하지 못하게 했으며, 전체 화면 모드로 진입할 수 없게 했습니다. NW.js에서는 이러한 작업을 package.json에서 했는데요. 일렉트론은 **BrowserWindow** 인스턴스를 생성할 때 합니다. 일렉트론의 이러한 접근 방식은 화면마다 다른 설정을 부여할 수 있다는 장점이 있습니다. 반대로 NW.js는 package.json에 설정한 설정이 모든 화면에 적용됩니다.

그럼 이제 index.html을 살펴봅시다.

코드 11.8 Facebomb 일렉트론 애플리케이션의 index.html 파일

```html
<html>
  <head>
    <title>Facebomb</title>
    <link href="app.css" rel="stylesheet" />
    <link rel="stylesheet" href="css/font-awesome.min.css">
    <script src="app.js"></script>
  </head>
  <body>
    <canvas width="800" height="600"></canvas>
    <video autoplay></video>
    <div id="takePhoto" onclick="takePhoto()">
      <i class="fa fa-camera" aria-hidden="true"></i>
    </div>
  </body>
</html>
```

애플리케이션 화면에 불러들이는 index.html 파일은 NW.js 버전과 거의 비슷합니다. 하지만 **input** 요소가 없다는 차이가 있습니다. 이유는 굉장히 간단한데요. 필요가 없기 때문입니다. 이전에 NW.js로 Facebomb 애플리케이션을 만들면서 **input** 요소를 사용했던 이유는 파일의

이름을 저장하고, **nwsaveas**라는 속성을 사용해서 파일 저장 대화 상자를 출력하기 위해서였습니다.

하지만 일렉트론은 대화 상자를 다루는 방법이 다릅니다. 무엇이 어떻게 다른지 살펴볼 수 있게 app.js 파일을 살펴봅시다. app.js 파일은 40줄 정도 되므로, 차근차근 살펴보도록 하겠습니다. 일단 모듈을 읽어 들이고, **savePhoto** 함수를 정의하는 부분입니다.

코드 11.9 Facebomb 일렉트론 애플리케이션의 app.js 파일(앞부분)

```
'use strict';

const electron = require('electron'); ◀──── electron 모듈과 일렉트론의 dialog 모듈을 읽어 들입니다.
const dialog = electron.remote.dialog;
const fs = require('fs');
let photoData;
let video;

function savePhoto (filePath) { ◀──── 파일 경로를 지정하면, 파일을 저장하는 savePhoto 함수를 정의합니다.
  if (filePath) { ◀──── 파일의 경로가 제대로 지정되었는지 확인합니다.
    fs.writeFile(filePath, photoData, 'base64', (err) => {
      if (err) {
        alert('There was a problem saving the photo: ${err.message}');
      }
      photoData = null;
    });
  }
}
```

일단 electron 모듈을 읽어 들이고, 렌더러 프로세스(app.js 파일)에서 대화 상자를 출력할 수 있게 dialog 모듈을 읽어 들였습니다. 이어서 **savePhoto**라는 이름의 함수를 정의합니다. 이 함수는 파일의 경로를 매개변수로 지정했을 때, 이미지 데이터를 컴퓨터의 디스크에 저장하는 역할을 합니다. 만약 오류가 발생하는 경우 경고창을 출력합니다. 또한 최종적으로 변수 **photoData**를 null로 초기화합니다.

이어서 app.js 파일의 **initialize** 함수 부분을 살펴봅시다.

코드 11.10   Facebomb 일렉트론 애플리케이션의 app.js 파일(initialize 함수 부분)

```javascript
function initialize () {
  video = window.document.querySelector('video');
  let errorCallback = (error) => {
    console.log('There was an error connecting to the video stream:
        ${error.message}');
  };

  window.navigator.webkitGetUserMedia({video: true}, (localMediaStream) => {
    video.src = window.URL.createObjectURL(localMediaStream);
  }, errorCallback);
}
```

saveFile이라는 변수를 정의하지 않았다는 것과 **onloadedmetadata** 이벤트를 사용하지 않았다는 것만 제외하면 이전의 NW.js에서 보았던 함수와 거의 비슷합니다. 이전에 언급했던 것처럼 일렉트론은 대화 상자를 다루는 방법이 NW.js와 다르므로 이러한 차이가 발생하는 것입니다.

그럼 마지막으로 app.js 파일의 남은 부분을 살펴보겠습니다. 바로 **takePhoto** 함수와 **window. onload** 이벤트 연결 부분입니다.

코드 11.11   Facebomb 일렉트론 애플리케이션의 app.js 파일(takePhoto 함수 부분)

```javascript
function takePhoto () {
  let canvas = window.document.querySelector('canvas');
  canvas.getContext('2d').drawImage(video, 0, 0, 800, 600);
  photoData = canvas.toDataURL('image/png').replace(/^data:image\/
      (png|jpg|jpeg);base64,/, '');
  dialog.showSaveDialog({    ◀──── dialog 모듈의 showSaveDialog 함수로 파일 저장 대화 상자를 출력합니다.
    title: "Save the photo",    ◀──── 대화 상자의 제목을 지정합니다.
    defaultPath: 'myfacebomb.png',    ◀──── 대화 상자의 디폴트 파일 이름을 지정합니다.
    buttonLabel: 'Save photo'    ◀──── 확인 버튼에 들어갈 레이블을 지정합니다.
  }, savePhoto);    ◀──── 대화 상자가 종료되었을 때 호출할 콜백 함수를 지정합니다.
```

```
  }

window.onload = initialize;
```

일렉트론 버전의 애플리케이션에서는 **takePhoto** 함수가 조금 더 많은 일을 하고 있습니다. 파일 저장 대화 상자를 직접 실행하기 때문입니다. 대화 상자의 이름, 파일 경로, 버튼 레이블, 저장 대화 상자가 종료되었을 때 호출할 콜백 함수를 기반으로 **showSaveDialog** 함수를 호출했습니다. 사용자가 대화 상자를 사용하면 **savePhoto** 함수가 호출됩니다. 이때 사용자가 지정한 파일 경로가 매개변수로 들어옵니다. 다만 사용자가 파일 대화 상자를 그냥 닫아버리거나 취소 버튼을 누르면 null이 들어옵니다. 최종적으로 window.onload에 함수를 바인딩합니다.

어쨌거나 파일 저장 대화 상자를 출력할 때 일렉트론의 dialog 모듈을 사용해 보았습니다. **showSaveDialog** 함수는 dialog 모듈이 가지고 있는 수많은 기능 중에 하나일 뿐입니다. 다른 종류의 대화 상자와 관련된 내용은 http://electron.atom.io/docs/api/dialog/를 참고해 주세요.

그럼 일렉트론 버전의 애플리케이션은 어떤 모습일까요? 그림 11.2처럼 NW.js 버전의 애플리케이션과 거의 같은 모습이랍니다.

지금까지 HTML5 미디어 캡처 API를 사용해 비디오와 사진 저장 기능이 포함된 애플리케이션을 만들어보았습니다. 네이티브 애플리케이션과 거의 비슷한 모습을 가지고 있다는 것을 알 수 있습니다.

그림 11.2 윈도우10에서 실행한 Facebomb 일렉트론 애플리케이션

정리

이번 장에서는 macOS에 있는 photo booth 같은 애플리케이션을 NW.js와 일렉트론으로 만들어보았습니다. HTML5 미디어 캡처 API를 사용해 비디오에 접근해서, 다양한 애플리케이션을 만들 수 있을 것입니다. 이번 장의 내용을 정리하면 다음과 같습니다.

- 일렉트론과 NW.js는 애플리케이션을 신뢰할 수 있는 사용자 컴퓨터에서 실행하므로, HTML5 미디어 캡처 API를 사용할 때 웹캠 또는 마이크와 관련된 접근 권한을 따로 묻지 않습니다.
- `video` 태그를 사용하면 애플리케이션에 비디오 피드를 출력할 수 있으며, HTML5의 `canvas` 요소를 사용하면 카메라 이미지를 캡처해서 컴퓨터에 저장할 수 있습니다.

이어지는 12장에서는 애플리케이션의 데이터를 저장하는 방법에 대해서 살펴보겠습니다.

애플리케이션의 데이터 저장하기

학습 목표

☑ 데이터를 저장하는 다양한 방법을 알아봅시다

☑ HTML5의 `localStorage` API를 사용해 봅니다

☑ TodoMVC라는 웹 애플리케이션을 NW.js와 일렉트론 버전으로 포팅해 봅니다

애플리케이션은 데이터를 저장하는 기능이 필요합니다. 게임을 플레이하다가 게임을 저장하고 다시 불러올 수 있는 이유는 애플리케이션에 데이터를 저장하는 기능이 있기 때문입니다. 또한 애플리케이션의 기본적인 설정을 변경하고 애플리케이션을 껐다 켰을 때 설정을 유지할 수 있는 이유도 애플리케이션에 데이터를 저장하는 기능이 있기 때문입니다.

HTML5의 `localStorage` API를 활용하는 방법부터 데이터베이스를 사용하는 방법 등 굉장히 다양한 종류의 데이터 저장 방법이 있습니다. 이번 장에서는 이러한 데이터 저장 방법을 몇 가지 살펴보도록 하겠습니다.

데이터 저장 방법

몇 년 전만 해도 웹 페이지에서 데이터를 저장하는 방법은 얼마 없었습니다. 일반적으로 웹 페이지는 스스로 데이터를 저장할 수 없으므로, 백엔드 서버에 있는 데이터베이스를 활용해 데이터를 저장해야 했습니다. 그런데 HTML5에서 클라이언트 저장소 API가 추가되었습니다. 이로 인해 클라이언트에서 데이터를 저장할 때 활용할 수 있는 다양한 라이브러리가 등장했습니다. 추가로 Node.js를 직접 사용할 수 있는 경우 파일로 데이터를 저장할 수도 있습니다.

표 12.1은 웹 애플리케이션에서 데이터를 저장할 때 사용할 수 있는 기능들입니다. NW.js와 일렉트론도 당연히 이러한 기능을 활용할 수 있습니다.

표 12.1 데이터를 저장할 때 사용하는 기능

이름	데이터베이스 타입	타입	URL
IndexedDB	Key/Value 형	브라우저 API	https://is.gd/wwDSgj
localStorage	Key/Value 형	브라우저 API	https://is.gd/3XbaFQ
Lovefield	관계형	클라이언트 사이드 라이브러리	https://github.com/google/lovefield
PouchDB	문서형	클라이언트 사이드 라이브러리	https://pouchdb.com/
SQLite	관계형	내장	http://sqlite.com/
NeDB	문서형	내장	https://is.gd/f44eap
LevelDB	Key/Value 형	내장	http://leveldb.org/
Minimongo	문서형	클라이언트 사이드 라이브러리	https://is.gd/yTRXhe

굉장히 많은 것들이 있는데요. 어떤 것을 사용해야 할까요? 이는 어떤 데이터를 저장할지, 얼마나 많은 데이터를 저장할지, 데이터를 어떻게 쿼리(검색)할지에 따라 다릅니다.

어떤 종류의 데이터를 저장할지 확실하게 설계를 잡고 있어서, 해당 데이터의 스키마를 처음부터 정의하고 넘어갈 수 있다면(이후에 변경하지 않을 것이라면), 쿼리 기능이 굉장히 발달해 있는 관계형 데이터베이스를 고려하는 것이 좋습니다.

만약 애플리케이션 데이터를 5MB 이상 저장하지 않을 것이라면(예: 사용자 설정 등), 5MB까지 데이터를 저장할 수 있는 브라우저 API를 사용하는 것이 굉장히 편리합니다.

또한 데이터를 쿼리하는 방법도 굉장히 중요합니다. 데이터가 다른 데이터를 참조하는 형태로 연결되어 있다면, 문서 기반의 데이터베이스가 효율적입니다*. 데이터 스키마 디자인과 데이터의 정규화 여부를 확실하게 확인하면, SQL 기반의 데이터베이스를 사용할 것인지와 NoSQL 기반의 데이터베이스를 사용할 것인지 확실하게 구분할 수 있을 것입니다.

---

* 역주: SQL 데이터베이스는 어떤 테이블에 있는 데이터가 다른 테이블의 데이터를 참조할 때 두 테이블을 결합해야 두 데이터를 모두 뽑아낼 수 있습니다. 하지만 문서형 NoSQL 데이터베이스는 하나의 문서 안에 모든 데이터를 함께 넣을 수 있습니다. "결합이라는 추가적인 과정이 없어도 데이터를 뽑을 수 있다니 NoSQL이 편리하네요!"라고 생각할 수 있는데요. 꼭 그런 것은 아닙니다. 이는 전체적인 데이터 관계를 보고 설계해야 하는 복잡한 문제입니다.

그럼 이 중에서 몇 가지를 살펴봅시다.

12-2 | localStorage API를 사용해 스티키 노트 저장하기

지금부터 Let Me Remember라는 이름의 간단한 스티키 노트 애플리케이션*을 만들어보겠습니다. **localStrorage**의 사용 방법을 살펴볼 수 있는 엄청나게 간단한 예입니다. 이를 활용해 텍스트 기반의 Key/Value 저장 방법을 살펴보겠습니다.

> * 역주: "스티키 노트(Sticky Note)"라는 말이 익숙하지 않을 수 있는데요. 3M이라는 회사에서 만든 "포스트잇(post-it)"이 스티키 노트의 예입니다. 우리나라는 어떤 카테고리의 제품을 유명한 회사의 제품 이름으로 나타내는 경우가 많은데요(반창고를 그냥 "대일 밴드"라고 표현하는 등). 그렇다고 예제를 "포스트잇 애플리케이션"이라고 하면 상표권 문제에 휘말릴 수 있으므로, "스티키 노트 애플리케이션"이라는 이름으로 살펴보겠습니다.

책과 함께 제공되는 GitHub 리포지터리(http://mng.bz/COlh와 http://mng.bz/fYrm)에 NW.js 버전(let-me-remember-nwjs)과 일렉트론 버전(let-me-remember-electron)이 올라가 있습니다.

그럼 일단 애플리케이션을 내려받은 뒤에, README를 읽어보면서 애플리케이션을 실행해 보세요. 간단하게 어떤 애플리케이션인지 인지했다면, 곧바로 일렉트론 버전의 애플리케이션 부터 살펴봅시다.

1. 일렉트론으로 Let Me Remember 애플리케이션 만들기

이번에 민들 애플리케이션은 대부분 지금까지 보았던 순수한 사바스크립트를 사용해 만든 애플리케이션과 크게 다르지 않지만, 몇 가지 특징적인 부분이 있을 것입니다. 그럼 일단 package.json 파일부터 작업을 진행해 봅시다. 다음과 같이 애플리케이션 전용 폴더를 생성한 뒤에 해당 폴더로 이동합니다.

```
mkdir let-me-remember
cd let-me-remember
```

폴더 내부에 package.json 파일을 만들고, 다음과 같은 코드를 입력합니다.

코드 12.1 Let Me Remember 일렉트론 애플리케이션의 package.json 파일

```
{
  "name": "let-me-remember-electron",
  "version": "1.0.0",
  "description": "A sticky note app for Electron",
  "main": "main.js",
  "scripts": {
    "start": "node_modules/.bin/electron .",
    "test": "echo \"Error: no test specified\" && exit 1"
  },
  "keywords": [
    "electron"
  ],
  "author": "Paul Jensen <paulbjensen@gmail.com>",
  "license": "MIT",
  "dependencies": {
    "electron ": "^1.3.7"
  }
}
```

package.json 파일을 저장한 뒤 모듈 설치를 위해 **npm install**을 실행해 주세요.

package.json 파일의 main 속성은 애플리케이션의 엔트리 포인트가 main.js라고 지정되어 있습니다. 굉장히 전형적인 main.js 파일을 기반으로 화면의 크기를 제한하고, 프레임을 제거하는 코드를 추가해서 스티키 노트처럼 보이게 만들겠습니다.

그럼 이어서 main.js 파일을 만들고, 다음과 같은 코드를 입력합니다.

```
'use strict';

const electron = require('electron');
const app = electron.app;
const BrowserWindow = electron.BrowserWindow;

let mainWindow = null;

app.on('window-all-closed', () => {
  if (process.platform !== 'darwin') app.quit();
});

app.on('ready', () => {
  mainWindow = new BrowserWindow({
    width: 480,
    height: 320,
    frame: false  ◀──── frame 속성을 false로 지정해서, 애플리케이션 화면의 프레임을 제거합니다.
  });
  mainWindow.loadURL('file://${__dirname}/index.html');
  mainWindow.on('closed', () => { mainWindow = null; });
});
```

main.js에서 **BrowserWindow**를 초기화하는 부분을 살펴봅시다. 너비와 높이를 굉장히 작게 지정해서, 스티키 노트 정도의 크기로 만들었습니다. 그리고 **frame** 속성을 **false**로 지정해서 프레임을 제거했습니다.

그럼 index.html 파일을 생성하고, 다음과 같은 코드를 입력하도록 합시다.

```
<html>
  <head>
    <title>Let Me Remember</title>
    <link rel="stylesheet" type="text/css" href="app.css">
    <script src="app.js"></script>
```

```
    </head>
    <body>
        <div id="close" onclick="quit();">x</div>   ←——  X를 클릭했을 때 애플리케이션을 종료하게 만듭니다.
                                                          키보드 입력을 하고 키보드를 뗄 때
        <textarea onKeyUp="saveNotes();"></textarea>   ←——  textarea 내부의 내용을 저장하게 합니다.
    </body>
</html>
```

애플리케이션 자체가 매우 간단하므로 index.html 파일도 매우 간단합니다. 일단 애플리케이션
에 프레임이 없으므로, 클릭하면 애플리케이션을 종료할 수 있는 버튼을 별도로 만들었습니다.
그리고 **textarea**라는 요소를 사용해서 사용자가 글자를 입력할 수 있는 영역을 만들었습니다.

index.html 파일의 head 태그 내부를 보면 app.css 파일과 app.js 파일을 읽어 들이고 있습니다.
그럼 일단 스타일 시트부터 살펴봅시다. 애플리케이션 폴더에 app.css 파일을 만들고, 내부에
다음과 같은 코드를 입력합니다.

코드 12.4   Let Me Remember 일렉트론 애플리케이션의 app.css 파일

```
body {
    background: #ffe15f;
    color: #694921;
    padding: 1em;
}


textarea {
    font-family: 'Hannotate SC', 'Hanzipen SC','Comic Sans', 'Comic Sans MS';
    outline: none;
    font-size: 18pt;
    border: none;
    width: 100%;
    height: 100%;
    background: none;
}


#close {
    cursor: pointer;
```

```
    position: absolute;
    top: 8px;
    right: 10px;
    text-align: center;
    font-family: 'Helvetica Neue', 'Arial';
    font-weight: 400;
}
```

매우 단순한 형태의 CSS 규칙을 가지고 있는 파일입니다. body를 노란색 종이 같은 형태로 만들고, **textarea** 내부의 폰트를 손글씨 같은 폰트로 지정합니다. 그리고 종료 버튼에 스타일을 적용해서 X라는 글자가 종료 버튼처럼 보이게 만듭니다.

스타일을 모두 적용했다면, 이제 app.js 파일을 만들고 **quit** 함수와 **saveNotes** 함수를 만들겠습니다. 같은 폴더에 app.js 파일을 생성한 뒤 다음과 같은 코드를 입력합니다.

코드 12.5 Let Me Remember 일렉트론 애플리케이션의 app.js 파일

```
'use strict';

const electron = require('electron');
const app = electron.remote.app;     ←  애플리케이션을 종료할 수 있게 remote
                                        API로 app 모듈을 읽어 들입니다.

function initialize () {
    let notes = window.localStorage.notes;     ←  HTML5 localStorage API에 notes라
                                                  는 이름의 값이 들어있는지 확인합니다.
    if (!notes) notes = 'Let me remember...';  ←  없으면 기본값을 지정합니다.
    window.document.querySelector('textarea').value = notes;  ←  textarea 요소에 노트
}                                                               의 내용을 출력합니다.

                                                    textarea 요소 내부의 텍스트
                                                    콘텐츠를 읽어 들입니다.
function saveNotes () {
    let notes = window.document.querySelector('textarea').value;
    window.localStorage.setItem('notes',notes);  ←  localStorage API로 텍스트를 저장합니다.
}

function quit () { app.quit(); }     ←  app 모듈을 사용해 애플리케이션을 종료합니다.

window.onload = initialize;
```

app.js 파일에는 기본적으로 **localStorage** API를 사용해서 데이터를 읽어 들이고, 노트의 내용을 저장하는 코드를 작성했습니다. 사용자가 노트의 내용을 입력하면 노트의 내용을 저장하며, 애플리케이션을 다시 열면 저장한 내용을 출력합니다. 코드를 모두 저장하고 애플리케이션을 실행하면 그림 12.1처럼 출력합니다.

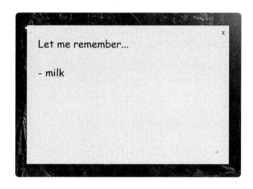

그림 12.1 윈도우10에서 실행한 Let Me Remember 일렉트론 애플리케이션

그럼 이제 NW.js를 사용해서 어떻게 데이터를 저장할 수 있는지에 대해서 살펴봅시다.

2. NW.js로 Let Me Remember 애플리케이션 만들기

이제 NW.js로 애플리케이션을 구현해 보겠습니다. 일단 app.js와 index.html 파일은 일렉트론 버전의 애플리케이션과 거의 비슷합니다. 하지만 다른 부분에서 약간의 차이가 있는데요. package.json 파일부터 차근차근 만들어보며 어떤 차이가 있는지 확인해 봅시다.

애플리케이션을 위한 폴더를 만든 뒤에 내부에 package.json 파일을 생성합니다. package.json 파일 내부에는 다음과 같은 코드를 입력합니다.

```
{
  "name" : "let-me-remember",
  "version": "1.0.0",
  "main": "index.html",
  "window": {
    "width": 480,
```

```
      "height": 320,
      "frame": false
    }
  }
```

window 속성을 제외하면 굉장히 전형적인 형태의 package.json 파일입니다. window 속성에서 는 width와 height를 지정해서 크기를 지정했으며, frame 속성을 false로 지정해서 프레임이 보이지 않게 만들었습니다.

이어서 폴더 내부에 index.html 파일을 만들고, 다음과 같은 코드를 입력합니다.

```html
<html>
  <head>
    <title>Let Me Remember?</title>
    <link rel="stylesheet" type="text/css" href="app.css">
    <script src="app.js"></script>
  </head>
  <body>
    <div id="close" onclick="process.exit(0)">x</div>
    <textarea onKeyUp="saveNotes();"></textarea>
  </body>
</html>
```

index.html 파일도 매우 간단합니다. textarea 요소를 사용해도 텍스트를 적을 수 있게 하고 있습니다. contenteditable 속성을 가진 p 요소를 사용할 수도 있지만, 현재 웹 표준으로는 p 요소에 텍스트를 입력할 때, 해당 이벤트를 캡처할 수 없습니다.

추가로 id 속성이 "close"인 div 요소를 사용해서 종료 버튼을 구현했습니다. 애플리케이션 에 프레임이 없으므로, 종료 버튼 기능을 하는 것을 따로 구현한 것입니다. 이전의 일렉트론 버 전과 다르게 곧바로 process.exit()를 호출하고 있는데요. NW.js는 Node.js를 HTML에서 곧바로 사용할 수 있으므로 이렇게 코드를 구성한 것입니다.

app.css 파일은 **코드 12.4**에서 보았던 일렉트론 버전의 애플리케이션과 완전히 같습니다. 따라서 따로 입력하지 말고, 이전에 입력했던 것을 사용하도록 합시다.

app.js 파일은 코드가 거의 비슷하지만, 약간의 코드가 더 추가되어 있습니다.

코드 12.6 Let Me Remember NW.js 애플리케이션의 app.js 파일

```
'use strict';

function initialize () {
  let notes = window.localStorage.notes;
  if (!notes) notes = 'Let me remember...';
  window.document.querySelector('textarea').value = notes;
}

function saveNotes () {
  let notes = window.document.querySelector('textarea').value;
  window.localStorage.setItem('notes',notes);
}

window.onload = initialize;
```

매우 간단한 코드인데요. 살펴보도록 합시다. 애플리케이션과 DOM이 모두 로드되면, **initialize** 함수를 호출합니다. 그리고 **localStorage**에 있는 **notes**라는 키의 값을 불러옵니다. 만약 저장되어 있는 값이 없다면, "Let me remember..."라는 글자를 디폴트 값으로 출력합니다. 이어서 이러한 값을 **textarea** 요소에 출력합니다.

index.html 파일을 다시 살펴보면, **textarea** 요소의 **onKeyUp** 속성에서 **saveNotes**라는 이름의 함수를 호출하고 있습니다. **saveNotes** 함수는 이름 그대로의 작업을 수행합니다. **textarea** 요소에 글자를 입력하면, **localStorage** API의 **setItem** 함수를 사용해서 텍스트를 **notes**라는 키로 저장합니다.

애플리케이션을 실행한 뒤 몇 가지 글자를 입력하고, 애플리케이션을 종료하고 다시 실행해 보면, 이전에 입력했던 글자가 똑같이 화면에 출력되는 것을 볼 수 있을 것입니다.

그림 12.2 Let Me Remember NW.js 애플리케이션

일반적으로 **localStorage** API는 키와 값을 사용해 구조화되지 않은 데이터*를 저장할 때 사용하는 저장소입니다. Let Me Remember 애플리케이션은 구조화되지 않은 데이터를 저장하기 적절한 예지만, 다른 애플리케이션을 만들 때는 문자열 배열과 같은 구조화된 데이터를 사용해야 할 수도 있습니다.

---

* 역주: 숫자, 문자열, 불처럼 값을 하나만 가지고 있는 것을 구조화되지 않은 데이터라고 부릅니다. 반대로 객체, 배열들은 구조화되어 있는 데이터라고 부릅니다.

이러한 때는 **JSON.stringify()**와 **JSON.parse()**를 사용해 데이터를 직렬화(serialization)와 역직렬화(deserialize)해서 데이터를 저장하고 읽어 들이면 됩니다.

그럼 TodoMVC라는 프로젝트를 데스크톱 애플리케이션으로 변환해 보면서, 어떤 식으로 사용하는지 알아보도록 하겠습니다.

12-3 | 할 일 목록 웹 애플리케이션 포팅하기

`localStorage` API를 사용해서도 할 일 목록의 데이터를 저장할 수 있습니다. 실제로 TodoMVC 프로젝트는 이러한 형태로 데이터를 다룹니다.

TodoMVC 프로젝트는 서로 다른 자바스크립트 프레임워크를 사용해서 동일한 할 일 목록을 구현하는 방법을 보여주는 예제의 집합입니다. 사용자가 여러 프레임워크로 만들어진 할 일 목록을 살펴보며, 자신에게는 어떤 프레임워크가 적합할 것인지 찾게 해주는 용도를 목적으로 만들어졌습니다.

굉장히 여러 프레임워크가 있는데요. 이 중에서 현재 널리 사용되는 React를 사용한 예제를 데스크톱 애플리케이션으로 포팅(변환)해 보며 데이터 저장과 관련된 내용을 살펴보겠습니다.

이 애플리케이션을 포팅하면서, 웹 앱을 데스크톱 애플리케이션으로 변환할 때 어떻게 코드를 재사용할 수 있는지와 관련된 내용을 살펴볼 수 있을 것입니다.

1. TodoMVC 웹 애플리케이션을 NW.js 애플리케이션으로 포팅하기

일단 TodoMVC의 GitHub 리퍼지토리에서 프로젝트를 클론하겠습니다. 터미널에서 프로젝트를 내려받을 적당한 폴더에 들어간 뒤 다음 명령어를 실행해 주세요.

```
git clone git@github.com:tastejs/todomvc.git
```

GitHub 리퍼지토리를 클론하면, 여러 가지 프레임워크로 만들어진 TodoMVC 애플리케이션 프로젝트 폴더들을 볼 수 있을 것입니다. 이 중에서 react라는 이름의 폴더만 살펴보겠습니다. 해당 폴더를 열고 package.json 파일에 다음과 같은 내용을 추가합니다.

```
"name":"todo-mvc-app",
"version":"1.0.0",
"main":"index.html",
"window": {
  "toolbar":false
}
```

package.json 파일을 저장한 뒤에 터미널로 해당 폴더에서 **nw** 명령어를 실행하면, 애플리케이션이 곧바로 데스크톱 애플리케이션으로써 실행되는 모습을 볼 수 있습니다. "What needs to be done?"이라는 곳에 몇 가지 할 일을 추가한 뒤에 애플리케이션을 다시 실행해 보세요. 데이터가 보존된 상태로 다시 실행되는 모습을 볼 수 있을 것입니다.

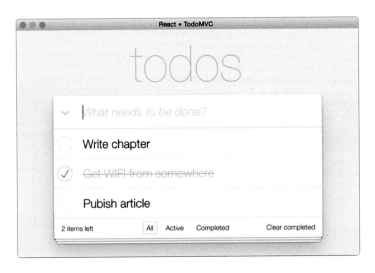

그림 12.3 NW.js 데스크톱 애플리케이션으로 포팅한 TodoMVC 예제

단지 6개의 코드를 추가했을 뿐인데 웹 애플리케이션이 데스크톱 애플리케이션으로 바뀌었습니다.

애플리케이션 내부에서 어떤 일이 벌어지는지 알고 싶다면 js/utils.js 파일을 살펴보기 바랍니다. 코드를 보면 28번째 줄에 **store**라는 함수가 있는데요. 이 함수는 구조화된 데이터를 저장할 수 있게 **localStorage** API를 **JSON.stringify()**와 **JSON.parse()**로 보완한 함수입니다.

"Web SQL로 구조화된 데이터를 저장해도 되지 않을까?"라고 생각하는 독자도 있을 것입니다. 굉장히 좋은 생각입니다. SQL을 사용하면 TodoMVC 프로젝트처럼 구조화된 데이터를 저장하기 쉬울 것입니다. 하지만 실제로 Web SQL을 사용하지 않고, 이 책에서도 언급하지 않는 이유는 웹 표준에서 Web SQL이 사장(deprecated)될 예정이기 때문입니다.

2. TodoMVC 웹 애플리케이션을 일렉트론 애플리케이션으로 포팅하기

TodoMVC 웹 애플리케이션을 일렉트론 버전으로 포팅하는 것도 간단하지만, 몇 가지 단계를 더 거쳐야 합니다. 일단 React 버전의 TodoMVC 애플리케이션의 package.json 파일을 다음과 같이 수정합니다.

코드 12.7 　React로 만들어진 TodoMVC 웹 애플리케이션을 일렉트론으로 포팅하기 위한 package.json 파일

```
{
  "private": true,
  "dependencies": {
    "classnames": "^2.1.5",
    "director": "^1.2.0",
    "electron-prebuilt": "^1.2.5",    ←──  일렉트론과 관련된 모듈을 dependencies에 추가합니다.
    "react": "^0.13.3",
    "todomvc-app-css": "^2.0.0",
    "todomvc-common": "^1.0.1"
  },
  "main":"main.js",    ←──  애플리케이션의 엔트리 포인트를 main.js 파일로 지정합니다.
}
```

이어서 엔트리 포인트로 입력한 main.js 파일을 생성한 뒤 다음과 같은 내용을 입력합니다.

```
'use strict';

const electron = require('electron');
const app = electron.app;
const BrowserWindow = electron.BrowserWindow;

let mainWindow = null;

app.on('window-all-closed', () => {
  if (process.platform !== 'darwin') app.quit();
});

app.on('ready', () => {
  mainWindow = new BrowserWindow();
  mainWindow.loadURL('file://${__dirname}/index.html');
  mainWindow.on('closed', () => { mainWindow = null; });
});
```

main.js 파일은 지금까지 살펴보았던 main.js 파일과 거의 같은 구성을 하고 있습니다. 샘플 애플리케이션에 있는 index.html 파일을 읽어 출력할 뿐입니다. 그런데 애플리케이션을 실행해 보면, 애플리케이션이 제대로 동작하지 않을 것입니다. 개발자 도구를 열고 콘솔 탭을 확인하면 "'classNames' is not defined"라는 자바스크립트 오류가 발생했다는 것을 알 수 있습니다.

이 오류는 샘플 애플리케이션의 js라는 폴더 내부에 있는 todoItem.jsx라는 파일에서 발생합니다. classNames 변수는 Node.js 모듈을 기반으로 만들어지는 변수입니다. 따라서 todoItem.jsx 파일 위에 다음과 같은 코드를 추가하면 해결할 수 있습니다.

```
const classNames = require('classnames');
```

그럼 다시 애플리케이션을 실행해 보도록 합시다.

```
electron
```

지금까지 웹 애플리케이션을 일렉트론 애플리케이션으로 포팅하는 방법에 대해 알아보았습니다. 쉽게 포팅할 수 있었지만 DOM에서 라이브러리가 예상과 다르게 동작할 수 있는 경우도 있으므로 주의하기 바랍니다.

정리

이번 장에서는 가장 먼저 데스크톱 애플리케이션의 데이터를 저장하는 방법에 대해서 살펴보았습니다. 여러 가지 옵션에 대해서 살펴보았는데요. 이 중에서 `localStorage` API를 사용하는 방법에 대해 알아보았습니다. 그리고 이어서 웹 애플리케이션을 데스크톱 애플리케이션으로 변환하는 방법도 알아보았습니다.

`localStorage` API를 사용하면 단순한 데이터를 저장할 수 있었습니다. 그리고 자바스크립트 객체를 문자열 형식으로 변환하고 읽어 들이는 방식을 사용해 복잡한 데이터를 저장할 수도 있습니다. 다만 큰 데이터를 사용할 때는 다른 옵션을 사용하는 것이 좋을 것입니다.

이어지는 장에서는 운영체제의 클립보드에 접근하는 방법에 대해서 알아보도록 하겠습니다.

클립보드

학습 목표

☑ NW.js와 일렉트론의 클립보드 API의 사용 방법을 알아봅니다

☑ 클립보드에 있는 텍스트 콘텐츠를 복사하는 방법을 알아봅니다

☑ 클립보드의 내용을 지우는 방법을 알아봅니다

☑ 일렉트론의 클립보드 API로 사용할 수 있는 여러 가지 자료형을 알아봅니다

어떤 부분에 있는 내용을 복사에서, 다른 부분에서 활용하는 기능은 오늘날의 애플리케이션 대부분이 가지고 있는 기능입니다. 유틸리티 애플리케이션은 이러한 기능을 활용해서, 스크린 숏을 찍었을 때 스크린숏을 클립보드에 자동으로 복사하거나, 클립보드에 복사되었던 적이 있는 항목들을 저장해 두기도 합니다.

이번 장에서는 NW.js와 일렉트론을 사용해 어떻게 사용자 클립보드에 있는 내용을 복사하고 붙여 넣는지에 대해서 알아보겠습니다. 또한 클립보드의 내용을 모두 지우는 방법도 살펴봅니다.

운영체제의 클립보드를 읽고 쓸 수 있게 되면, 굉장히 다양한 UX를 만들 수 있고, 기존의 UX를 좋게 만들 수도 있습니다. AgileBits의 비밀번호 관리 애플리케이션인 1Password를 예로 들어 보겠습니다. 웹 사이트에 로그인할 때 비밀번호를 입력하면, 애플리케이션이 자동으로 실행됩니다. 그리고 로그인할 때 로그인 양식의 비밀번호 입력 양식의 내용을 저장합니다. 이후의 로그인 때는 1Password라는 애플리케이션에 들어가서 비밀번호를 쉽게 클립보드에 복사에서 사용할 수 있습니다.

NW.js와 일렉트론의 클립보드 API는 텍스트 기반의 데이터를 클립보드에 읽고 쓰는 기능을 제공합니다. 예제를 만들면서 이러한 기능에 대해서 알아볼 텐데요. 영화의 대사 목록이 있고, 목록에서 대사를 하나 클릭하면 클립보드에 해당 대사를 복사하는 Pearls라는 이름의 애플리케이션을 만들어보겠습니다.

만약 애플리케이션을 미리 살펴보고 싶다면, 책과 함께 제공되는 GitHub 페이지에서 pearls-nw.js 폴더의 내용을 살펴보기 바랍니다. 링크는 http://mng.bz/4V2D이며 링크 내부에서 어떤 명령어로 모듈을 설치하고 실행할 수 있는지 설명되어 있습니다.

1. NW.js로 Pearls 애플리케이션 만들기

그럼 애플리케이션의 파일을 저장할 pearls-nwjs라는 이름의 폴더를 만들어봅시다. 그리고 해당 폴더 내부에 package.json 파일을 생성한 뒤 테스트 에디터에서 package.json을 다음과 같이 작성합니다.

```json
{
  "name":"pearls",
  "version":"1.0.0",
  "main":"index.html",
  "window": {
    "width": 650,
    "height": 550,
    "toolbar": false
  },
  "scripts": {
    "start": "node_modules/.bin/nw ."
  },
  "dependencies": {
    "nw": "^0.15.3"
  }
}
```

width 속성과 height 속성을 지정했다는 것만 제외하면, 다른 일반적인 NW.js 애플리케이션의 package.json 파일과 거의 같습니다. 이어서 index.html 파일을 생성하고 다음과 같이 작성합니다.

```html
<html>
  <head>
    <title>Pearls</title>
    <link href="app.css" rel="stylesheet" />
    <script src=" app.js"></script>
  </head>
  <body>
    <template id="phrase">
      <div class="phrase"
          onclick="copyPhraseToClipboard(this.innerText);"></div>
    </template>
    <div id="phrases"></div>
  </body>
</html>
```

index.html에서는 app.css라는 스타일 시트 파일과 app.js라는 자바스크립트 파일을 로드합니다. 또한 **template** 태그도 가지고 있는데요. 이를 활용해 화면에 프레이즈를 출력할 예정입니다.

어쨌거나 그럼 app.css 파일과 app.js 파일을 살펴봅시다. 일단 app.css 파일은 다음과 같습니다.

코드 13.1 Peals NW.js 애플리케이션의 app.css 파일

```css
body {
  padding: 0;
  margin: 0;
  background: #001203;
}

#phrases {
  padding: 0.5em;
}

.phrase {
  float: left;
  padding: 1em;
  margin: 1em;
  border-radius: 12px;
  border: solid 1px #ccc;
  font-family: 'Helvetica Neue', 'Arial' 'Sans-Serif';
  font-style: italic;
  width: 9em;
  min-height: 7em;
  text-align: center;
  color: #fff;
}

.phrase:hover {
  cursor: pointer;
  background: #1188de;
}
```

굉장히 간단한 CSS 파일인데요. 이러한 CSS 파일을 적용하면, 애플리케이션의 배경이 어둡게 바뀌며, 글자는 밝게 변화됩니다. 또한 프레이즈에 마우스를 올리면 프레이즈가 파란색으로 변화되게 설정했습니다.

이어서 app.js 파일을 다음과 같이 작성합니다.

코드 13.2　Pearls NW.js 애플리케이션의 app.js 파일

```
'use strict';

const gui = require('nw.gui');
const clipboard = gui.Clipboard.get();        ◀──── NW.js의 클립보드 API를 읽어 들입니다.
const phrases = require('./phrases');         ◀──── 프레이즈를 읽어 들입니다.
let phrasesArea;
let template;

function addPhrase (phrase) {   ◀──── 화면에 프레이즈를 출력하는 함수입니다.
template.content.querySelector('div').innerText = phrase;
let clone = window.document.importNode(template.content, true);
phrasesArea.appendChild(clone);
}

function loadPhrasesInto () {   ◀──── 프레이즈를 읽어 들이는 함수입니다.
phrasesArea = window.document.getElementById('phrases');
template = window.document.querySelector('#phrase');
phrases.forEach(addPhrase);
}

function copyPhraseToClipboard (phrase) {   ◀──── 프레이즈를 클릭했을 때 프레이즈를
clipboard.set(phrase, 'text');                    클립보드에 붙여 넣는 함수입니다.
}

window.onload = loadPhrasesInto;   ◀──── 애플리케이션이 실행될 때 loadPhrasesInto 함수를 실행하게 합니다.
```

이 코드에서 가장 중요한 부분은 바로 **copyPhraseToClipboard** 함수입니다. 이 함수는 프레이즈를 클릭할 때 호출되는데요. 클립보드 API를 사용해서 클립보드에 값을 저장합니다.

phrases.js 파일에는 다음과 같이 다양한 영화의 대사들이 들어있습니다.

```
'use strict';

module.exports = [
'I have to return some videotapes',
'Do not attempt to grow a brain',
'So tell me, do you feel lucky? Well do ya, Punk!',
'We\'re gonna need a bigger boat',
'We can handle a little chop',
'Get to the choppa!',
'Hold onto your butts',
'Today we\'re going to play a wonderful game called "Who is your daddy,
    and what does he do?"',
'Yesterday we were an army without a country. Tomorrow we must decide…
    which country we want to buy!'
];
```

영화 대사의 문자열 리스트를 module.export를 사용해 외부에 공개했습니다. 이 리스트는 app.js 파일에 의해 읽어 들여지며, 애플리케이션 화면에 출력됩니다.

이제 **npm start**를 사용해 애플리케이션을 실행해 봅시다. 애플리케이션이 실행되면 그림 13.1 처럼 출력할 것입니다.

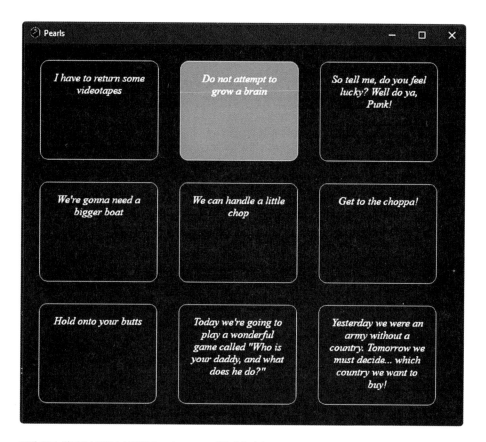

그림 13.1 윈도우10에서 실행한 Pearls NW.js 애플리케이션

NW.js는 현재 클립보드 API로 텍스트 기반의 콘텐츠에만 접근할 수 있습니다. 따라서 반대로 말해 이미지 데이터는 클립보드에 저장하거나 활용할 수 없습니다. 필자의 개인적인 바람으로는 빠른 시일 내에 다른 콘텐츠도 사용할 수 있게 되면 좋겠습니다.

만약 클립보드에 다양한 콘텐츠를 저장하고 활용하고자 한다면, 현재 시점에 다른 형식의 데이터도 지원하는 일렉트론을 활용해야 합니다.

어떤 글자를 복사해서 클립보드에 데이터가 들어있다면, 다음과 같은 코드를 사용해 클립보드의 데이터에 접근할 수 있습니다.

```
let copiedText = clipboard.get('text');
```

다른 문서 또는 웹 페이지에서 복사한 내용을 기반으로 노트를 작성해 주는 애플리케이션처럼 클립보드에 복사된 내용을 활용하는 애플리케이션을 만들 때 굉장히 유용하게 활용할 수 있습니다. 가끔 클립보드의 내용을 모두 지우고 싶을 때가 있을 수도 있는데요(민감한 정보를 다루는 경우). 이 때는 다음과 같은 코드를 사용합니다.

```
clipboard.clear();
```

클립보드 API는 텍스트 기반의 콘텐츠를 운영체제의 클립보드와 공유할 수 있게 해줍니다. 하지만 이외의 데이터(이미지, 파일 등)를 공유하는 기능은 지원하지 않습니다.

그럼 이번에는 일렉트론의 클립보드 API를 살펴보겠습니다.

2. 일렉트론으로 Pearls 애플리케이션 만들기

일렉트론으로 만든 Pearls 애플리케이션 예제의 소스 코드는 책과 함께 제공되는 GitHub 리퍼지토리의 pearls-electron 폴더에서 찾을 수 있습니다.

애플리케이션의 코드를 보면 NW.js 버전의 애플리케이션과 거의 비슷하다는 것을 알 수 있습니다. 다만 package.json 파일, app.js 파일의 내용이 다르며, 엔트리 포인트로 사용하는 main.js 파일이 존재합니다. 각각의 파일을 살펴보도록 하겠습니다. 일단 package.json 파일은 다음과 같습니다.

코드 13.3   Pearls 일렉트론 애플리케이션의 package.json 파일

```
{
    "name": "pearls-electron",
    "version": "1.0.0",
```

```
    "description": "A clipboard API example for Electron and the book 'Cross
        Platform Desktop apps'",
    "main": "main.js",
    "scripts": {
      "start": "node_modules/.bin/electron .",
      "test": "echo \"Error: no test specified\" && exit 1"
    },
    "keywords": [
      "electron",
      "clipboard"
    ],
    "author": "Paul Jensen <paulbjensen@gmail.com>",
    "license": "MIT",
    "dependencies": {
      "electron ": "^1.3.7"
    }
  }
```

package.json 파일은 **npm init**를 기반으로 만들었으며, 일렉트론 모듈 종속석을 추가하는 등의 수정을 했습니다. 또한 **start**를 입력해서 **npm start**를 사용해 애플리케이션을 쉽게 실행할 수 있게 했습니다. 애플리케이션의 엔트리 포인트로 main.js 파일을 지정했는데요. 곧바로 main.js 파일의 내용을 살펴봅시다.

코드 13.4 Pearls 일렉트론 애플리케이션의 main.js 파일

```javascript
'use strict';

const electron = require('electron');
const app = electron.app;
const BrowserWindow = electron.BrowserWindow;

let mainWindow = null;

app.on('window-all-closed', () => {
  if (process.platform !== 'darwin') app.quit();
});
```

```
app.on('ready', () => {
  mainWindow = new BrowserWindow({
    width: 670,
    height: 550,
    useContentSize: true
  });
  mainWindow.loadURL('file://${__dirname}/index.html');
  mainWindow.on('closed', () => { mainWindow = null; });
});
```

main.js 파일에서는 기본적인 애플리케이션 화면을 실행합니다. 이때 너비와 높이를 지정해서 3x3 크기의 그리드를 적당하게 출력할 수 있게 했습니다. 참고로 애플리케이션 화면의 크기가 콘텐츠 윈도우의 크기를 기반으로 구성되게 **useContentSize**를 지정했습니다.

index.html, app.css, phrases.js 파일은 NW.js 버전의 애플리케이션과 완전히 같습니다. 따라서 따로 입력하지 말고, 이전에 입력했던 것을 사용하도록 합시다. 다만 클립보드 API를 호출하는 app.js 파일의 내용이 다른데요. 일렉트론에서는 클립보드를 어떻게 조작하는지 app.js 파일을 살펴봅시다.

코드 13.5 Pearls 일렉트론 애플리케이션의 app.js 파일

```
'use strict';

const electron = require('electron');
const clipboard = electron.clipboard;   ←──── 일렉트론의 클립보드 API를 읽어 들입니다.
const phrases = require('./phrases');
let phrasesArea;
let template;

function addPhrase (phrase) {
  template.content.querySelector('div').innerText = phrase;
  let clone = window.document.importNode(template.content, true);
  phrasesArea.app
  endChild(clone);
```

```
}

function loadPhrasesInto () {
  phrasesArea = window.document.getElementById('phrases');
  template = window.document.querySelector('#phrase');
  phrases.forEach(addPhrase);
}

function copyPhraseToClipboard (phrase) {
  clipboard.writeText(phrase);          ◀──── 클립보드에 텍스트를 붙여 넣는 함수를 선언합니다.
}

window.onload = loadPhrasesInto;
```

npm start 명령어를 사용해서 애플리케이션을 실행하면, 그림 13.2처럼 출력합니다.

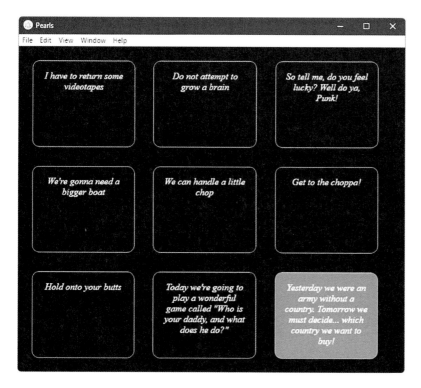

그림 13.2 윈도우 10에서 실행한 Pearls 일렉트론 애플리케이션

일렉트론에서 클립보드에 접근할 때는 read와 write라는 전형적인 이름을 사용합니다. Pearls 애플리케이션의 app.js 파일을 보면, **clipboard.writeText**라는 이름의 함수를 사용해서 텍스트를 클립보드에 입력합니다. 반대로 클립보드에서 텍스트를 읽어 들일 때는 다음과 같은 코드를 사용합니다.

```
const content = clipboard.readText();
```

클립보드의 내용을 지울 때는 NW.js 때와 같은 이름의 함수를 사용합니다.

```
clipboard.clear()
```

NW.js와 거의 비슷하다고 할 수 있는데요. 일렉트론은 텍스트 읽고 쓰기 이외에도 굉장히 많은 기능을 가지고 있습니다. 이와 관련된 내용은 다음 절에 이어서 알아보도록 하겠습니다.

3. 일렉트론의 클립보드 API로 다양한 형식 다루기

NW.js와 다르게 일렉트론은 RTF, HTML, 이미지 파일 등을 클립보드에 저장하고 접근할 수 있습니다. 다른 형식을 다룰 때도 **readText**와 **writeText** 함수와 비슷한 형태의 메서드를 사용하는데요. 지금부터 간단하게 설명하겠지만, 더 자세한 내용을 살펴보고 싶다면 http://electron.atom.io/docs/api/clipboard/를 참고해 주세요.

일렉트론의 클립보드 API는 다음과 같은 콘텐츠 타입을 다룰 수 있습니다.

- Text
- HTML
- Image(이미지)
- RTF

이는 다음과 같은 방법으로 콘텐츠를 읽고 쓸 수 있습니다.

```
const electron = require('electron');
const clipboard = electron.clipboard;


let image = clipboard.readImage();
let richText = clipboard.readRTF();
let html = clipboard.readHTML();

clipboard.writeImage(image);
clipboard.writeRTF(richText);
clipboard.writeHTML(html);
```

정리

이번 장에서는 영화의 대사를 사용자의 클립보드에 붙여 넣는 간단한 애플리케이션을 만들어 보며, 텍스트 기반의 데이터와 이외의 데이터를 클립보드에 어떻게 쓰고 읽는지에 대해 살펴보았습니다.

중요한 내용이라면 NW.js는 텍스트 기반의 콘텐츠만 클립보드에 저장하고 접근할 수 있으며, 일렉트론은 이미지와 RTF 같은 멀티미디어 콘텐츠를 클립보드에 저장하고 접근할 수 있다는 것입니다.

다음 장에서는 키보드 단축키를 살펴보면서, 조금 복잡한 형태의 애플리케이션을 구현해 보겠습니다. Snake라는 이름의 뱀꼬리 애플리케이션을 만들 것이므로, 지금까지의 내용보다 재미있을 것입니다.

키보드 단축키

애플리케이션의 고급 사용자들은 키보드 단축키를 사용해 빠르고 생산적으로 애플리케이션을 사용합니다. 아케이드 게임과 같은 형태의 애플리케이션도 단축키가 필수적인 기능이라고 할 수 있습니다.

일렉트론과 NW.js 애플리케이션으로 데스크톱 애플리케이션에 단축키를 적용하면 어떨까요? 사용자들이 일상적이고 반복적인 작업을 신속하게 수행할 수 있게 되며, 다른 애플리케이션과 사용자 경험을 공유할 수 있는 것입니다. 따라서 애플리케이션을 더 편리하게 사용할 수 있습니다. 이번 장에서는 Snake라는 이름의 뱀꼬리 게임을 구현해 보며 키보드 단축키를 사용하는 방법에 대해 알아보겠습니다.

몇 년 전 크리스마스 기념으로 New Bamboo(현재는 Throughtbot 소속)라는 Ruby on Rails 튜토리얼 사이트에 튜토리얼을 소개했던 적이 있습니다. 바로 뱀꼬리 게임이었는데요. 이번 절에서는 이때 소개했던 게임을 데스크톱 애플리케이션으로 만들어보겠습니다.

뱀꼬리 게임을 구현해 보면서 게임과 관련된 메커니즘을 이해해 봅시다. 또한 NW.js와 일렉트론의 키보드 단축키 API를 활용해서 뱀의 방향을 조절해 보며, 키보드 단축키 API의 사용 방법을 알아보겠습니다. 어떤 애플리케이션인지 지금 바로 확인하고 싶다면, 책과 함께 제공되는 GitHub 리포지터리의 snake-nwjs(http://mng.bz/Wis3)와 snake-electron(http://mng.bz/kxdd)를 참고해 주세요.

14-1 | NW.js로 Snake 게임 만들기

그럼 일단 snake-nwjs라는 이름의 폴더를 만들고 기본 코드를 생성합니다.

```
mkdir snake-nwjs
cd snake-nwjs
touch app.js
touch app.css
touch index.html
touch package.json
```

이어서 package.json 파일에 다음과 같은 내용을 입력합니다.

```json
{
  "name": "snake-nwjs",
  "version": "1.0.0",
  "description": "A Snake game in NW.js for 'Cross Platform Desktop
    Applications'",
  "main": "index.html",
  "scripts": {
    "start": "node_modules/.bin/nw .",
    "test": "echo \"Error: no test specified\" && exit 1"
  },
  "keywords": [
    "snake",
    "nwjs"
  ],
  "author": "Paul Jensen <paulbjensen@gmail.com>",
  "license": "MIT",
  "window": {
    "width": 840,
```

```
    "height": 470,
    "toolbar": false
  },
  "dependencies": {
    "nw": "^0.15.3"
  }
}
```

Column │ package.json 파일을 생성하는 다른 방법은 없나요?

만약 package.json 파일을 아무것도 없는 상태에서 코드를 입력해서 만드는 것이 싫다면, npm이 제공하는 init라는 명령어를 활용하면 됩니다. init 명령어를 사용하면, 몇 가지 질문을 받게 되는데요. 질문에 대한 답을 입력하면, 이를 기반으로 package.json 파일을 생성해 줍니다.

사용하고 싶다면 터미널 또는 명령 프롬프트를 열고, package.json 파일을 만들고 싶은 폴더로 이동한 뒤, npm init라고 입력해 주세요. 이와 관련된 자세한 설명은 https://docs.npmjs.com/cli/init를 참고해 주세요.

이제 index.html 파일을 열고 다음과 같은 기본 코드를 입력해 주세요.

```
<html>
  <head>
    <title>Snake</title>
    <link href="app.css" rel="stylesheet" />
    <script src="app.js"></script>
  </head>
  <body>
  </body>
</html>
```

그럼 본격적으로 게임을 만들어봅시다. 일단 게임의 화면에 어떤 것을 출력할지 생각해 봅시다. 뱀꼬리 게임을 해보았다면, 기본적으로 다음과 같은 것들을 떠올릴 수 있을 것입니다.

- 점수
- 뱀이 돌아다니고, 뱀의 먹이가 나타나는 게임 영역
- 시작, 일시 정지, 재시작 등의 게임 기능을 하는 버튼

일단 UI를 중심으로 생각해 보았는데요. 그럼 이러한 것들을 화면에 만들어봅시다.

가장 먼저 게임 영역과 점수를 정의하겠습니다. 게임 영역은 **canvas** 요소를 사용해서 정의하고, 점수는 **div** 요소를 사용해 출력하도록 하겠습니다. 그리고 **bar**라는 **id** 요소를 가진 **div** 태그를 사용해 게임 기능을 하는 버튼들을 생성합시다.

index.html 파일을 열고 다음과 같이 수정해 주세요.

```
<div id="scoreboard">
  <span id="label">Score:</span>
  <span id="score"></span>
  <div id="bar">
    <div id="play_menu">
      <button onclick="pause();">Pause</button>
    </div>
    <div id="pause_menu">
      <button onclick="play();">Resume</button>
      <button onclick="restart();">Restart</button>
    </div>
    <div id="restart_menu">
      <button onclick="restart();">Restart</button>
    </div>
  </div>
</div>
<canvas></canvas>
```

그럼 이어서 화면 출력에 스타일을 적용하겠습니다. app.css 파일을 열고, 다음과 같이 수정해 주세요.

```css
body {
  margin: 1em;
  padding: 0;
  background: #111;
  color: white;
  font-family: helvetica;
}

canvas {
  border: solid 1px red;
  width: 800px;
  height: 400px;
}

#scoreboard {
  padding-bottom: 1em
}

#label, #score, #bar {
  float: left;
  padding: 8px;
}

#pause_menu, #restart_menu {
  display: none;
}
```

canvas 요소의 크기를 지정했으므로, 뱀이 돌아다닐 영역이 확보되었습니다. 또한 점수판의
위치와 버튼들의 위치도 확보했습니다. 그럼 본격적으로 HTML5의 캔버스 API를 사용해서
뱀을 화면에 출력해 봅시다. 일단 app.js 파일에 다음과 같이 입력합니다.

```javascript
'use strict';

let canvas, ctx, gridSize, currentPosition, snakeBody, snakeLength,
    direction, score, suggestedPoint, allowPressKeys, interval, choice;
```

```
function updateScore () {
  score = (snakeLength - 3) * 10;
  document.getElementById('score').innerText = score;
}
```

위의 코드에서 만든 **updateScore** 함수는 **div** 태그에 사용자의 현재 점수를 출력할 수 있는 간단한 UI 헬퍼입니다. 이어서 다음과 같은 코드를 추가합니다.

```
function hasPoint (element) {
  return (element[0] === suggestedPoint[0] && element[1] ===
    suggestedPoint[1]);
}
```

두 개의 요소를 가진 배열을 사용해 x 좌표와 y 좌표를 저장하도록 하겠습니다. 위의 코드에서 만든 **hasPoint** 함수는 매개변수로 넘어온 배열 **element**의 좌표와 **suggestedPoint**의 좌표가 같은지 확인하는 코드입니다.

suggestedPoint라는 변수는 뱀이 먹을 음식의 위치를 나타내게 만들 것입니다. 다음과 같이 **makeFoodItem** 함수를 만들어주세요.

```
function makeFoodItem () {
  suggestedPoint =
    [Math.floor(Math.random()*(canvas.width/gridSize))*gridSize,
     Math.floor(Math.random()*(canvas.height/gridSize))*gridSize];
  if (snakeBody.some(hasPoint)) {
    makeFoodItem();
  } else {
    ctx.fillStyle = 'rgb(10,100,0)';
    ctx.fillRect(suggestedPoint[0], suggestedPoint[1], gridSize, gridSize);
  }
}
```

makeFoodItem이라는 이름의 함수는 이름 그대로 뱀이 먹을 음식을 생성하는 함수입니다. 랜덤한 좌표를 만들고, 현재 뱀이 차지하고 있는 위치인지 확인합니다. 만약 그렇다면 다시 **makeFoodItem**을 호출합니다. 반대로 뱀이 차지하고 있는 위치가 아니라면, 해당 위치에 음식을 생성합니다.

추가로 다음 코드를 생성합니다. 이 함수는 뱀이 스스로를 물었는지 확인하기 위해 사용할 함수입니다.

```
function hasEatenItself (element) {
  return (element[0] === currentPosition.x && element[1] ===
    currentPosition.y);
}
```

이어서 다음 코드를 추가합니다. 이 헬퍼 함수들은 뱀의 머리 위치의 왼쪽, 오른쪽, 위, 아래를 확인하는 함수들입니다. 이를 활용해 뱀이 벽과 충돌할 것인지, 음식을 먹을 것인지, 스스로를 먹지 않았는지 등을 확인할 것입니다.

```
function leftPosition(){
 return currentPosition.x - gridSize;
}

function rightPosition(){
  return currentPosition.x + gridSize;
}

function upPosition(){
  return currentPosition.y - gridSize;
}

function downPosition(){
  return currentPosition.y + gridSize;
}
```

다음 함수를 추가합니다. 기존의 뱀꼬리 게임에서 약간의 변경을 추가했습니다. 뱀이 이동 가능한 영역의 모서리에 왔을 때, 게임을 끝내는 것이 아니라 방향을 자동적으로 틀게 만들었습니다. 코드를 보면 "공간이 많이 남아있는 부분"으로 자동적으로 이동하게 하고 있는데요. 예를 들어 뱀이 아래로 내려가다가, 바닥의 오른쪽 부분에 부딪히게 되면, 왼쪽 방향으로 이동하게 됩니다.

```javascript
function whichWayToGo (axisType) {
  if (axisType === 'x') {
    choice = (currentPosition.x > canvas.width / 2) ? moveLeft() : moveRight();
  } else {
    choice = (currentPosition.y > canvas.height / 2) ? moveUp() : moveDown();
  }
}
```

이어서 다음 코드는 특정 방향으로 이동하게 하는 함수들입니다.

```javascript
function moveUp(){
  if (upPosition() >= 0) {
    executeMove('up', 'y', upPosition());
  } else {
    whichWayToGo('x');
  }
}

function moveDown(){
  if (downPosition() < canvas.height) {
    executeMove('down', 'y', downPosition());
  } else {
    whichWayToGo('x');
  }
}

function moveLeft(){
  if (leftPosition() >= 0) {
    executeMove('left', 'x', leftPosition());
```

```
    } else {
      whichWayToGo('y');
    }
  }

  function moveRight(){
    if (rightPosition() < canvas.width) {
      executeMove('right', 'x', rightPosition());
    } else {
      whichWayToGo('y');
    }
  }
```

위의 코드를 보면 **executeMove**라는 이름의 함수를 사용했는데요. 이 함수는 다음과 같이 구현합니다. 매개변수로 방향, 축과 관련된 정보를 받은 뒤 뱀을 그립니다.

```
  function executeMove(dirValue, axisType, axisValue) {
    direction = dirValue;
    currentPosition[axisType] = axisValue;
    drawSnake();
  }
```

moveSnake 함수는 방향을 기반으로 뱀을 움직이게 하는 함수입니다.

```
  function moveSnake(){
    switch (direction) {
      case 'up':
        moveUp();
        break;

      case 'down':
        moveDown();
        break;

      case 'left':
```

```
        moveLeft();
        break;

    case 'right':
        moveRight();
        break;
    }
}
```

이어서 다음과 같은 코드를 추가해서 게임을 시작, 일시 정지, 재시작할 수 있게 합니다.

```
function restart () {
    document.getElementById('play_menu').style.display='block';
    document.getElementById('pause_menu').style.display='none';
    document.getElementById('restart_menu').style.display='none';
    pause();
    start();
}

function pause(){
    document.getElementById('play_menu').style.display='none';
    document.getElementById('pause_menu').style.display='block';
    clearInterval(interval);
    allowPressKeys = false;
}

function play(){
    document.getElementById('play_menu').style.display='block';
    document.getElementById('pause_menu').style.display='none';
    interval = setInterval(moveSnake,100);
    allowPressKeys = true;
}
```

게임이 종료될 때 호출할 **gameOver**도 구현합니다. 사용자의 점수를 출력하고, 화면을 초기화한 뒤에 버튼을 변경하는 간단한 코드입니다.

```javascript
function gameOver(){
  pause();
  window.alert('Game Over. Your score was ' + score);
  ctx.clearRect(0,0, canvas.width, canvas.height);
  document.getElementById('play_menu').style.display='none';
  document.getElementById('restart_menu').style.display='block';
}
```

이제 뱀을 실제로 그릴 때 사용하는 함수를 살펴봅시다.

```javascript
function drawSnake() {
  if (snakeBody.some(hasEatenItself)) {
    gameOver();
    return false;
  }
  snakeBody.push([currentPosition.x, currentPosition.y]);
  ctx.fillStyle = 'rgb(200,0,0)';
  ctx.fillRect(currentPosition.x, currentPosition.y, gridSize, gridSize);
  if (snakeBody.length > snakeLength) {
    let itemToRemove = snakeBody.shift();
    ctx.clearRect(itemToRemove[0], itemToRemove[1], gridSize, gridSize);
  }
  if (currentPosition.x === suggestedPoint[0] && currentPosition.y ===
    suggestedPoint[1]) {
    makeFoodItem();
    snakeLength += 1;
    updateScore();
  }
}
```

drawSnake 함수는 지금까지 보았던 함수 중에 가장 복잡한 형태를 가지고 있는 함수입니다. 이 함수는 다음과 같은 기능들을 수행합니다.

- 뱀이 자기 자신을 먹지 않았는지 확인합니다. 만약 먹었다면 게임을 종료합니다.

- 뱀이 움직임 좌표를 배열에 저장합니다.

- 뱀의 몸을 화면에 그립니다.

- 뱀의 길이를 기반으로 뱀이 있었던 좌표를 지웁니다. 이를 활용해서 뱀이 움직이는 것처럼 보이게 만드는 것입니다.

- 뱀이 음식을 먹었는지 확인합니다. 만약 음식을 먹었다면 뱀을 길게 만들고, 점수를 추가합니다.

이어서 다음과 같은 함수를 추가합니다. **start** 함수는 단지 게임을 준비하는 함수입니다. 게임의 본격적인 시작은 **play** 함수에서 처리합니다.

```
function start () {
    ctx.clearRect(0,0, canvas.width, canvas.height);
    currentPosition = {'x':50, 'y':50};
    snakeBody = [];
    snakeLength = 3;
    updateScore();
    makeFoodItem();
    drawSnake();
    direction = 'right';
    play();
}
```

이어서 애플리케이션을 초기화할 때 사용할 **initialize** 함수를 추가합니다. HTML5의 **canvas** 객체를 추출하고, **start** 함수를 호출합니다.

```
function initialize () {
    canvas = document.querySelector('canvas');
    ctx = canvas.getContext('2d');
    gridSize = 10;
    start();
}
window.onload = initialize;
```

지금까지 보았던 다른 프로그램들에 비해서 코드가 약간 길지만, 이러한 코드를 사용하면 기본적인 게임을 구현할 수 있습니다. NW.js 애플리케이션을 실행하고 실제로 게임을 진행해 보세요. 그림 14.1과 같은 모습을 볼 수 있을 것입니다.

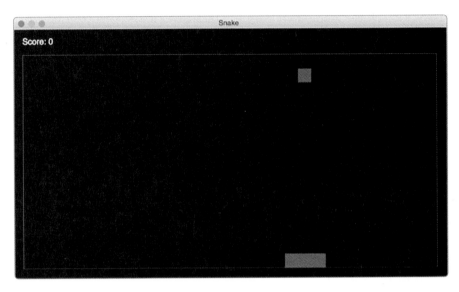

그림 14.1 아직 키보드 관련 기능을 구현하지 않은 뱀꼬리 게임

게임처럼 동작하지만, 뱀이 그저 붉은 테두리를 따라 이동하기만 합니다. 아직 키보드와 관련된 기능을 구현하지 않았기 때문이죠. 그럼 지금부터 차근차근 구현해 봅시다.

1. NW.js로 초점이 맞춰졌을 때의 키보드 단축키 구현하기

만약 애플리케이션 화면에 초점이 맞춰졌을 때 키보드 단축키를 구현하고자 한다면, NW.js의 키보드 단축키 API를 따로 사용할 필요도 없습니다. 그냥 웹 브라우저 기반의 자바스크립트에서 사용하던 키보드 관련 이벤트를 사용하면 됩니다.

다음 코드를 app.js 파일의 **start** 함수 위에 작성해 주세요.

```
window.document.onkeydown = function(event) {
    if (!allowPressKeys) {
```

```
    return null;
  }

  let keyCode;
  if(!event) {
    keyCode = window.event.keyCode;
  } else {
    keyCode = event.keyCode;
  }

  switch(keyCode) {
    case 37:
      if (direction !== 'right') {
        moveLeft();
      }
      break;
    case 38:
      if (direction !== 'down'){
        moveUp();
      }
      break;
    case 39:
      if (direction !== 'left'){
        moveRight();
      }
      break;
    case 40:
      if (direction !== 'up'){
        moveDown();
      }
      break;
    default:
      break;
  }
};
```

onkeydown 속성을 사용해서 키를 누를 때 발생하는 이벤트 리스너를 등록했습니다. 이벤트 리스너 내부에서는 어떤 키를 눌렀는지 확인하고, 방향에 따라 뱀을 해당 방향으로 이동시켜 줍니다. 파일을 저장하고 **nw** 명령어를 사용해 애플리케이션을 다시 실행하면, 방향키를 사용해 게임을 플레이할 수 있을 것입니다.

게임을 진행할 수 있으므로 큰 문제는 없습니다. 하지만 애플리케이션 화면에 초점이 있을 때만 방향키로 조작할 수 있습니다. 만약 초점이 들어가지 않은 상태에서 조작을 하고 싶으면 어떻게 해야 할까요?

바로 NW.js의 키보드 단축키 API를 사용하면 됩니다. 이어지는 절에서는 NW.js의 키보드 단축키 API를 사용해서, 화면에 초점이 없어도 게임을 일시 정지하고 계속 진행하게 만들 수 있는 단축키를 만들어보겠습니다.

2. NW.js로 전역 단축키 만들기

NW.js의 키보드 단축키 API는 전역 단축키를 만들 때 사용됩니다. 전역 단축키는 애플리케이션에 초점이 맞춰져 있지 않아도 사용할 수 있는 단축키를 나타냅니다. 예를 들어 데스크톱의 음악 플레이어 애플리케이션들은 대부분 애플리케이션에 초점이 맞춰져 있지 않아도, 키보드에 있는 미디어 키를 사용해서 볼륨 조절, 재생, 정지 등을 할 수 있습니다.

그럼 키보드 단축키 API를 활용해 볼 수 있는 예제로 뱀꼬리 애플리케이션에 초점이 맞춰져 있지 않은 상태에서도 Ctrl + P 단축키를 사용해 게임을 일시 정지하고 다시 시작할 수 있게 하는 단축키를 만들어보겠습니다.

일단 게임이 플레이 중인지 또는 일시 정지 중인지 상태를 나타낼 수 있는 변수를 생성하겠습니다.

```
let currentState;
```

이어서 이러한 변수의 상태를 기반으로 게임을 일시 정지하고, 다시 플레이하게 하는 **togglePauseState** 함수를 만들겠습니다.

```
function togglePauseState () {
  if (currentState) {
    if (currentState === 'play') {
      pause();
      currentState = 'pause';
    } else {
      play();
      currentState = 'play';
    }
  } else {
    pause();
    currentState = 'pause';
  }
}
```

조건문이 약간 복잡한데요. **togglePauseState** 함수를 처음 호출할 때는 **currentState**에 값이 설정되지 않은 상태입니다. 따라서 이러한 초기 상태 때 일시 정지하게(게임이 처음에는 플레이 상태이므로), 외부에 있는 조건문을 사용한 것입니다.

이후의 호출 때는 **currentState**가 **pause**로 설정되어 있으면, **play()** 함수를 호출하고, **play**로 설정되어 있으면, **pause()** 함수를 호출합니다. 이러한 **togglePauseState**라는 함수를 Ctrl+P라는 전역 단축키로 호출할 수 있게 하겠습니다.

일단 다음과 같이 키 조합을 생성합니다.

```
const pauseKeyOptions = {
  key:'Ctrl+P',
  active: togglePauseState,
  failed: () => {
    console.log('An error occurred');
  }
};
```

pauseKeyOptions라는 변수는 키 조합, 키를 입력했을 때 호출할 함수, 어떤 이유로 전역 단축키 호출에 실패했을 때 호출할 함수의 조합입니다. 이러한 객체를 기반으로 **Shortcut** 클래스의 인스턴스를 생성합니다.

```
const pauseShortcut = new nw.Shortcut(pauseKeyOptions);
```

이어서 이러한 인스턴스를 전역 단축키에 다음과 같이 등록합니다.

```
nw.App.registerGlobalHotKey(pauseShortcut);
```

이렇게 작성하기만 하면 전역 단축키가 등록됩니다. 따라서 Ctrl+P를 누르면, 애플리케이션에 초점이 맞춰져 있지 않은 상태라도 게임이 일시 정지 또는 다시 시작됩니다. 전부 구현한 것 같지만 주의해야 하는 것이 있습니다. 이렇게 운영체제에 단축키를 등록했다면, 애플리케이션을 빠져나갈 때 단축키를 해제해야 한다는 것입니다.

```
process.on('exit', () => {
  nw.App.unregisterGlobalHotKey(pauseShortcut);
});
```

이러한 코드를 사용하면 애플리케이션이 종료될 때 단축키 설정을 해제하게 됩니다. 이제 파일을 저장하고 애플리케이션을 실행해서 게임을 플레이해 봅시다. 그리고 Ctrl+P를 눌러보세요. 애플리케이션에 초점이 맞춰져 있지 않은 상태에서도 게임의 상태가 변경될 것입니다.

Ctrl+P라고 입력했는데, macOS에서는 Command+P 단축키로 동작해요

조금 이상한 말인데요. NW.js는 Ctrl 키라고 작성해도, macOS에서는 이를 Command 키로 변환합니다. 따라서 코드에서 Ctrl+P라고 단축키를 등록해도, 실제로는 Command+P라는 단축키가 등록됩니다.

이는 일반적으로 macOS에서의 단축키가 Command 키를 활용하기 때문입니다. 예를 들어 윈도우에서는 Ctrl+C라는 복사 단축키가, macOS에서는 Command+C입니다.

사실 현재 예제와 전역 단축키가 조금 적절하지 않을 수도 있다고 생각합니다. 그래도 전역 단축키를 어떻게 사용하는지는 이해했을 것으로 생각합니다. 조금 더 적절한 예라면 화면 녹화 애플리케이션을 만든다고 생각해 보세요. 녹화 중간에 애플리케이션을 켜서 녹화를 시작/정지하는 것보다는 전역 단축키를 사용하는 것이 훨씬 효율적이겠죠?

지금까지 NW.js에서의 전역 단축키 사용법을 알아보았으니, 이제 일렉트론에서 전역 단축키를 사용하는 방법에 대해 살펴봅시다.

14-2 일렉트론으로 뱀꼬리 게임의 전역 단축키 만들기

일렉트론에서는 어떻게 키보드 단축키를 구현하는지 비교할 수 있게, 일렉트론 버전으로 게임을 다시 만들어보겠습니다. 만약 곧바로 프로그램을 실행해 보고 싶다면, GitHub 리포지터리에서 snake-electron을 찾아 확인하기 바랍니다.

두 버전의 애플리케이션은 굉장히 많은 코드를 공유하지만, 키보드 단축키 구현과 관련된 부분이 상당히 다릅니다. API를 호출하는 방법만 다른 것이 아니라, 키보드 단축키 API에 접근하는 방법부터 다릅니다.

그럼 전역 키보드 단축키 부분에 집중해서 설명할 수 있게, 동일한 파일들은 추가적인 설명을 하지 않겠습니다.

index.html 파일과 app.css 파일은 완전히 같습니다. 반면 app.js와 main.js 파일은 다릅니다. 일단 main.js 파일부터 살펴봅시다. main.js 파일은 다음과 같은 내용이 들어있습니다. 이때 일렉트론의 **globalShortcut**이라는 API를 호출하는 부분을 주목해서 살펴봅시다.

코드 14.1　일렉트론 버전 뱀꼬리 게임의 main.js 파일

```
'use strict';

const {app, globalShortcut, BrowserWindow} = require('electron'); ◀──┐
                                              일렉트론에서 globalShortcut 모듈을
                                              읽어 들입니다.
let mainWindow = null;

app.on('window-all-closed', () => {
  if (process.platform !== 'darwin') app.quit();
});

app.on('ready', () => {
```

```
    mainWindow = new BrowserWindow({
      width: 840,
      height: 470,
      useContentSize: true
    });
    mainWindow.loadURL('file://${__dirname}/index.html');
    mainWindow.on('closed', () => { mainWindow = null; });     키보드 단축키를 등록합니다.
    const pauseKey = globalShortcut.register('CommandOrControl+P', () => {
      mainWindow.webContents.send('togglePauseState');     키보드 단축키를 눌렀을 때 애플리케이션
                                                           화면으로 이벤트를 방출합니다.
    });
    if (!pauseKey) alert('You will not be able to pause the game from the
      keyboard');     ◄──── 키보드 단축키가 제대로 등록되지 않는 경우 경고창을 출력합니다.
});


app.on('will-quit', () => {
    globalShortcut.unregister('CommandOrControl+P');     애플리케이션이 종료될 때 키보드
                                                         단축키를 컴퓨터에서 등록 해제합니다.
});
```

globalShortcut API는 일렉트론의 메인 프로세스에서 사용할 수 있습니다. 따라서 main. js 파일이 있어야 키보드 단축키를 등록할 수 있습니다. **globalShortcut**이라는 모듈을 읽어 들이면 **register**와 **unregister**라는 이름의 함수를 사용해 키보드 단축키를 등록할 수 있습니다.

일단 NW.js 버전과 가장 큰 차이점을 비교해 보면, 키보드 입력을 나타내는 문자열을 지정할 때 "Ctrl"이 아니라 "CommandOrControl"을 사용했다는 것입니다. 이는 macOS에서는 command 키를 사용한다는 의미이고, 윈도우와 리눅스에서는 Ctrl 키를 사용하겠다는 의미입니다.

키보드 단축키는 메인 프로세스에서 등록할 수 있습니다. 그런데 현재 코드에서 게임을 일시 정지시키거나 하는 기능은 애플리케이션 화면 쪽에 있습니다. 따라서 메인 프로세스에서 렌더러 프로세스로 단축키가 눌렸다는 이벤트를 전달해서 사용해야 합니다. 따라서 **webContents** 모듈을 사용해 이벤트를 렌더러 쪽으로 보내고 있습니다. 그럼 이제 렌더러 쪽을 살펴봅시다.

```
const ipcRenderer = require('electron').ipcRenderer;   ◄──── ipcRenderer 모듈을 읽어 들입니다.

function togglePauseState () {   ◄──── 키보드 단축키를 입력했을 때 실행할 이벤트 핸들러를 지정합니다.
  if (currentState) {
    if (currentState === 'play') {
      pause();
      currentState = 'pause';
    } else {
      play();
      currentState = 'play';
    }
  } else {
    pause();
    currentState = 'play';
  }
}

ipcRenderer.on('togglePauseState', togglePauseState);   ◄──── togglePauseState라는 이름의
                                                              이벤트를 받았을 때 실행할 함수를
                                                              지정합니다.
```

ipcRenderer 모듈을 사용해 webContents로 전달된 이벤트를 받았습니다. 따라서 Ctrl(또는 Command)+P 키를 누르면, 메인 프로세스에서 **webContents.send**를 사용해 렌더러 쪽으로 **togglePauseState**라는 이벤트를 전달하게 됩니다. ipcRenderer 모듈을 사용해 이러한 이벤트 를 받은 뒤, 같은 이름의 함수를 콜백으로 지정했습니다.

NW.js와 일렉트론으로 만들어진 두 코드를 비교하면, 일렉트론으로 만들어진 코드는 **globalShortcut** API를 사용할 때 IPC 통신을 사용해야 하므로 코드가 조금 더 길다는 것을 알 수 있습니다. NW.js는 백과 프런트가 자바스크립트 콘텍스트를 공유하므로 이러한 기능을 조금 더 쉽게 구현할 수 있을 것입니다.

일렉트론의 **globalShortcut** API와 관련된 내용을 더 살펴보고 싶다면, 일렉트론의 관련 문서(http://electron.atom.io/docs/api/global-shortcut/)를 참고해 주세요.

정리

이번 장에서는 간단한 2D 게임에 키보드 단축키를 넣어보며, NW.js와 일렉트론에서 키보드 단축키를 어떻게 구현하는지 각각 살펴보았습니다. 이때 전역 단축키는 애플리케이션 화면에 초점이 맞춰져 있지 않아도 사용할 수 있었습니다. 몇 가지 내용을 추가로 정리하면 다음과 같습니다.

- 일반적인 웹 페이지에서 키보드 입력을 받을 때 사용하는 `document.onkeydown`으로 쉽게 단축키를 구현할 수 있습니다.

- NW.js에서 전역 단축키를 구현할 때는 Ctrl이라고 입력해도, macOS에서는 Command로 인식한다는 것을 다시 한번 기억해 주세요.

- 애플리케이션이 종료될 때는 등록했던 전역 단축키를 제거해야 합니다. 만약 제거하지 않으면, 다른 애플리케이션에서 같은 단축키를 활용할 때 충돌이 발생할 것입니다.

15장에서는 데스크톱 노티피케이션을 배우며 운영체제와 조금 더 밀접하게 상호작용하는 방법을 살펴보겠습니다.

데스크톱 노티피케이션

학습 목표

☑ 일렉트론에서 데스크톱 노티피케이션을 만들 때 사용할 수 있는 서드파티 npm 모듈을 살펴봅니다

☑ NW.js에서 데스크톱 노티피케이션을 만들 때 사용하는 HTML5 노티피케이션 API를 살펴봅니다

☑ 트위터를 기반으로 트윗을 실시간으로 노티피케이션 해주는 애플리케이션을 만듭니다

컴퓨터를 사용해 일상적인 작업을 할 때, 대부분의 사람들은 한 번에 여러 개의 애플리케이션을 실행하면서 사용합니다. 하지만 사람이므로 한 번에 하나의 애플리케이션에만 집중할 수 있습니다. 채팅 애플리케이션, 파일 다운로더, 뮤직 플레이어 등에서 무슨 일이 일어났는지 별도로 사용자에게 알려주지 않으면, 사용자가 전혀 눈치채지 못할 수 있습니다.

이러한 경우 사용하는 기능이 바로 화면의 오른쪽 아래 또는 위에 작은 대화 상자를 출력하는 노티피케이션이라는 기능입니다. 노티피케이션은 사용자에게 어떤 일이 일어나고 있다는 것을 알려주는 역할을 합니다. NW.js와 일렉트론은 운영체제가 기본적으로 제공하는 노티피케이션 시스템을 사용할 수 있게 노티피케이션 API를 제공합니다. 이번 장에서는 이 API에 대해서 살펴보겠습니다.

15-1 | 예제 미리보기

소셜 미디어의 세계에서는 이벤트를 실시간으로 모니터링하고 추적해야 합니다. 컴퓨터를 사용하는 대부분의 사용자는 이벤트 발생을 확인하겠다고 화면을 하루 종일 보고 있을 여유가 없습니다. 예를 들어 애플리케이션이 트위터에서 주요 항목들의 내용을 모니터링하고, 주제가 언급될 때마다 내용을 출력해 준다면 어떨까요? 사용자가 관심 있는 브랜드의 신제품을 계속해서 확인하거나, 축구 경기에서 골이 들어갔을 때 쉽게 확인할 수 있게 될 것입니다.

이 애플리케이션의 이름을 Watchy라고 부르겠습니다. Watchy는 트위터의 스트리밍 API를 사용해 지속적으로 트윗을 모니터링합니다. 그리고 사용자가 등록한 특정한 키워드를 가진 트윗이 확인되면, 데스크톱 알림으로 해당 트윗을 출력해 줍니다.

일렉트론 버전의 애플리케이션은 책과 함께 제공되는 GitHub 리포지터리의 watchy-electron 이라는 폴더에서 확인할 수 있습니다(http://mng.bz/URx8).

일단 일렉트론으로 애플리케이션을 만드는 방법을 살펴본 뒤에 NW.js를 사용해 애플리케이션을 만드는 방법에 대해 알아보겠습니다.

15-2 일렉트론으로 Watchy 애플리케이션 만들기

이번 절에서 만들 Watchy라는 애플리케이션은 트위터와 데스크톱 노티피케이션 라이브러리를 결합한 간단한 예제입니다. 일단 watchy-electron이라는 이름의 폴더를 만들고, 내부에 다음과 같은 package.json 파일을 만들어주세요.

코드 15.1 Watchy 일렉트론 애플리케이션의 package.json 파일

```
{
  "name": "watchy-electron",
  "version": "1.0.0",
  "description": "A Twitter client for monitoring topics, built with
    electron for the book 'Cross Platform Desktop Applications'",
  "main": "main.js",
  "scripts": {
    "start": "node_modules/.bin/electron .",
    "test": "echo \"Error: no test specified\" && exit 1"
  },
  "keywords": [
    "electron",
    "twitter"
  ],
  "author": "Paul Jensen <paulbjensen@gmail.com>",
  "license": "MIT",
  "dependencies": {
    "electron-notifications": "0.0.3",
    "electron ": "^1.3.7",
    "twitter": "^1.3.0"
  }
}
```

package.json에 트위터의 API를 활용할 때 사용하는 twitter 모듈, 일렉트론에서 데스크톱 노티피케이션을 만들 때 사용하는 electron-notifications 모듈을 지정했습니다. electron-notification 모듈과 관련된 내용은 https://github.com/blainesch/electron-notifications를 참고해 주세요.

그리고 **scripts** 필드에 **npm start**로 애플리케이션을 실행할 수 있게 명령어를 지정했습니다. 따라서 쉽게 애플리케이션을 실행할 수 있을 것입니다.

이어서 일렉트론에서 처음 실행되는 파일인 main.js를 살펴봅시다. main.js 파일에서는 트위터 클라이언트 설정과 트위터 스트리밍 API로 데이터를 특정한 키워드를 모니터링하게 합시다.

watchy-electron 폴더 내부에 main.js라는 이름의 파일을 만들고, 다음 코드를 입력합니다.

코드 15.2   Watchy 일렉트론 애플리케이션의 main.js 파일

```
'use strict';

const {app, ipcMain, BrowserWindow} = require('electron');
const notifier = require('electron-notifications');    ◀——— electron-notifications 모듈
                                                              을 읽어 들입니다.
const config = require('./config');
const Twitter = require('twitter');
const client = new Twitter(config);    ◀——— 트위터 API를 사용할 수 있게 설정합니다.


let mainWindow = null;

app.on('window-all-closed', () => {
  if (process.platform !== 'darwin') app.quit();
});                                        변수 term을 검색 키워드로 지정해서,
                                           트위터 스트리밍 API에서 트윗을 추출합니다

                                           특정한 단어를 기반으로 트윗을 모니터
ipcMain.on('monitorTerm', (event, term) => {  ◀——  링 할 수 있게 하는 이벤트입니다.
  client.stream('statuses/filter', {track: term}, (stream) => {
    stream.on('data', (tweet) => {   ◀——— 키워드가 들어있는 트윗이 발견되면 노티피케이션을 생성합니다.
      let notification = notifier.notify('New tweet', {
        icon: tweet.user.profile_image_url,
        message: tweet.text
      });
```

```
      });
      stream.on('error', (error) => {
        console.log(error.message);
      });
    });
  });

  app.on('ready', () => {
    mainWindow = new BrowserWindow({
      width: 370,
      height: 90,
      useContentSize: true
    });
    mainWindow.loadURL('file://${__dirname}/index.html');
    mainWindow.on('closed', () => { mainWindow = null; });
  });
```

main.js 파일에서는 트위터 클라이언트를 연결해서 트윗을 감시하고, 특정한 단어를 가진 트윗이 확인되면, 노티피케이션 모듈을 활용해서 알림을 보내줍니다. 트위터 클라이언트를 연결할 때는 config.js라는 파일에 들어있는 정보를 사용합니다. config.js 파일은 다음과 같은 config.example.js 파일을 복사해서 만들면 됩니다.

```
module.exports = {
  consumer_key: null,
  consumer_secret: null,
  access_token_key: null,
  access_token_secret: null
};
```

config.example.js 파일은 4가지 종류의 키를 사용해 null 값을 외부에 공개하고 있습니다. 이 파일을 복사해서 config.js라는 이름으로 저장한 뒤 각각의 정보를 입력합니다.

이러한 정보를 얻으려면, https://apps.twitter.com에서 트위터 애플리케이션을 생성해야 합니다. 애플리케이션을 생성하면 다음과 같은 4가지 값을 확인할 수 있는데요. 이 값들을 config.js에 입력해 주세요*.

- Application consumer key
- Application consumer secret
- Access token key
- Access token secret

그럼 이제 프런트엔드 부분을 구현하도록 하겠습니다. 애플리케이션의 프런트엔드 코드인 index.html의 내용을 살펴보도록 합시다.

코드 15.3 Watchy 일렉트론 애플리케이션의 index.html 파일

```html
<html>
  <head>
    <title>Watchy</title>
    <link rel="stylesheet" href="app.css"/>
    <script src="app.js"></script>
  </head>
  <body>
    <form onsubmit="search();">
      <input type="text" placeholder="Monitor tweets about..." />
      <button type="submit">Monitor</button>
    </form>
  </body>
</html>
```

index.html 파일은 입력 양식을 가지고 있는 굉장히 간단한 구성입니다. **input** 요소에 감시하고자 하는 키워드를 입력하고 버튼을 누르면, **form** 요소 전체가 제출되며 **search** 함수를 호출하는 구성입니다. 추가로 app.css 파일과 app.js 파일을 읽어 들이고 있는데요. 일단 app.css 파일부터 살펴보겠습니다.

코드 15.4 **Watchy 일렉트론 애플리케이션의 app.css 파일**

```css
body {
  margin: 0px;
  padding: 0px;
  font-family: 'Helvetica Neue', 'Arial';
  background: #55acee;
}

input, button {
  padding: 1em;
  font-size: 12pt;
  border-radius: 10px;
  border: none;
  outline: none;
}

button {
  background: linear-gradient(0deg, #bbb, #fff);
  cursor: pointer;
}

form {
  margin: 1em;
}
```

스타일을 지정하면, 애플리케이션이 그림 15.1처럼 됩니다.

그림 15.1 윈도우10에서 실행한 Watchy 애플리케이션

이제 입력 양식을 입력하면, 입력 양식의 데이터를 백엔드(메인 프로세스)로 전달한 뒤, 관련 트윗을 데스크톱 노티피케이션으로 확인할 수 있게 하겠습니다.

index.html 파일에서는 입력 양식을 제출할 때 **search**라는 이름의 함수를 호출합니다. 이 함수는 app.js 파일에 작성합니다. app.js 파일을 다음과 같이 생성해 주세요.

코드 15.5　Watchy 일렉트론 애플리케이션의 app.js 파일

```
'use strict';

const {ipcRenderer} = require('electron');    ◀━━  일렉트론의 ipcRenderer 모듈을 추출합니다.
                                                   이를 활용해 메인 프로세스와 데이터를 주고받을 것입니다.

function search () {
  const formInput = window.document.querySelector('form input');
  const term = formInput.value;    ◀━━ 입력 양식의 값을 추출합니다.
  ipcRenderer.send('monitorTerm', term);    ◀━━  ipcRenderer 모듈을 사용해서 키워드
  return false;                                   를 메인 프로세스에 전달합니다.
}
```

search 함수는 입력 양식에서 값을 추출하고, ipcRenderer 모듈을 사용해 백엔드로 전달합니다. 백엔드에서는 입력 양식의 값을 기반으로 트윗을 감시합니다.

그럼 이제 **npm start** 명령어를 사용해서 애플리케이션을 실행해 봅시다. 애플리케이션 화면의 입력 양식에 감시하고 싶은 단어를 입력하고 버튼을 누르면, 관련된 트윗이 들어올 때마다 그림 15.2처럼 데스크톱 노티피케이션을 출력할 것입니다.

그림 15.2 Watchy를 사용해 "breakfast"를 감시했을 때의 노티피케이션 출력

지금까지 트윗 감시 프로그램을 구현해 보면서 일렉트론에서 데스크톱 노티피케이션을 사용하는 방법에 대해 알아보았습니다. 다음 절에서는 NW.js으로 같은 애플리케이션을 구현해 보며, NW.js에서는 데스크톱 노티피케이션을 어떻게 사용하는지 알아보겠습니다.

15-3 | NW.js로 Watchy 애플리케이션 만들기

NW.js는 데스크톱 노티피케이션을 일렉트론과 전혀 다른 접근 방법으로 구현했습니다. 데스크톱 노티피케이션은 0.12버전에서 0.14버전으로 올라가면서 굉장히 크게 바뀌었는데요. 이는 이 시기에 구글 크롬이 데스크톱 노티피케이션 지원을 시작했기 때문입니다.

0.12버전에서 0.14버전으로 변경되면서 NW.js는 자체적인 노티피케이션 기능을 버리고, 구글 크롬의 데스크톱 노티피케이션을 사용하게 되었습니다. 따라서 HTML5의 노티피케이션 API(https://developer.mozilla.org/en-US/docs/Web/API/Notification)를 사용해서, 노티피케이션을 만들 수 있게 된 것입니다. 그런데 약간의 차이점이 있고, 이 차이점 때문에 많은 사람이 NW.js로 노티피케이션을 만들 때 문제를 일으킵니다. 따라서 이와 관련된 내용도 정리하도록 하겠습니다.

일단 애플리케이션을 만들어보도록 하겠습니다. 책과 함께 제공되는 GitHub 리포지터리에서 watchy-nwjs 폴더의 내용을 살펴보도록 합시다(http://mng.bz/UD6r).

그럼 package.json 파일 작성부터 시작해 봅시다.

코드 15.6 Watchy NW.js 애플리케이션의 package.json 파일

```
{
  "name": "watchy-nwjs",
  "version": "1.0.0",
  "description": "A Twitter client for monitoring topics, built with NW.js
    for the book 'Cross Platform Desktop Applications'",
  "main": "index.html",
  "scripts": {
    "start": "node_modules/.bin/nw .",
    "test": "echo \"Error: no test specified\" && exit 1"
```

```
    },
    "keywords": [
      "twitter",
      "nwjs"
    ],
    "window": {
      "toolbar": true,
      "width": 370,
      "height": 80
    },
    "author": "Paul Jensen <paulbjensen@gmail.com>",
    "license": "MIT",
    "dependencies": {
      "nw": "^0.15.3",
      "twitter": "^1.3.0"
    }
  }
```

package.json 파일에 dependencies 속성으로 사용할 모듈을 지정했습니다. 또한 npm start 명령어를 사용해 애플리케이션을 쉽게 실행할 수 있게 scripts.start 속성을 지정했습니다.

그럼 npm install 명령어를 실행해서 사용할 모듈을 설치하고, index.html 파일을 만듭니다. index.html 파일에는 코드 15.3의 내용(일렉트론 버전 애플리케이션의 index.html)을 입력합니다. 추가로 index.html 파일은 app.css 파일을 불러옵니다. app.css를 만들고 마찬가지로 코드 15.4의 내용을 입력해 주세요.

그리고 app.js 파일을 만든 뒤 코드 15.7처럼 작성합니다.

코드 15.7　Watchy NW.js 애플리케이션의 app.js 파일

```
'use strict';

const Twitter = require('twitter');
const config  = require('./config');
let term;
```

```
const client = new Twitter(config);        ◄─── 트위터 클라이언트를 생성합니다.
let notify = Notification;        ◄─── 전역 변수 Notification을 쉽게 사용할 수 있게 변수를 선언했습니다.


function notifyOfTweet (tweet) {
  new notify('New tweet about ${term}',        ◄─── 노티피케이션을 생성합니다.


    {
        body: tweet.text,        ◄─── 노티피케이션에 출력할 텍스트와 이미지를 지정합니다.
        icon: tweet.user.profile_image_url
      }
  );
}


function search () {
  const formInput = window.document.querySelector('form input');
  term = formInput.value;
  client.stream('statuses/filter', {track: term}, (stream) => {
    stream.on('data', notifyOfTweet);        ◄─── 스트리밍 API의 stream 이벤트가 발생할 때마다
    stream.on('error', (error) => {                notifyOnTweet 함수를 호출하게 합니다.
      alert(error.message);
    });
  });
  return false;
}
```

이제 애플리케이션을 거의 다 만들었습니다. 이제 남은 일은 config.example.js 파일을 config.js
라는 이름으로 변경하고, 내부에 트위터 API의 비밀 키 등을 입력하는 것입니다.

```
module.exports = {
  consumer_key: null,
  consumer_secret: null,
  access_token_key: null,
  access_token_secret: null
};
```

트위터 애플리케이션에서 각각의 키를 복사해서 붙여 넣은 뒤, **npm start** 명령어를 사용해서 애플리케이션을 실행해 봅시다. 애플리케이션이 실행되면 입력 양식에 단어를 입력하고 버튼을 눌러보세요. 관련된 트윗이 나올 때마다 화면에 **그림 15.3**과 같은 노티피케이션을 출력할 것입니다. 참고로 구글 크롬을 사용해 봤으면 알겠지만, 구글 크롬의 노티피케이션과 완전히 같은 모양이랍니다.

NW.js는 프런트엔드와 백엔드가 결합되어 있으므로 따로 IPC 통신 등을 활용하지 않아도 됩니다. 결과적으로 트위터 클라이언트와 **search** 함수를 같은 위치에 구현할 수 있으므로 코드가 간단해집니다. 다만 규모가 큰 데스크톱 애플리케이션을 만들 때, 코드를 적절하게 리팩터링하지 않으면, 코드의 가독성이 크게 떨어질 수 있으므로 주의하기 바랍니다.

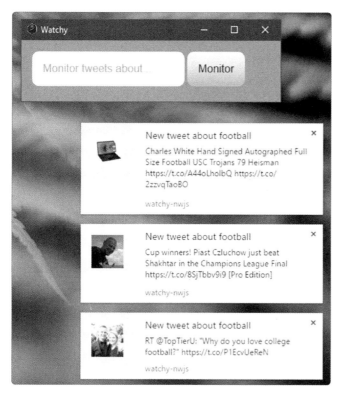

그림 15.3 윈도우10에서 실행한 Watchy NW.js 애플리케이션

정리

이번 장에서는 트윗 감시 애플리케이션을 일렉트론과 NW.js로 구현해 보았습니다. 애플리케이션 두 프레임워크로 구현하면서 접근 방식의 차이를 이해했을 것으로고 생각합니다. 어쨌거나 이번 장의 내용을 정리해 보면 다음과 같습니다.

- 일렉트론은 npm에서 electron-notification이라는 모듈을 설치하고, 이를 활용해서 데스크톱 노티피케이션을 구현합니다.

- NW.js는 0.14 버전부터 구글 크롬의 노티피케이션 API를 활용합니다(이전 버전에서는 자체적인 노티피케이션 구현을 사용했습니다).

- 데스크톱 애플리케이션은 굉장히 편리한 기능이지만, 너무 많이 노티피케이션을 출력하면 스팸 애플리케이션처럼 보일 수 있습니다.

다음 장부터는 지금까지 개발한 애플리케이션을 테스트하고 빌드하는 방법에 대해서 알아보겠습니다.

Part 04

배포하기

데스크톱 애플리케이션을 완성하면 코드가 제대로 돌아가는지 테스트하고, 문제를 찾고 해결하고, 애플리케이션을 다양한 운영체제에 배포할 수 있게 빌드하는 과정이 이루어져야 합니다. 이번 파트에서는 데스크톱 애플리케이션의 테스트를 어떻게 작성하는지, 성능 문제 등을 디버깅으로 어떻게 찾는지, 바이너리 실행 파일을 어떻게 생성하는지 등에 대해 알아보겠습니다.

일단 16장에서는 Mocha, Cucumber, Devtron과 같은 도구를 활용해 데스크톱 애플리케이션을 테스트하는 방법에 대해 알아보겠습니다. 이어서 디버깅 도구를 살펴보며, 성능 보틀넥을 찾는 방법을 알아보겠습니다. 이러한 과정이 끝나면 배포할 준비가 모두 끝났다고 할 수 있습니다. 이 책의 마지막인 18장에서는 윈도우, macOS, 리눅스에 애플리케이션을 배포하기 위한 다양한 방법에 대해 알아보겠습니다.

테스트

학습 목표

☑ 데스크톱 애플리케이션을 개발할 때 테스트가 중요한 이유에 대해서 살펴봅니다

☑ 애플리케이션을 테스트하는 다양한 접근 방법에 대해서 알아봅니다

☑ Mocha를 사용해 단위 테스트를 하는 방법을 알아봅니다

☑ Spectron을 사용해 일렉트론 애플리케이션을 테스트해 봅니다

☑ Cucumber를 사용해 행위 주도 개발(BDD)하는 방법을 알아봅니다

필자가 처음 프로그래밍을 시작했던 2006년, 필자는 소프트웨어 테스트와 관련된 생각이 거의 없었습니다. 또한 왜 소프트웨어 테스트를 해야 하는지 자체도 몰랐습니다. 그러다가 어느 날 클라이언트에게 애플리케이션 데모를 보여줘야 했습니다. 20분 정도 잠시 코드를 수정하고 데모를 했는데, 데모 중에 애플리케이션이 죽어버렸습니다. 지금까지 살면서 가장 당황스러운 순간이었습니다. 이후로 필자는 데모 이전에는 절대 코드 수정을 하지 않았고, 또한 테스트 코드가 없을 때는 최대한 코드 수정을 피하게 되었습니다.

현재 Bit Zesty라는 디지털 컨설턴트 회사에서 일하고 있는 Matt Ford라는 동료가 그때 저에게 루비의 RSpec으로 단위 테스트하는 방법을 알려주었습니다. 그리고 그때부터 테스트 주도

개발(TDD: Test Driven Development) 방식에 따라 테스트 코드를 작성했고, 제품의 품질을 크게 향상시킬 수 있었습니다.

사실 이전에는 테스트라는 것을 몰라서 못 했던 것이 아닙니다. 테스트라는 것이 무엇인지는 알았지만, 많은 사람이 "테스트를 작성하고 앉아 있을 시간은 없다"라는 식으로 말을 했기 때문에 할 생각 자체를 못 했던 것입니다. 하지만 필자의 경험으로는 테스트 코드를 작성하지 않고 개발되는 애플리케이션들이 오히려 시간을 많이 낭비했습니다. 또한 테스트가 쓸데없다고, 아예 테스트를 하지 않는 경우도 있습니다. 하지만 테스트되지 않은 소프트웨어를 배포하거나 할 때는 언제나 불안할 수밖에 없습니다. 중요한 데이터를 저장하는 애플리케이션에서 테스트가 제대로 되지 않아서 충돌이 계속 일어난다면 어떨까요? 중요한 데이터가 손실될지도 모릅니다. 테스트는 애플리케이션을 만들 때 사용할 수 있는 기본적인 안전장치라고 할 수 있습니다.

이번 절에서는 데스크톱 애플리케이션을 테스트할 때 볼 수 있는 다양한 접근 방식에 대해 살펴보겠습니다. 일단 Node.js를 위한 단위 테스트 도구 Mocha를 사용해서 가장 기본적인 테스트라고 할 수 있는 단위 테스트를 해보겠습니다. 그리고 Cucumber를 활용해 애플리케이션의 기능 테스트에 대해서 알아보겠습니다. 또한 일렉트론 애플리케이션을 테스트할 때 활용할 수 있는 Spectron이라는 도구도 살펴봅니다. 이러한 과정을 모두 거치면, 애플리케이션 테스트를 통해 무엇을 얻을 수 있는지 알 수 있을 것입니다.

16-1 애플리케이션을 테스트하는 다양한 접근 방식

애플리케이션을 테스트할 때는 테스트 주도 개발과 행위 주도 개발 등의 다양한 접근 방식이 있습니다. 이러한 것들이 대체 무슨 말이고 어떻게 해야 하는 것일까요? 이번 절부터 그러한 답을 설명하도록 하겠습니다. 자신이 개발하고 있는 소프트웨어에는 어떤 접근 방식을 적용하는 것이 좋을지 내용을 진행하며 함께 생각해 보기 바랍니다. 참고로 이미 두 용어에 대한 정의를 잘 알고 있다면, 16.2절로 건너뛰어 주세요.

1. 테스트 주도 개발(TDD)

테스트 주도 개발은 기능을 개발할 때 테스트 코드를 먼저 작성해야 한다는 접근 방식입니다. 당연히 처음에는 기능이 구현되어 있지 않으므로, 모든 테스트가 실패로 나올 것입니다. 테스트 코드를 모두 작성하면, 그때부터 개발자들 이러한 테스트가 성공으로 바뀔 수 있게 기능을 구현하기 시작합니다. 테스트가 성공되면, 그때부터 코드를 조금 더 보기 좋게 수정합니다. 그리고 다른 기능 구현을 다시 시작합니다. 이러한 과정을 레드-그린 리팩터링(red-green refactoring)이라고 부릅니다.

레드-그린 리팩터링은 개발자의 생산성을 높이고자 고안된 개념입니다. 이를 사용하면 소프트웨어 개발의 체계를 잡을 수 있습니다. 레드-그린 리팩터링은 코드를 작성하기 전에 반드시 개념과 규칙 정립을 위해 테스트를 작성해야 합니다. 그리고 애플리케이션의 테스트가 모두 작성되면, 그때부터 애플리케이션의 코드를 작성합니다. 이때 작성하는 코드는 모두 테스트 통과를 위한 것들이어야 합니다. 초기에 무엇을 구현해야 하는지 모두 정의했으므로, 이후에 기능을 구현할 때 기능만 구현하면 됩니다. 따라서 집중력과 생산력을 효율적으로 다룰 수 있게 됩니다.

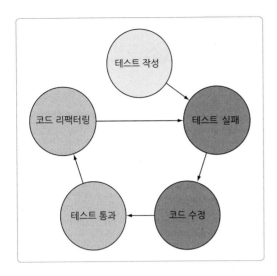

그림 16.1 레드-그린 리팩터링의 흐름

테스트를 작성하는 때는 코드가 통과되지 않지만, 코드를 작성하면 테스트가 통과됩니다. 그리고 테스트를 통과하는 범위에서 개발자는 코드를 리팩터링 해서 코드의 가독성 등을 향상할 수 있습니다. 만약 이때 실수를 해도, 테스트가 실패한 것이므로 다시 코드를 적절하게 수정하면 됩니다. 이처럼 테스트는 코드 수정 등에서도 안전장치로 사용됩니다.

TDD를 모든 사람이 좋아하는 것은 아닙니다. Ruby on Rails의 제작자인 David Heinemeier Hansson는 2014년에 "TDD는 죽었다. 하지만 테스트는 영원하리라"는 글을 블로그에 올렸습니다. 그는 오랜 시간 동안의 소프트웨어 개발 경험을 통해 TDD의 문제점을 설명했습니다. 굉장히 유명한 글이므로 http://mng.bz/sXUJ를 참고하기 바랍니다*. 또한 이 내용을 반박하는 http://mng.bz/Iy3O도 함께 보면 좋을 것 같습니다.

---

* 역주: 구글에서 "TDD is Dead"로 검색하고, 한국어 검색 결과를 눌러보면 여러 사람이 번역한 글이 나옵니다.

TDD를 둘러싼 이러한 논쟁은 소프트웨어 커뮤니티에서 존경을 받고 있는 뛰어난 사람들이 소프트웨어에 대해서 다른 의견을 제시할 수 있다는 모습을 보여줍니다. 즉 소프트웨어 개발에 딱 정해진 정답은 없다는 뜻입니다.

그럼 애플리케이션에 TDD를 적용해야 할까요 말까요? 일단 필자의 의견은 "한 번 해보고, 괜찮다고 생각하면 하라"입니다. TDD가 적합하지 않다면 다른 테스트 대안들도 많습니다. 중요한 것은 독자분과 독자분이 소속되어 있는 팀에 적합한 것을 찾는 것입니다.

2. 행위 주도 개발(BDD)

행위 주도 개발(Behavior Driven Development)은 TDD 개념을 약간 변경한 것이라고 할 수 있습니다. BDD는 인수 테스트(Acceptance Test: 사용자의 요구 사항 처리를 테스트하는 것)에서 영향을 받았습니다. TDD가 개발자의 워크 플로우를 중시한다면, BDD는 개발자뿐만 아니라 다른 이해 관계자(최종 사용자 등)도 중시합니다. BDD의 목표는 개발자를 포함한 이해 관계자들이 소프트웨어 요구 사항에 대해 이해하고 협업할 수 있게 공통된 언어로 요구 사항을 적고, 이를 테스트하는 것이라고 할 수 있습니다. 그림 16.2는 제품 기능의 요구 사항을 모으고 구현하는 과정을 그림으로 나타낸 것입니다.

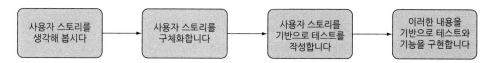

그림 16.2 BDD의 기본적인 진행 과정

그럼 그림 16.2에서 두 번째 과정에 있는 "사용자 스토리를 구체화"하는 방법을 살펴봅시다. 인수 테스트(acceptance test)와 비슷하게 BDD는 애플리케이션의 요구 사항을 수집하고자, 사용자 스토리를 정의합니다. 일반적으로 한국어와 영어 등으로 작성되는 사용자 스토리는 애플리케이션이 어떻게 작동하는지 작성한 글입니다. 예를 살펴봅시다*.

---

* 역주: 이는 Gherkin이라는 BDD 사용자 스토리 작성 방식입니다. 사실 BDD 구현체들이 대부분 영어 위주로 개발되어서, 한국어로 보기에는 조금 이상할 수 있습니다.

```
Feature: Search
  In order to locate a file quickly
  As a user
  I want to filter files by their name

  Given I have opened the application
  And I am browsing the contents of my "documents" folder
  When I type "expenses" into the search bar
  Then I should see a file called "expenses"
  And I should not see "invoices"
```
```
Feature: Search
  파일을 빠르게 찾을 수 있게
  이름을 기반으로 필터링이 되면 좋겠습니다

  Given 애플리케이션을 열고 실행해야 합니다
  And "documents"라는 폴더에 들어갑니다
  When 검색 창에 "expenses"라고 검색하면
  Then "expenses"라는 파일이 보여야 합니다
  And "invoices"라는 파일은 보이면 안 됩니다
```

위의 사용자 스토리는 이전에 만들어보았던 Lorikeet 애플리케이션을 기반으로 만든 것입니다. 이렇게 사용자 스토리를 구성하면, 사용자의 관점에서 애플리케이션이 어떻게 작동되는지 간단하게 설명할 수 있으며, 기능 구현의 기준이 됩니다. 이렇게 문서화되면, 이를 기반으로 실제 테스트 코드를 작성하게 됩니다.

BDD도 사용자가 예상한 대로 기능을 구현할 수 있게 해주는 테스트 기반의 접근 방식과 크게 다르지는 않습니다. 단지 "애플리케이션의 테스트를 만들고, 테스트를 통과하게 애플리케이션을 구현하는 것"입니다.

어쨌거나 소프트웨어 테스트에는 다양한 레벨이 존재합니다. 어떤 것을 테스트하는지에 따라 3가지로 구분하는데요. 어떠한 테스트가 있는지 살펴보고, 지금까지 살펴보았던 접근 방식을 어떻게 적용하는지 알아보도록 합시다.

3. 테스트의 다양한 레벨

소프트웨어 개발자들이 작성하는 애플리케이션의 테스트 코드를 세 가지 레벨로 구분하면, 다음과 같습니다.

- 단위 테스트(Unit Test)
- 기능 테스트(Functional Test)
- 통합 테스트(Integration Test)

단위 테스트(Unit Test)는 공개하는 API의 개별적인 기능을 확인하는 테스트입니다. 기능 테스트(Functional Test)는 그러한 개별적인 기능의 조합(일반적으로 컴포넌트)을 확인하는 테스트입니다. 통합 테스트(Integration Test)는 그러한 컴포넌트가 모두 조합된 상태의 애플리케이션 전체를 테스트하는 것입니다. 그림으로 나타내면 **그림 16.3**과 같습니다.

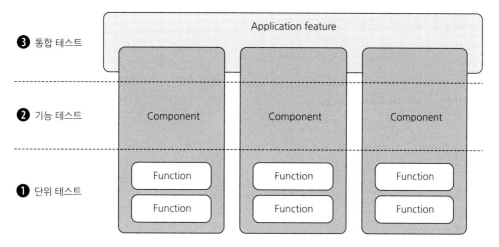

그림 16.3 다양한 종류의 테스트 레벨

다음 절에서는 이러한 레벨들의 테스트를 실제로 하는 방법에 대해 알아보겠습니다. 그럼 일단 단위 테스트부터 살펴봅시다.

16-2 | 단위 테스트

단위 테스트는 개별적인 기능들이 제대로 동작하는지 확인할 때 사용하는 테스트입니다. 자동차에 있는 각각의 부품들이 잘 작동한다면, 자동차 전체가 잘 굴러갈 것이라는 예상을 구현한 것으로 생각하면 됩니다. 일반적으로 Node.js 애플리케이션을 테스트할 때는 Mocha라는 프레임워크를 많이 사용합니다. 일렉트론과 NW.js 등의 데스크톱 애플리케이션도 일종의 Node.js 애플리케이션이므로 Mocha로 테스트할 수 있습니다.

1. Mocha로 테스트 작성하기

Mocha는 굉장히 다양한 기능을 제공하는 Node.js 전용 테스트 프레임워크입니다. 그래도 서버와 클라이언트 모두를 테스트할 수 있으므로, 데스크톱 애플리케이션을 테스트할 때도 사용할 수 있습니다.

그럼 이전에 만들었던 Lorikeet 애플리케이션을 사용해 단위 테스트를 해보도록 합시다. 책과 함께 제공되는 GitHub 리포지터리에 NW.js 버전(lorikeet-test-nwjs)과 일렉트론 버전(lorikeet-test-electron)의 Lorikeet 애플리케이션이 있습니다.

이 리포지터리의 코드들은 이미 테스트 코드를 가지고 있습니다. 따라서 README.md 파일에 들어있는 설명에 따라 곧바로 테스트를 실행해 볼 수 있답니다. 만약 테스트 코드를 작성하기 이전의 상태로 되돌리고 싶다면, **git** 명령어를 사용해 다음과 같이 입력합니다.

```
cd cross-platform-desktop-applications/chapter-16
git checkout -b before-tests-added
```

개별적인 기능을 테스트하는 것이므로 두 애플리케이션 중에 아무것이나 사용해도 됩니다. 어쨌거나 그럼 Mocha를 사용해 테스트를 작성하는 방법을 알아보도록 하겠습니다.

일단 각각의 폴더 경로로 들어간 뒤, 다음 명령어를 입력해서 개발 모듈로 **mocha**를 설치합니다.

```
npm install mocha --save-dev
```

이어서 test라는 이름의 폴더를 생성합니다. 이 폴더 내부에 테스트 코드를 작성할 것입니다. 참고로 이름을 test라고 작성한 이유는 두 가지입니다. 첫 번째는 테스트 코드가 담겨 있다는 것을 명확하게 표현할 수 있기 때문이고, 두 번째는 Mocha가 기본적으로 test라는 이름의 폴더 내부에 테스트 코드가 들어있다고 가정하기 때문입니다.

예로 Lorikeet 애플리케이션의 search.js 파일 내부에 있는 검색 기능을 테스트해 보도록 하겠습니다. 검색 기능으로 다음과 같은 두 가지 테스트를 작성하겠습니다.

- 제공된 단어가 들어있는 결과를 반환하는지 테스트
- 제공된 단어가 들어있지 않은 결과가 있는지를 확인하는 테스트

test 폴더 내부에 search.test.js 파일을 만들고, 다음과 같은 코드를 입력해 주세요.

코드 16.1 Mocha의 API를 사용해 테스트 작성하기

```
'use strict';

const lunr = require('lunr');
const search = require('../search');

describe('search', () => {        ◀────── Mocha에서 제공하는 테스트 컨텍스트 작성 함수입니다.
  describe('#find', () => {
    it('should return results when a file matches a term');    ◀──┐
  });                                                             │
});                               Mocha에서 제공하는 테스트 케이스 작성 함수입니다.
```

일단 코드의 위에는 라이브러리를 읽어 들이는 부분이 있습니다. 이어서 describe 함수로 테스트의 이름을 지정해서, 테스트 콘텍스트를 생성합니다. 콘텍스트는 테스트가 어떤 부류인지 정하는 것이라고 생각하면 됩니다.

그런데 테스트의 이름은 정했지만, 정확하게 무엇을 테스트할지 코드는 작성하지 않았습니다. 따라서 테스트 코드를 실행해도, 테스트를 통과하지 못한 상태가 될 것입니다.

이제 터미널에서 **node_modules/.bin/mocha**라는 명령어를 실행하면, 그림 16.4와 같은 모습을 볼 수 있습니다.

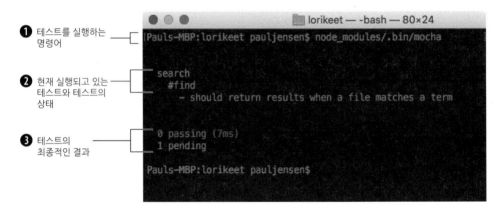

그림 16.4 Mocha 테스트 실행해 보기

그림 16.4를 보면 테스트가 하나도 통과(Passing)하지 못한 것을 볼 수 있습니다. 참고로 통과한 테스트를 passing 테스트라고 부르고, 통과하지 못한 테스트를 pending 테스트라고 부릅니다. 대부분의 테스트 도구들이 영어 도구들이므로 passing과 pending이라는 단어는 영어로 사용하도록 하겠습니다.

2. Pending 상태를 Passing 상태로 바꾸기

검색어를 기반으로 파일을 찾으려면, 다음과 같은 것을 확인해야 합니다. 그림 16.5와 같은 과정을 거쳐보도록 하겠습니다. 샘플 파일을 기반으로 색인을 만들고, 이를 기반으로 검색을 한 뒤, 반환된 결과가 우리가 예상한 대로 되는지 확인합니다. 이때 우리가 원하지 않던 상황이 아닌 지도 확인해 봅니다.

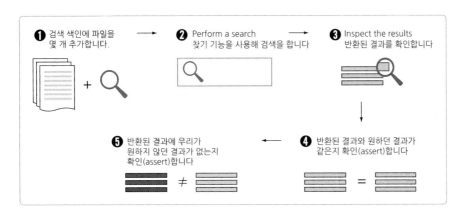

그림 16.5 단위 테스트의 흐름

테스트 코드를 구현하는 첫 번째 단계는 Node.js의 **assert** 라이브러리를 읽어 들이는 것입니다.

```
const assert = require('assert');
```

이 라이브러리는 테스트가 기준을 충족하는지 확인할 때 사용하는 라이브러리입니다. 이 라이브러리의 함수들은 테스트가 기준을 충족할 경우 true를 반환하고, 기준을 충족하지 않을 경우 예외를 발생시킵니다.

이어서 전역 위치에 Lunr.js를 바인드 합니다.

```
global.window = {};
global.window.lunr = lunr;
```

Lunr.js는 클라이언트 사이드 라이브러리이므로, **window** 객체에 추가해야 합니다. 그래서 **global** 객체 내부에 **window** 속성을 지정했습니다. 이어서 다음과 같은 방법으로 pending 테스트를 생성합니다.

코드 16.2 　Mocha로 테스트가 실행되게 설정하기

```
it('should return results when a file matches a term', (done) => {
    여기에 테스트 코드를 입력합니다.
});
```

이렇게 하면 pending 테스트가 만들어집니다. **it** 함수는 매개변수로 **done**이라는 매개변수를 가지는 콜백 함수를 지정합니다. **done** 함수는 테스트가 모두 끝났을 때 호출하는 함수입니다. 따라서 비동기 처리 등이 있다면, 비동기 처리가 끝날 때 함수를 호출해야 합니다.

함수 내부에는 다음과 같은 테스트 코드를 입력해 봅시다.

코드 16.3 　테스트 코드로 Mocha 테스트 수행하기

```
it('should return results when a file matches a term', (done) => {
    const seedFileReferences = [    ◀──── 검색 색인으로 사용할 샘플 데이터입니다.
      {
        file: 'john.png',
        type: 'image/png',
        path: '/Users/pauljensen/Pictures/john.png'
      },
      {
        file: 'bob.png',
        type: 'image/png',
        path: '/Users/pauljensen/Pictures/bob.png'
      },
      {
        file: 'frank.png',
        type: 'image/png',
        path: '/Users/pauljensen/Pictures/frank.png'
      }
    ];

    search.resetIndex();    ◀──── 일단 검색 색인을 초기화합니다
    seedFileReferences.forEach(search.addToIndex);

    search.find('frank', (results) => {    ◀──── "frank"라는 단어를 검색하고, 결과를 확인합니다.
```

```
        assert(results.length === 1);
        assert.equal(seedFileReferences[2].path, results[0].ref);
        done();
      });
    });
```

최종적으로 search.test.js 파일은 다음과 같이 구성합니다.

코드 16.4 Lorikeet 애플리케이션의 search.test.js 파일

```javascript
'use strict';

const assert = require('assert');
const lunr = require('lunr');
const search = require('../search');

global.window = {};
global.window.lunr = lunr;

describe('search', () => {
  describe('#find', () => {
    it('should return results when a file matches a term', (done) => {
      const seedFileReferences = [
        {
          file: 'john.png',
          type: 'image/png',
          path: '/Users/pauljensen/Pictures/john.png'
        },
        {
          file: 'bob.png',
          type: 'image/png',
          path: '/Users/pauljensen/Pictures/bob.png'
        },
        {
          file: 'frank.png',
          type: 'image/png',
```

```
            path: '/Users/pauljensen/Pictures/frank.png'
          }
        ];

        search.resetIndex();
        seedFileReferences.forEach(search.addToIndex);

        search.find('frank', (results) => {
          assert(results.length === 1);
          assert.equal(seedFileReferences[2].path, results[0].ref);
          done();
        });
      });
    });
  });
```

간단한 테스트 데이터를 생성하고, 이를 **addToIndex** 함수에 전달해서 검색 색인을 생성합니다. 이어서 "frank"라는 단어를 찾고, 제대로 결과를 얻는지 확인합니다. 그리고 이러한 과정이 모두 통과되면 **done** 함수를 호출해서 작업이 완료되었다는 것을 알립니다.

테스트를 실행하면, 그림 16.6과 같은 모습을 볼 수 있습니다.

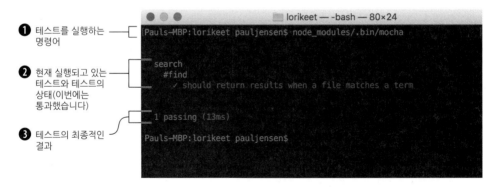

❶ 테스트를 실행하는 명령어

❷ 현재 실행되고 있는 테스트와 테스트의 상태(이번에는 통과했습니다)

❸ 테스트의 최종적인 결과

그림 16.6 모든 테스트가 passing 된 상태

지금까지 간단하게 데스크톱 애플리케이션의 단위 테스트 방법에 대해 살펴보았습니다. 자바스크립트 파일 내부에 있는 기능 하나를 테스트하는 방법에 대해 이해했다면 좋겠습니다. 테스트를 작성할 때는 테스트 위에 주석을 달아서 무엇을 할지 기록하는 것이 좋습니다. 그리고 어떻게 구현할지 구체화해 보고, 구현하면 됩니다.

Column | **Mocha를 대체할 수 있는 프레임워크**

Mocha는 Node.js 커뮤니티에서 사용되는 굉장히 일반적인 프레임워크입니다. 하지만 Mocha만 있는 것은 아니랍니다.

Jasmine은 Pivotal Labs에서 개발한 굉장히 오래된 자바스크립트 테스트 프레임워크입니다. Mocha와 거의 비슷한 형태로 사용합니다. 이와 관련된 자세한 내용은 https://github.com/jasmine/jasmine을 참고해 주세요.

또한 Sindre Sorhus에서 개발한 Ava라는 테스트 프레임워크도 있습니다. Ava는 각각의 테스트를 병렬적으로 실행하게 해서, 테스트 속도를 향상한 테스트 프레임워크입니다. 일반적으로 각각의 테스트는 독립적이므로, 병렬 처리할 수 있다는 발상에서 만들어진 프레임워크랍니다. 이와 관련된 자세한 내용은 https://github.com/avajs/ava를 참고해 주세요.

그럼 이어서 기능 테스트를 살펴보도록 합시다.

16-3 | 기능 테스트

기능 테스트는 단위 테스트와 굉장히 비슷합니다. 다만 기능 테스트는 컴포넌트 내부에서 기능들이 어떻게 작동하는지 조금 더 큰 수준의 테스트라고 할 수 있습니다. 사실 이전에 살펴보았던 예제는 find 함수를 테스트했지만 내부적으로 resetIndex 함수, addIndex 함수, Lunr. js 모듈을 사용하므로, 이러한 것까지 모두 포함한 기능 테스트라고도 할 수 있습니다.

기능 테스트는 함수들이 함께 어우러졌을 때 예상한 대로 동작하는지에 초점을 둡니다. 반면 단위 테스트는 하나의 함수 자체에 초점을 둡니다. 기능 테스트는 자동차의 브레이크를 밟아서, 브레이크를 작동시키는 모든 부품들이 제대로 작동하는지 테스트하는 것이라고 생각하면 좋습니다.

단위 테스트와 구분할 수 있게 조금 더 광범위하게 생각해 보도록 하겠습니다. 하나의 모듈 내부에서 어떤 함수를 변경했을 때, 이것이 다른 모듈에 주는 영향을 추적하는 것이 바로 기능 테스트입니다. 예를 들어 애플리케이션 확장 기능으로 툴바에 서드파티 버튼을 추가하는 기능을 만드는 경우를 생각해 봅시다. 툴바에 서드파티 버튼을 추가해야 하므로, 툴바와 연동해야 할 것입니다. 그런데 이때 다른 팀원이 툴바 접근 관련 API를 변경해서 툴바의 구현을 바꿨다면 어떨까요? 상황에 따라서 API 변경으로 인해 서드파티 버튼들이 제대로 추가되지 않을 수 있습니다. 이러한 때 문제를 확인할 수 있게 해주는 것이 바로 기능 테스트의 목표입니다.

1. 기능 테스트해 보기

기능 테스트는 컴포넌트의 어떤 모듈과 콘텍스트가 서로 연결되어 있는지 확인하고, 이를 모두 테스트해야 합니다. 이전에 살펴보았던 search 함수 단위 테스트에서는 window 객체를 모방해 만들어서 사용했는데요. 기능 테스트를 할 때는 최대한 실제 객체를 활용해서 테스트합니다. Lorikeet 애플리케이션은 모듈들이 서로를 인식하지 않아도 되게 설계되어 있습니다. 상호 지점이 발생하는 것은 app.js 파일뿐입니다. 따라서 app.js 파일 내부에 있는 기능을 테스트해 보겠습니다.

이전과 마찬가지로 검색과 관련된 기능을 테스트해 보도록 하겠습니다. 이전의 단위 테스트 예제에서 조금 더 확장해서, 툴바의 검색 양식에 검색했을 때, 메인 영역에 내용들이 출력되는지 확인해 보겠습니다. 이 테스트에는 다음과 같은 함수들이 사용됩니다.

- userInterface.js 파일의 **bindSearchField**, **resetFilter**, **filterResults** 함수
- search.js 파일의 **find** 함수

어쨌거나 애플리케이션을 실제 환경에서 테스트해야 실제 객체들을 활용할 수 있을 것입니다. 따라서 애플리케이션을 자동적으로 실행해 주고, 검색 양식에 글자를 입력하고, 메인 영역에 출력되는 내용을 확인할 수 있는 방법이 필요합니다.

2. ChromeDriver와 NW.js

ChromeDriver를 사용해 NW.js를 테스트하는 과정은 굉장히 복잡하며, 개발자다운 방법이 아니라고 할 수 있습니다. 이전 버전의 NW.js(0.12)까지는 ChromeDriver를 사용한 애플리케이션 테스트 예제가 제공되었습니다. 하지만 이후로 굉장히 많은 업데이트가 일어나면서, 기존에 사용하던 테스트 도구들을 사용할 수 없게 되었습니다. 따라서 그러한 도구들이 다시 복구되기 전까지는 애플리케이션을 테스트하기 조금 어려울 수 있습니다. 따라서 NW.js를 사용한 기능 테스트 예는 생략하고, 일렉트론을 사용한 기능 테스트 예만 살펴보도록 하겠습니다.

가까운 시일 안에 NW.js 애플리케이션을 쉽게 테스트할 수 있게 되면 좋겠습니다.

16-4 | Spectron으로 일렉트론 테스트하기

ChromeDriver와 WebDriver를 사용해 애플리케이션을 테스트하는 방법은 굉장히 복잡합니다. 또한 문서를 찾는 것과 실제 사용 예를 찾는 것부터 어렵습니다. 그래서 일렉트론 커뮤니티에서는 NodeDriver와 WebDriver를 결합해서 데스크톱 애플리케이션을 테스트할 때 사용할 수 있는 전용 도구를 만들었습니다. 이 도구가 바로 Spectron이며, 문서는 http://electron.atom.io/spectron/에서 확인할 수 있습니다.

Spectron은 npm으로 설치할 수 있습니다. lorikeet-electron 폴더에서 다음 명령어를 입력해서 설치합시다.

```
npm install spectron --save-dev
```

그럼 이제 Lorikeet 애플리케이션의 기능을 테스트할 때 사용할 파일을 생성하겠습니다. Lorikeet 애플리케이션 폴더 내부에 folderExplorer.test.js라는 이름의 파일을 생성해 주세요.

Spectron을 사용하려면, 일단 테스트 코드에서 Spectron을 사용해 애플리케이션을 실행해야 합니다. folderExplorer.test.js 파일에 다음과 같은 코드를 입력해 봅시다.

코드 16.5   folderExplorer.test.js 파일

```
'use strict';

const Application = require('spectron').Application;   ◀——— Spectron 모듈을 읽어 들입니다.
const assert = require('assert');
const osenv = require('osenv');
const path = require('path');

let app;
```

일렉트론 바이너리의 경로를
변수에 저장합니다.

```
let electronPath = path.join(__dirname, '../node_modules/.bin/electron');
let entryPointPath = path.join(__dirname, '../main.js');
if (process.platform === 'win32') electronPath += '.cmd';
```

구 버전의 윈도우에 대응할 수 있게
윈도우의 경우 바이너리 경로 뒤에
".cmd"라는 문자열을 붙여줍니다.

사용할 파일과 Node.js 모듈에 대한 참조를 선언했습니다. Spectron 라이브러리를 읽어 들이고, Application 모듈을 사용해서 ChromeDriver와 WebDriveIO를 기반으로 애플리케이션을 실행하면 됩니다. 다음 코드는 일렉트론 애플리케이션을 실행하는 코드입니다.

코드 16.6 Spectron으로 일렉트론 애플리케이션 실행하기

```
describe('exploring folders', () => {
  beforeEach(() => {
    return app = new Application({        ← Application 클래스의 인스턴스를 생성합니다.
      path: electronPath,        ← 일렉트론의 바이너리 경로를 지정합니다.
      args: [entryPointPath]        ← 애플리케이션 엔트리 포인트를 절대 경로로 지정합니다.
    });
  });
});
```

Application 모듈은 Chrome Driver를 사용해 애플리케이션을 실행해 주는 랩퍼(wrapper)라고 할 수 있습니다. 매개변수로는 일렉트론 바이너리 경로와 엔트리 포인트를 지정합니다. 이러한 두 개의 매개변수는 Application 인스턴스를 생성할 때 필요한 가장 기본적인 것입니다. 추가로 다른 옵션들도 지정할 수 있는데요. 이와 관련된 내용은 https://github.com/electron/spectron#application-api를 참고해 주세요.

그럼 이제 폴더를 더블 클릭하면, 해당 폴더 경로로 이동하는지 확인해 보겠습니다. Spectron의 **Application** 인스턴스는 WebDriver가 제공하는 클라이언트 API의 랩퍼입니다. 관련된 문서는 http://webdriver.io/api.html에서 확인할 수 있는데요. 어떤 기능을 사용할 수 있는지 꼭 확인하면 좋겠습니다.

어쨌거나 애플리케이션이 실행되면, 폴더의 이름을 더블 클릭하고, 폴더가 이동했는지 확인하면 됩니다. 그리고 이러한 모든 과정이 정상적으로 진행되면 테스트 통과를 선언합니다. 다음 코드는 Mocha로 테스트를 작성하고, Spectron이 제공하는 Promise 객체를 사용해 테스트를 진행합니다.

코드 16.7 더블 클릭으로 폴더를 탐색할 수 있는지 테스트하기

```
it('should allow the user to navigate folders by double-clicking on them',
  function (done) {
    function finish(error) {  ←——— 애플리케이션을 종료하고 오류를 발생시키는 코드를 내부 함수로 정의합니다.
      app.stop();
      return done(error);
    }
                                            최종적인 검증에 사용할 글자를 변수로 선언합니다.
    let documentsFilePath = path.join(osenv.home(), '/Documents');  ←———

    this.timeout(10000);  ←——— 10초 동안 대기합니다.
    app.start().then(() => {  ←——— 애플리케이션을 실행합니다.
      return app.browserWindow.isVisible();  ←——— 애플리케이션이 실행되었는지 확인합니다.
    }).then((isVisible) => {
      assert.equal(isVisible, true);
    }).then(() => {  ←——— img 요소를 찾고 더블 클릭합니다.
      return app.client.doubleClick('//img[@data-filepath=
          "${documentsFilePath}"]');
    }).then(() => {  ←——— 툴바의 현재 폴더를 나타내는 글자를 추출합니다.
      return app.client.getText('#current-folder');
    }).then((currentFolder) => {
      assert.equal(documentsFilePath, currentFolder);  ←——— 폴더 경로를 더블 클릭했을 때 원하는
    })                                                        글자가 나오는지 확인합니다.
    .then(finish)  ←——— 모든 조건을 만족했다면 테스트를 종료합니다.
    .catch(finish);  ←——— 그렇지 않다면 오류를 발생시킵니다.
  });
```

이제 **npm test** 명령어를 사용하여 테스트를 실행해 봅시다. 애플리케이션이 실행된 뒤, 폴더를 더블 클릭하고, 해당 폴더의 내용이 출력되는지 확인되는 것을 볼 수 있습니다. 테스트가 끝나면 화면이 닫히고, 테스트가 종료될 것입니다. 지금까지 일렉트론 애플리케이션을 실제로 실행하고, 사용자가 사용하는 것과 동일한 방식으로 사용하는 기능 테스트에 대해 알아보았습니다. 굉장히 쉬우므로, 실제 상황에 맞는 다양한 테스트를 만들 수 있을 것입니다.

통합 테스트

통합 테스트는 End to End 테스트(E2E)라고 부르기도 하며, 어떠한 것을 배제하지 않고 사용자가 애플리케이션을 사용하는 방식 모두를 테스트하는 것입니다. 일부 프로젝트의 경우 통합 테스트가 기능 테스트와 단위 테스트까지 모두 다룰 수 있으므로, 통합 테스트만 진행하는 경우도 많습니다.

통합 테스트의 예로 들 수 있는 것은 어떤 것이 있을까요? 예를 들어 Lorikeet 애플리케이션의 사용자가 이미지를 찾고, 자신이 원하는 이미지 편집 프로그램으로 이미지 파일을 열 수 있게 하는 경우를 생각해 봅시다. 일단 Lorikeet 애플리케이션 내부에서 이미지의 이름을 검색해야 할 것입니다. 그리고 검색 결과로 나온 파일을 더블 클릭하면 되겠죠? 이처럼 애플리케이션의 여러 기능을 한 번에 테스트하는 것이 바로 통합 테스트입니다. 기능 테스트와 마찬가지로 실제 시나리오와 최대한 비슷하게 진행해야 합니다.

이전에 언급했던 것처럼 Mocha, Selenium, WebDriver 등을 모두 활용해서 테스트를 자동화할 수 있습니다. 하지만 이러한 접근 방식의 문제는 개발자들만 테스트를 이해할 수 있다는 것입니다. 통합 테스트는 규모가 크므로, 사용자와 개발자 중간에 위치하는 사람들이 테스트와 관련된 내용을 알 수 있게 진행해야 합니다. 그래서 Cucumber라는 테스트 프레임워크를 사용하는 것이 일반적입니다.

1. Cucumber

Cucumber를 만든 Aslak Hellesøy는 스스로 "Cucumber는 전 세계에서 가장 잘못 알려진 도구"라고 언급했습니다. Cucumber는 개발자가 일반적인 영어를 사용해서, 소프트웨어의 작동 방식을 설명할 때 사용하는 도구입니다. Cucumber는 소프트웨어가 어떻게 작동해야 하는지를 문서로 만들어줍니다. 이러한 문서는 개발자가 아닌 다른 사람들도 소프트웨어가 어떻게 작동해야 하는지 쉽게 이해하게 해줍니다.

그럼 Cucumber는 어떤 형태로 사용할까요? 일반적으로 Cucumber는 사용자와 소비자의 관점에서 프로젝트 관리 프로세스로 정의된 기능 요구 사항을 정리하는 것부터 시작합니다. 이전에 언급한 예로 돌아가서, 이미지 파일을 여는 경우를 생각해 봅시다. 이러한 경우에 다음과 같은 요구 사항을 정리할 수 있을 것입니다.

```
In order to see photos that I'm currently interested in
  As a User
  I want to open images from the application
..................................................................
내가 열고자 하는 사진 파일을 볼 수 있게
애플리케이션에서 이미지 파일을 열 수 있으면 좋겠습니다
```

이러한 정리를 보면 "기능이 누구를 위한 것인지", "어떤 기능이 필요한지", "그 기능이 최종적으로 무엇을 원한 것인지"를 알 수 있습니다. 따라서 이를 기반으로 설정 파일을 만들 수 있습니다.

Lorikeet 일렉트론 애플리케이션의 폴더 내부에 features라는 이름의 폴더를 생성해 주세요. 이 폴더 내부에는 Cucumber의 설정 파일과 소프트웨어 테스트 관련 문서를 배치하겠습니다. 그리고 이를 사용해 이해 당사자들이 애플리케이션의 작동 방식을 공유할 수 있게 하겠습니다.

그럼 Cucumber 설정 파일을 만들어봅시다. features 폴더 내부에 images.feature라는 폴더를 만들고, 다음과 같은 글을 입력해 주세요. 영어로 입력을 하고, 한국어로 입력된 내용은 참고만 해주세요.

```
Feature: Images
  In order to see photos that I'm currently interested in
  As a User
  I want to open images from the application
  Scenario: Open a PNG image
    Given I have the application open and running
    When I search for "Pictures"
    And I click on the "Pictures" folder
    And I double click on "Pictures/app with set icons.png"
    Then I should see the "Pictures/app with set icons.png" file
opened in a photo app
```

```
Feature: Images
  내가 열고자 하는 사진 파일을 볼 수 있게
  애플리케이션에서 이미지 파일을 열 수 있으면 좋겠습니다

  Scenario: PNG 이미지 파일 열기
    Given 애플리케이션을 열고 실행해야 합니다
    When "Pictures"라는 단어를 검색합니다
    And "Pictures"라는 폴더를 클릭합니다
    And "Pictures/app/icons.png"를 더블 클릭합니다
    Then "Pictures/app/icons.png"가 이미지 애플리케이션으로 실행됩니다
```

사실 "일반적인 영어"로 문서를 작성할 수 있게 만들어진 프레임워크라 한국어로 보면 조금 이상합니다. Scenario, Given, When, And, Then 등의 영어 단어들은 모두 Cucumber가 사용하고 있는 Gherkin이라는 문법입니다. 이와 관련된 내용은 https://github.com/cucumber/cucumber/wiki/Gherkin을 참고해 주세요.

역자의 개인적인 입장이지만, Cucumber는 한국어와 함께 사용하기 약간 힘듭니다. 가장 기본적인 이유는 "쉽게 읽기 위해 사용하는데, 이미 Gherkin이라는 문법에 영어가 섞여 들어가서 읽기 힘들다"라고 할 수 있습니다.

또한 다음 절에서 살펴보겠지만, 이렇게 작성된 설정 파일을 정규 표현을 사용해 분석하고 테스트를 실행하는데요. 영어는 단어들이 순서를 기반으로 결합되며 조사 같은 것도 없어, 정규 표현을 작성할 수 있습니다. 예를 들어 "When I have a cup"이라는 문장에 있을 때 /^When I have (.*)$/ 등으로 "a cup"이라는 단어를 쉽게 추출할 수 있습니다.

하지만 한국어는 단어들이 조사를 기반으로 결합됩니다. "내가 컵을 가지고 있을 때"라는 위치에서 "컵"에 위치하는 단어를 추출할 때 뒤에 오는 조사가 "을" 일수도 있고, "를" 일수도 있습니다. 또한 문서를 입력하는 과정에서 "컵을 내가 가지고 있을 때", "내가 컵을 가지고 있으면" 등으로 조사를 바꾸거나, 단어의 순서를 잘못 입력하는 경우도 있을 수 있습니다. 따라서 필요한 단어를 추출하는 과정이 굉장히 복잡해질 수 있습니다.

따라서 이 책에서 Cucumber 테스트를 영어로 살펴보도록 하겠습니다.

2. Cucumber와 Spectron으로 일렉트론 애플리케이션 테스트 자동화하기

이번 절에서는 Spectron과 Cucumber.js를 함께 조합해서 애플리케이션의 통합 테스트를 자동화하는 방법에 대해서 알아보겠습니다. Cucumber와 관련된 예제는 책과 함께 제공되는 GitHub 리포지터리에서 내려받을 수 있습니다. 그래도 조금 자세하게 살펴보도록 하겠습니다.

일단 다음 npm 명령어를 사용해서 cucumber.js를 설치합니다.

```
npm install cucumber --save-dev
```

Lorikeet 애플리케이션 폴더에서 Cucumber.js를 개발 전용 모듈로 설정했다면, 이제 Cucumber.js를 사용하는 데 필요한 파일을 설정하도록 하겠습니다. 이미 features 폴더 내부에 images.feature 파일이 있을 것이므로, 이는 생략합니다. 일단 features/support 폴더에 hooks.js 파일을 생성하고, 설정하도록 하겠습니다. hooks.js 파일은 다음과 같은 코드를 입력합니다. hooks.js 파일은 애플리케이션이 실행되는 시점과 종료되는 시점에 Spectron 라이브러리로 처리할 일을 입력하는 파일입니다.

코드 16.8 Lorikeet 애플리케이션에 추가한 hooks.js 파일

```
'use strict';

const Application = require('spectron').Application;
const path = require('path');

let electronPath = path.join(__dirname, '../../node_modules/.bin/electron');
const entryPointPath = path.join(__dirname, '../../main.js');
if (process.platform === 'win32') electronPath += '.cmd';
const {defineSupportCode} = require('cucumber');

defineSupportCode(function ({Before, After}) {
  Before(function (scenario, callback) {    ←  Before 혹은 Cucumber 설정 파일 실행과
    this.app = new Application({                  애플리케이션 실행 전에 호출됩니다.
      path: electronPath,
      args: [entryPointPath]
    });
    callback();
  });
  After(function (scenario, callback) {    ←  After 혹은 Cucumber 설정 파일이 종료되고,
    this.app.stop();                            애플리케이션이 끝날 때 호출됩니다.
    callback();
  });
});
```

hooks.js 파일은 Spectron을 사용해서 애플리케이션을 실행하고 Cucumber 설정 파일을 실행하는 코드, 애플리케이션을 종료하는 코드가 들어있습니다.

현재 코드를 보면 애플리케이션을 시작하는 시점(Before 훅)에서, Cucumber 시나리오 콘텍스트에 app이라는 변수를 넣었습니다. 이렇게 하면 애플리케이션을 종료하는 시점(After 훅)에서도 app 변수를 참조할 수 있습니다. 추가로 이를 활용하면, 이 이외의 시점에서도 app이라는 변수를 활용할 수 있습니다.

그럼 곧바로 다른 파일에서 app의 참조를 사용하는 예로 features/step_definitions 폴더의 image_step.js 파일을 확인해 봅시다.

코드 16.9의 image_steps.js 파일은 Cucumber 설정 파일에 정의되어 있는 단계에 따라 테스트를 수행합니다.

코드 16.9 Lorikeet 일렉트론 애플리케이션의 image_steps.js 파일

```
'use strict';

const assert = require('assert');
const fs = require('fs');
const osenv = require('osenv');
const path = require('path');
const {defineSupportCode} = require('cucumber');

defineSupportCode(
    function({Then, When, Given}) {
        Given(/^I have the app open and running$/, {timeout: 20 * 1000},
        function (callback) {
            const self = this;
            self.app.start().then(() => {
            return self.app.browserWindow.isVisible();
            }).then((isVisible) => {
            assert.equal(isVisible, true);
            callback();
            })
        });

        When(/^I search for "([^"]*)"$/, function (term, callback) {
          this.app.client.setValue('#search', term)
```

```
        .then(() => { callback(); });
    });

    When(/^I double click on the "([^"]*)" folder$/, function (folderName,
        callback) {
      const folderPath = path.join(osenv.home(),folderName);
      this.app.client.doubleClick('//img[@data-filepath="${folderPath}"]')
      .then(() => { callback(); });
    });

     When(/^I double click on "([^"]*)"$/, function (fileName, callback) {
      const filePath = path.join(osenv.home(),fileName);
      this.app.client.doubleClick('//img[@data-filepath="${filePath}"]')
      .then(() => { callback(); });
    });

    Then(/^I should see the "([^"]*)" file opened in a photo app$/,
        function (fileName, callback) {
      const filePath = path.join(osenv.home(),fileName);
      setTimeout(function () {
        fs.stat(filePath, function (err, stat) {
          const timeDifference = Date.now() - stat.atime.getTime();
          assert.equal(null, err);
          assert(timeDifference < 3000);
          callback(err);
        });
      }, 3000);
    });

    When(/^I wait (\d+) seconds$/, (numberOfSeconds, callback) => {
        setTimeout(callback, numberOfSeconds * 1000);
    });
  }
);
```

UI와 상호작용하는 코드가 꽤나 간단합니다. 어쨌거나 이러한 코드를 저장하고, 명령 라인에서 다음과 같은 명령어로 코드를 실행해 봅시다*.

```
NODE_ENV=test node_modules/.bin/cucumber-js
```

---

* 역주: 윈도우를 사용하고 있는 경우 다음과 같이 입력해야 합니다. 환경 변수 설정 방법, 파일의 경로 지정 방법이 약간 다르다는 것에 주의해 주세요

```
SET NODE_ENV=test
node_modules\bin\cucumber-js
```

지금까지 테스트와 관련된 내용을 살펴보았는데요. 아마 대부분 "그래서 내가 만드는 애플리케이션에 뭘 사용해야 하지?"라는 생각이 들 것입니다. 한마디로 답을 내리기 힘든 질문입니다. 상황에 따라 너무 많은 답이 나올 수 있기 때문입니다.

필자의 생각으로는 단위 테스트가 쉬우므로 단위 테스트부터 구현해 보는 것이 좋다고 생각합니다. 그리고 단위 테스트에 익숙해졌다면, 기능 테스트와 통합 테스트도 차근차근 구현해 보세요.

반대로 UX가 제대로 동작하는지 확인하는 것이 목적이라면 통합 테스트부터 하고, 필요한 경우에만 단위 테스트를 적용하는 것이 좋습니다. 익숙해지려면 오랜 시간이 걸리겠지만, 그만한 가치가 있다고 할 수 있습니다. 어쨌거나 테스트는 소프트웨어가 제대로 동작하는지 확인하는 과정입니다. 이 근본적인 의미를 꼭 기억해 주세요.

정리

이번 장에서는 굉장히 많은 내용을 다루었습니다. 중요한 것들을 정리해 보면 다음과 같습니다.

- 애플리케이션에 대한 테스트를 처음부터 작성해야, 버그를 쉽게 수정하고, 의도하지 않는 UX가 발생하는 것을 쉽게 막을 수 있습니다.
- 단위 테스트는 테스트에 대해 배울 수 있는 가장 빠르고 쉬운 방법입니다.
- 애플리케이션의 테스트 범위를 최고 수준으로 올리는 가장 좋은 방법은 통합 테스트부터 시작하는 것입니다.
- 테스트를 문서화해서 사람들과 공유하고 싶을 때는 Cucumber와 같은 도구를 사용하세요.
- Mocha는 단순한 API와 시멘틱 구문을 제공하므로, 단위 테스트에 편리합니다.

17장에서는 NW.js와 일렉트론에서 사용할 수 있는 디버깅 도구를 사용해 버그를 해결하고, 성능 문제를 피하는 방법에 대해 알아보겠습니다.

애플리케이션 성능 디버깅

학습 목표

☑ 크롬 개발자 도구를 사용해 클라이언트를 디버깅하는 방법을 알아봅니다

☑ Node.js 서버를 디버깅하는 방법을 알아봅니다

☑ UI 성능과 메모리 사용량을 프로파일링 하는 방법을 알아봅니다

☑ 플레임 그래프를 사용해 성능 보틀넥을 찾는 방법을 알아봅니다

☑ Devtron을 사용해 일렉트론 애플리케이션을 디버깅해 봅니다

"인간의 욕심은 끝이 없고, 언제나 같은 실수를 반복한다"라는 말이 있습니다. 그만큼 실수를 많이 한다는 뜻이지요. 프로그램을 만드는 것이 사람이므로, 프로그램을 만들 때도 실수를 하게 됩니다. 어떤 실수는 출력된 오류로 쉽게 발생 위치를 확인할 수 있지만, 어떤 실수는 자동화 도구도 제대로 짚지 못하며 실수를 한 것인지 확인하기 힘들기도 합니다.

이러한 버그를 찾으려면, 코드를 실행한 상태로 진단하는 방법이 필요합니다. 이때 다양한 도구들을 활용할 수 있습니다. 추가로 이러한 도구들은 성능 문제도 진단하고 찾아 주기도 합니다.

이번 장에서는 NW.js와 일렉트론에서 사용할 수 있는 디버깅 도구를 알아보겠습니다. 일단 개발자 도구를 사용해서 프런트엔드 코드의 문제를 찾는 방법과 보틀넥을 해결하는 방법을 살펴봅니다. 추가로 Node.js의 오류를 찾고, 성능을 진단할 때 사용할 수 있는 개발자 도구에 대해서도 살펴봅니다. 마지막으로 사용자가 애플리케이션을 사용할 때 발생하는 오류를 트래킹 하는 방법도 살펴보겠습니다.

Node.js 데스크톱 애플리케이션을 디버깅할 때 가장 먼저 해야 하는 일은 문제가 무엇인지 확실하게 인식하는 것입니다. 다양한 기술을 사용해 문제를 명확하게 할 수 있습니다. 예를 들어 "5WHY" 기법을 사용할 수도 있고, 스택 트레이스를 분석하는 방법도 있습니다.

Node.js 데스크톱 애플리케이션은 굉장히 다양한 버그와 성능 문제가 발생할 수 있는데요. 대충 정리해 보면 다음과 같습니다.

- Chromium(화면)에 HTML, CSS, 자바스크립트가 원하는 대로 출력되지 않는 문제
- 프런트엔드 버그와 성능 문제
- Node.js 버그와 성능 문제
- NW.js를 사용할 경우, 애플리케이션 화면과 애플리케이션 프로세스가 상태를 공유하는 문제
- 일렉트론을 사용할 경우, 애플리케이션 상태가 렌더러 프로세스와 메인 프로세스에서 분리되어 발생하는 문제
- 데스크톱 프레임워크 각각에서 발생할 수 있는 버그, 불만, 성능 문제
- 애플리케이션 소스 코드 자체에 대한 문제

다루어야 하는 부분이 굉장히 많습니다. 오랜 기간 숙련된 개발자가 아니라면, 이러한 모든 범위에 대한 지식이 없을 것이므로, 문제를 해결하기 힘들 수 있습니다. 따라서 이러한 때는 문제를 잘게 나누어서 문제를 해결해 보세요.

예를 들어보겠습니다. CRM 애플리케이션*에서 사용자의 연락처를 클릭하면, 이메일 프로그램이 실행되어 메일을 보낼 수 있게 해야 하는데, 아무런 반응이 없다고 해봅시다.

---

* 역주: CRM 애플리케이션에서 CRM이란 Customer Relationship Management를 의미합니다. 고객 관리 애플리케이션을 CRM 애플리케이션이라고 부른답니다.

연락처를 클릭해야 한다는 "이벤트의 원인(입력)"과 메일 프로그램이 실행되어야 한다는 "이벤트의 결과(출력)"를 확실하게 알고 있으므로, **그림 17.1**처럼 문제를 찾아갈 수 있습니다.

문제가 발생했을 때는 이처럼 여러 질문을 던져봐야 합니다. **그림 17.1**의 경우는 개발자가 디버깅할 때 생각하는 것들에 초점을 맞추었는데요. 이러한 요소를 생각할 때도 무엇이 잘못되었는지 확실하게 특정할 수 있게 적어도 5번 정도는 스스로 "왜?"라는 의문을 던지기 바랍니다.

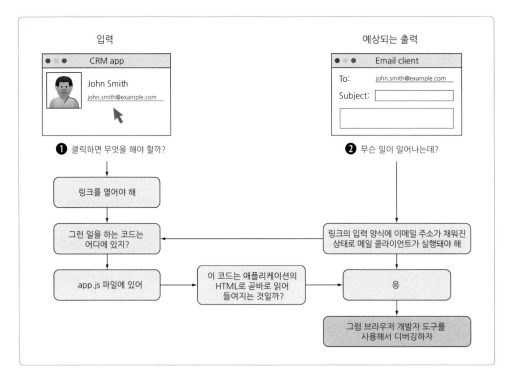

그림 17.1 문제 원인의 위치를 찾고, 디버깅 도구를 선택하는 과정

1. 원인의 위치 찾기

NW.js와 일렉트론 개발에서는 클라이언트와 서버 모두에 자바스크립트 코드가 사용됩니다. 따라서 이러한 상황에서 제대로 프로그램을 디버깅하려면, 문제가 어떤 곳에서 발생하는지 확실하게 파악해야 합니다. 문제의 근본 원인을 파악하면, 해당 문제를 해결하기 위해 어떠한 디버깅 도구를 사용해야 하는지 쉽게 결정할 수 있을 것입니다.

예를 들어 애플리케이션의 script 태그에 곧바로 읽어 들여지는 코드에 문자가 있다면, 프런트엔드 개발자 도구(크롬 개발자 도구)를 사용해서 문제를 해결해야 할 것입니다. 반대로 클라이언트로 바로 읽어 들여지는 코드가 아닌 경우(Node.js 모듈이거나 script 태그 내부에서 require 함수로 읽어 들이는 경우 등)는 Node.js 개발자 도구를 사용해 원인을 찾아야 할 것입니다.

이렇게 원인의 위치를 찾아야 디버깅을 제대로 시작할 수 있습니다. 그럼 브라우저 개발자 도구를 사용해서 클라이언트 오류를 디버깅하는 방법부터 살펴보겠습니다.

2. 브라우저의 개발자 도구로 디버깅하기

NW.js를 사용해 만든 데스크톱 애플리케이션을 디버깅할 때는 NW.js를 SDK 버전으로 설치해야 합니다. SDK 버전의 NW.js를 설치하는 방법은 부록의 내용을 참고해 주세요.

SDK 버전의 NW.js를 사용해서 애플리케이션을 실행하면, Ctrl+Shift+I 단축키 또는 화면을 마우스 오른쪽 버튼을 클릭해서 그림 17.2처럼 콘텍스트 메뉴가 나왔을 때 "검사"를 눌러 개발자 도구를 실행할 수 있습니다.

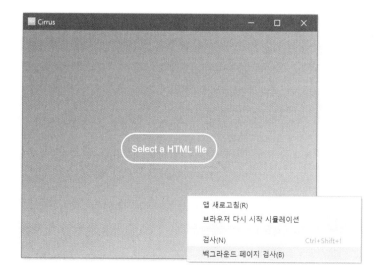

그림 17.2 NW.js에서 개발자 도구 실행하기

개발자 도구를 실행하면 그림 17.3처럼 개발자 도구가 나옵니다.

일렉트론은 모듈러 아키텍처를 가지고 있으므로, 각각의 **BrowserWindow** 객체가 하나의 페이지를 나타냅니다. 다음과 같은 코드를 사용해 각각의 페이지에 개발자 도구를 띄울 수 있습니다.

```
new BrowserWindow({width: 800, height: 600}).webContents.openDevTools();
```

이렇게 코드를 작성하면, 애플리케이션을 실행했을 때 그림 17.3과 비슷한 구글 크롬의 개발자 도구를 출력합니다.

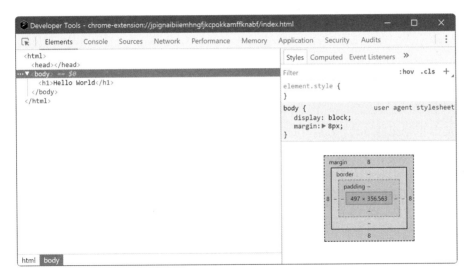

그림 17.3 NW.js의 개발자 도구. 일렉트론을 사용할 때도 비슷한 화면이 나옵니다

NW.js를 사용해 트레이 애플리케이션처럼 별도의 화면을 가지고 있지 않은 애플리케이션을 만들 때는, 애플리케이션을 실행할 때 다음과 같은 명령어를 사용하여 실행해 주세요.

```
--remote-debugging-port=<포트 번호>
```

그리고 웹 브라우저를 사용해 http://127.0.0.1:<포트 번호> 경로에 들어가면, 링크가 나오는데요. 이를 사용해 개발자 도구에 진입할 수 있습니다.

개발자 도구를 보면, 그림 17.4처럼 굉장히 많은 탭이 있습니다.

▨ Elements 탭을 사용하면 애플리케이션의 HTML 구조, 적용되어 있는 CSS 스타일, 바인딩되어 있는 자바스크립트 이벤트를 확인할 수 있습니다. 이를 활용하면 시각적인 변화를 감지하고, 시각적인 버그를 수정할 수 있습니다.

▨ Network 탭은 애플리케이션에 사용되는 파일들을 읽어 들이는데 걸린 시간을 출력해 줍니다. 애플리케이션의 로딩 시간을 최적화할 때 사용합니다.

▨ Sources 탭을 사용하면 소스 코드를 실시간으로 편집할 수 있으며, 브레이크 포인트를 걸고 변수의 값을 확인하는 등의 소스 코드 디버깅을 할 수 있습니다.

▨ Performance 탭을 사용하면 자바스크립트 코드 실행, DOM 요소 렌더링 등 다양한 애플리케이션의 로우 레벨 처리에 걸리는 시간을 확인할 수 있습니다. 애플리케이션의 성능을 심층 분석할 때 활용합니다.

▨ Resources 탭을 사용하면 애플리케이션에서 사용되는 데이터 리소스를 확인할 수 있습니다. 이미지 등의 리소스뿐만 아니라, 로컬 스토리지, 쿠키, 세션 정보 등을 확인할 수 있습니다.

▨ Audits 탭을 사용하면 애플리케이션의 성능과 관련된 조언을 받을 수 있습니다.

▨ Console 탭을 사용하면 콘솔을 사용해 현재 자바스크립트 콘텍스트에서 코드를 곧바로 실행해 볼 수 있습니다. 이를 활용하면 자바스크립트 코드를 테스트해 볼 수 있으며, 자바스크립트 콘텍스트 내부의 변수 등에 접근해 애플리케이션의 상태를 확인할 수 있습니다.

그림 17.4 개발자 도구 화면의 탭

지금까지 살펴보았던 개발자 도구는 모두 클라이언트 사이드 코드를 디버깅할 때와 관련된 내용입니다. 이번 장의 후반부에서는 이러한 도구를 사용해 성능 문제를 추적하는 방법도 살펴보겠습니다. 일단은 디버깅의 가장 기본적인 목적이라 할 수 있는 "버그 수정하기"와 관련된 내용을 살펴봅시다.

Column | **개발자 도구로 애플리케이션을 모두 디버깅할 수 있는 게 아닌가요?**

Node.js 모듈을 따로 읽어 들이지 않는다면, 개발자 도구만으로 애플리케이션 전체를 디버깅할 수 있습니다. 만약 Node.js 모듈을 사용한다면, Node.js 모듈과 관련된 디버깅을 할 때 다른 도구를 사용해야 합니다. 이는 개발자 도구의 Sources 탭에 Node.js 관련 모듈이 출력되지 않기 때문입니다. 이는 현재 NW.js 팀에서 버그로 인정하고 있는 부분입니다*.

---

* 역주: 참고로 최신 버전의 NW.js는 "백그라운드 페이지 검사"라는 기능이 추가되었습니다. 이 기능을 사용하면 Node.js 모듈과 관련된 기능을 또 다른 개발자 도구로 검사할 수 있기는 합니다.

17-2 | 버그 수정하기

버그는 소프트웨어의 일부입니다. 모든 개발자들이 생각하는 이상적인 세계에서는 개발자들이 실수하지 않으므로 버그가 없겠지만, 현실의 개발자들은 실수를 합니다. 개발자뿐만 아니라 경유와 휘발유 중에 무엇을 넣어야 하는지 가끔 실수하는 주유소 직원도 있지요. 어쨌거나 따라서 버그를 따로 찾고 고쳐야 합니다.

일렉트론과 NW.js로 개발을 할 때 애플리케이션이 자바스크립트 오류를 출력한다면, 굉장히 운이 좋은 것입니다. 이러한 경우는 개발자 도구에 있는 Console 탭, 애플리케이션을 명령 프롬프트로 실행했을 때는 명령 프롬프트에서도 오류를 확인할 수 있습니다.

예를 들어 beetle.js라는 파일을 추가한다고 생각해 봅시다. 그리고 내부에 다음과 같은 오류가 발생하는 코드가 있다고 해봅시다.

```
check.line;
```

이러한 beetle.js 파일을 **require** 함수로 app.js에서 읽어 들이면 어떻게 될까요?

```
require('./beetle');
```

nw 명령어로 애플리케이션을 실행했을 때, 그림 17.5처럼 오류가 발생하게 됩니다. 스택 트레이스를 보면, 어떤 부분에서 어떤 오류가 발생했다는 것을 확실하게 알 수 있습니다.

또한 그림 17.6처럼 개발자 도구에서도 오류를 확인할 수 있습니다.

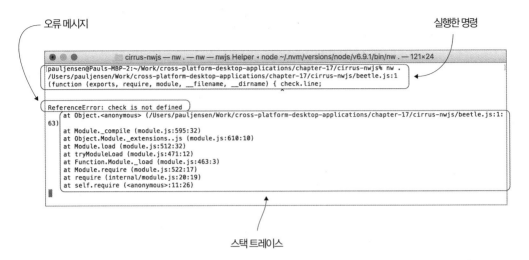

오류 메시지   실행한 명령

스택 트레이스

그림 17.5 애플리케이션에서 오류가 발생하면 스택 트레이스가 출력됩니다

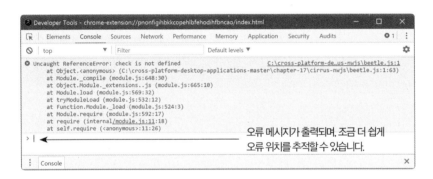

오류 메시지가 출력되며, 조금 더 쉽게
오류 위치를 추적할 수 있습니다.

그림 17.6 개발자 도구에서 같은 오류가 출력됩니다

현재 간단한 예에서는 자바스크립트 오류 객체가 출력되므로, 오류를 쉽게 찾을 수 있습니다. 운이 좋다면 데스크톱 애플리케이션에서 발생하는 버그들이 모두 오류를 일으켜, 스택 추적을 제공해서, 문제를 쉽게 해결할 수 있을 것입니다.

하지만 모든 문제가 자바스크립트 오류를 발생시키는 것은 아닙니다. 이러한 때는 상황 파악을 위해 몇 가지 도구를 추가로 사용해야 합니다. 그럼 다음 절에서 이러할 때 사용할 수 있는 도구들을 알아보겠습니다.

1. Node.js 디버거를 사용해 애플리케이션 디버깅하기

NW.js는 명령 라인과 개발자 도구 양쪽 모두에서 디버깅을 할 수 있습니다. 일렉트론은 Node.js 프로세스를 Node.js 디버깅 지원을 사용해 디버깅하거나, Node Inspector 모듈을 사용해 디버깅할 수 있습니다.

Node.js를 기반으로 만들어진 NW.js와 일렉트론 같은 프레임워크는 모두 Node.js 생태계에서 사용되고 있는 디버깅 도구를 활용할 수 있습니다. 디버깅 도구의 지속적인 발전으로, 스택 추적을 간단하게 보여주는 것을 넘어 플레임 그래프를 사용해 성능 관련 요소들을 측정할 수도 있게 되었습니다.

표 17.1은 제공되는 도구, 대상 프레임워크 등을 정리한 것입니다.

표 17.1 Node.js 디버깅 도구

Node.js 디버깅 도구	대상 프레임워크	사용 대상
Node Debug	NW.js, 일렉트론	백엔드 코드
Node Inspector	NW.js, 일렉트론	백엔드 코드
React Inspector	일렉트론	리액트 애플리케이션

node debug 명령어

Node.js는 기본적으로 디버깅 도구를 제공합니다. 이러한 디버깅 도구를 사용하면 코드 진행 흐름을 중지하는 브레이크 포인트를 코드에 추가할 수 있습니다. 따라서 반복 등의 코드 실행을 단계적으로 확인하며 나아갈 수 있습니다. 이를 활용하면 버그 등이 있을 때 버그의 원인을 쉽게 찾을 수 있습니다.

기본적인 Node.js에서 디버깅을 하고 싶을 때는, 일단 코드의 흐름을 일시 정지하고 싶은 위치에 다음과 같은 코드를 입력합니다.

```
debugger;
```

그리고 Node.js 애플리케이션을 실행할 때, 다음과 같이 debug 옵션을 붙여서 명령어를 실행합니다.

```
node debug <파일 이름>
```

이렇게 명령어를 붙어 시작하면 인터렉티브 REPL이 **debugger**를 입력한 부분까지 실행되고 일시 정지됩니다. 이때 다음과 같은 명령어를 사용해서 코드를 단계적으로 실행할 수 있습니다.

표 17.2 인터렉티브 REPL에서 사용할 수 있는 명령어

키	명령	설명
c	Continue	코드 실행을 계속 진행합니다.
n	Next	다음 줄을 실행합니다.
s	Step in	현재 함수 안으로 이동합니다.
o	Step out	현재 함수 밖으로 이동합니다.
pause	Pause	코드 실행을 일시 중지합니다.

이러한 명령을 사용하면 애플리케이션의 실행 흐름을 제어할 수 있으며, 프로그램이 수행하는 작업을 차근차근 확인할 수 있습니다. 따라서 문제를 인지하기 힘든 버그를 파악할 때 활용할 수 있습니다.

그런데 이러한 접근 방식의 문제점은 일시 중지하려는 부분이 많을 때 발생합니다.

브레이크 포인트는 코드의 특정한 지점에서 코드를 멈출 때 사용합니다. 이를 활용하면 코드를 한 줄씩 실행할 필요 없이, 곧바로 필요한 부분으로 이동해서 코드의 상태를 확인할 수 있습니다.

인터렉티브 REPL을 사용해 디버깅할 때 표 17.3의 전역 함수를 사용할 수 있습니다. 이 함수들로 브레이크 포인트를 생성합니다.

표 17.3 사용할 수 있는 전역 함수

함수	설명
setBreakpoint( )	현재 줄에 브레이크 포인트를 설정합니다.
setBreakpoint(line)	특정한 줄에 브레이크 포인트를 설정합니다.
setBreakpoint(fn)	특정한 함수를 호출할 때 브레이크 포인트를 설정합니다.
setBreakpoint(filename, line)	특정 파일의 특정 줄에 브레이크 포인트를 설정합니다.
clearBreakpoint(filename, line)	특정 파일의 특정 줄에 걸린 브레이크 포인트를 제거합니다.

Node.js에 내장되어 있는 디버깅 도구를 사용해서 할 수 있는 간단한 것들을 살펴보았습니다. 그런데 NW.js 애플리케이션처럼 여러 Node.js 백그라운드를 실행하는 경우, 조금 더 다양한 디버깅 기능이 필요합니다. 이어지는 내용에서는 디버깅 도구를 Node.js 프로세스에 원격으로 연결하는 방법에 대해 알아보겠습니다.

원격으로 애플리케이션 디버깅하기

디버거가 반드시 애플리케이션과 동일한 프로세스 내부에서 실행될 필요는 없습니다. 실행되고 있는 Node.js 프로세스를 외부에서 별도로 실행한 디버거 프로세스가 원격으로 인지하고 디버깅할 수도 있습니다. 이러한 때는 다음과 같은 명령어를 사용합니다.

```
node debug -p <프로세스 ID>
```

이를 사용하면 실행되고 있는 Node.js 애플리케이션에 디버거를 연결할 수 있습니다. NW.js 또는 일렉트론 애플리케이션은 이와 같은 원격 연결을 많이 사용합니다. 이때 프로세스 ID가 필요합니다. 운영체제에 따라 다음과 같은 도구로 프로세스 ID를 확인할 수 있습니다.

- 윈도우에서는 작업 관리자를 사용합니다.
- macOS에서는 활성 상태 보기를 사용합니다.
- 리눅스에서는 시스템 모니터를 사용합니다(또는 **ps** 명령어를 사용합니다).

물론 운영체제에 따라 다를 수 있지만, 프로세스 ID를 추출하는 가장 간단한 방법은 현재 실행되고 있는 애플리케이션/프로세스의 목록을 보여주는 도구들을 사용하는 것입니다. 윈도우에서는 작업 관리자, macOS에서는 활성 상태 보기입니다. 리눅스에서는 굉장히 다양한 도구들이 있는데요. 일반적으로 시스템 모니터라고 되어 있는 도구를 사용하면 됩니다.

예를 들어 macOS의 활성 상태 보기 애플리케이션의 경우, 애플리케이션을 열고 검색창에 **node**라고 입력하면, 그림 17.7처럼 node라는 글자가 들어간 프로세스를 확인할 수 있습니다. 이때 프로세스 ID는 PID라는 컬럼에 나옵니다.

현재 그림에서는 프로세스 ID가 10169라는 것을 확인할 수 있습니다. 이러한 프로세스 ID를 **node debug** 명령어에 넣으면, 디버거를 실행 중인 애플리케이션에 연결할 수 있습니다.

```
node debug -p 10169
```

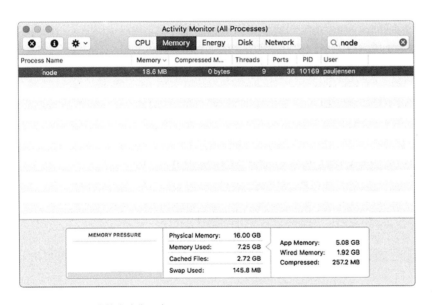

그림 17.7 macOS의 활성 상태 보기

지금까지 NW.js 애플리케이션의 노드 프로세스를 원격으로 디버깅하는 방법에 대해서 알아보았습니다. 다음 절에서는 클라이언트에서 디버깅하는 방법에 대해서 살펴보겠습니다.

2. NW.js의 개발자 도구로 애플리케이션 디버깅하기

NW.js의 개발자 도구는 구글 크롬의 개발자 도구와 완전히 같습니다. 구글 크롬의 개발자 도구는 개발자들이 웹 애플리케이션을 개발할 때 유용하게 사용할 수 있는 도구입니다. 아마 웹 애플리케이션 개발을 이전에 해봤다면 이미 익숙할 것입니다. NW.js는 이러한 구글 크롬의 개발자 도구를 그대로 사용해서 NW.js 애플리케이션을 디버깅할 수 있게 해주었습니다.

17.1.2절에서 개발자 도구를 간단하게 설명했는데요. 이번 절에서는 그림과 함께 조금 더 자세하게 설명하겠습니다.

Elements 탭

개발자 도구를 실행하면 그림 17.8처럼 Elements 탭이 디폴트로 출력됩니다. Elements 탭에서는 DOM을 분석할 수 있습니다. 이를 활용해 HTML과 관련된 버그, 에셋과 관련된 버그, 스타일링과 관련된 버그들을 찾을 수 있습니다.

그림 17.8 Elements 탭

Elements 탭에서는 CSS 스타일을 곧바로 확인할 수 있는 기능을 넘어 실시간으로 스타일을 변경하는 기능도 제공합니다. 이를 활용하면 쉽게 시각적인 버그를 해결할 수 있습니다. 또한

DOM을 곧바로 수정할 수도 있으므로, 자바스크립트로 코드로 구현해 보기 전에 대충 어떤 느낌으로 화면이 구성될지 확인할 수 있습니다.

어쨌거나 이어서 자바스크립트 관련 문제를 생각해 봅시다. 자바스크립트 코드와 관련된 문제는 두 가지 방법으로 해결할 수 있습니다.

- Console 탭으로 해당 페이지의 자바스크립트 콘텍스트에서 코드를 하나하나 실행해 보며 해결
- Sources 탭에서 브레이크 포인트를 걸고, 변수를 확인하면서 애플리케이션의 실행 문제를 분석해서 해결

Console 탭

이전에 프런트엔드 웹 개발을 했었고, 문제가 생겨서 디버깅을 해보았다면 Console 탭을 사용해 본 적이 분명 있을 것입니다. Console 탭은 그림 17.9과 같은 모습을 가지고 있습니다.

그림 17.9 Console 탭

Console 탭은 브레이크 포인트 등을 사용하지 않고, 실시간으로 애플리케이션의 상태를 대화식으로 확인할 때 사용합니다.

이전에 만들었던 Cirrus 등의 애플리케이션을 실행한 뒤 Console 탭에서 자바스크립트 문장을 입력해 보세요. 문장들이 곧바로 실행되어 출력되는 모습을 볼 수 있을 것입니다.

Sources 탭

Sources 탭은 그림 17.10처럼 디버깅과 관련된 굉장히 다양한 기능을 제공해 줍니다.

Sources 탭에서 디버깅과 관련된 기능들은 모두 오른쪽 패널에 몰려 있습니다. 이 패널을 사용하면 코드의 흐름을 일시적으로 중단시키는 브레이크 포인트를 걸 수 있습니다. 또한 코드 내부에서 사용되는 변수에 들어있는 값을 확인할 수도 있습니다. 예를 들어 그림 17.11에서는 app.js 파일에서 currentFile이라는 변수의 값을 확인하는 예입니다. 이처럼 변수 감시 기능을 사용하면, 변수에 있는 값이 어떻게 변하는지 쉽게 확인할 수 있습니다.

오른쪽에 디버깅과 관련된
패널들이 나옵니다.

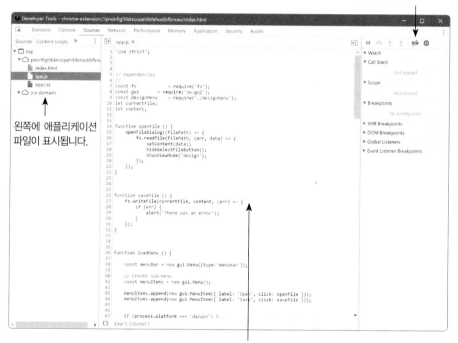

왼쪽에 애플리케이션
파일이 표시됩니다.

중간에 파일의 소스 코드가 나오며,
편집할 수도 있습니다.

그림 17.10 Sources 탭

Watch(감시) 도구를 사용하면, 파일 내부에
있는 변수의 현재 값을 확인할 수 있습니다.

그림 17.11 변수의 현재 값 감시하기

애플리케이션을 실행하는 중간에 Watch 패널의 오른쪽 위에 있는 Refresh 버튼을 누르면, 변수의 값을 언제라도 확인할 수 있습니다.

크롬 웹 브라우저의 개발자 도구에서 Source 탭을 사용하면, 코드를 곧바로 수정할 수도 있습니다. 다만 이 기능은 NW.js 애플리케이션의 개발자 도구에서는 사용할 수 없는 기능입니다.

브레이크 포인트, 변수 감시 등의 기능을 사용하면 자바스크립트와 관련된 문제를 쉽게 찾고, 해결할 수 있습니다. 어쨌거나 다음 절에서는 성능 문제에 대해서 알아보겠습니다. 성능 문제가 있다고 애플리케이션의 기능이 동작하지 않는 것은 아닙니다. 하지만 사용자에 따라서는 애플리케이션이 너무 느리면 버그가 발생했다고 생각할 수 있습니다.

17-3 | 성능 문제 해결하기

데스크톱 애플리케이션에서 성능 문제로 작용할 수 있는 요소는 웹 애플리케이션에서 성능 문제로 작용할 수 있는 요소와 같습니다.

- 애플리케이션으로 콘텐츠와 에셋을 읽어 들이는데 얼마나 오랜 시간이 걸리는지
- 자바스크립트 처리에 메모리와 CPU 등의 리소스를 얼마나 사용하는지
- 페이지를 렌더링 하는데 걸리는 프레임레이트

성능 문제는 애플리케이션이 실행되는 동안 지속적으로 발생할 수 있으며, 사용자의 사용 경험에 큰 영향을 미칠 수 있습니다. 하지만 웹 애플리케이션의 경우 성능 문제를 찾기만 하면, 곧바로 이를 해결해서, 사용자의 경험을 수정할 수 있습니다.

그런데 데스크톱 애플리케이션은 자동 업데이트 기능이 있어도, 사용자가 업데이트 자체를 꺼리는 경향이 있습니다. 따라서 처음 배포하는 시점에 성능 문제와 관련된 신경을 많이 써야 합니다. 이번 절에서는 개발자 도구에 있는 기능들을 활용해 성능 문제를 찾는 방법에 대해 알아보겠습니다.

1. Network 탭

성능 문제를 확인하는 첫 번째 단계는 HTML, CSS, 자바스크립트 파일을 읽어 들이는데 시간이 얼마나 걸리는지 확인하는 것입니다. 개발자 도구 화면에서 Network 탭을 확인하면, 이러한 에셋(Assets)을 읽어 들이는데 걸리는 시간, 분석(파싱)하는데 걸리는 시간, 화면에 출력하는데 걸리는 시간을 그림 17.12처럼 확인할 수 있습니다.

웹 애플리케이션을 개발할 때는 Network 탭이 굉장히 중요합니다. Network 탭을 기반으로 에

셋을 읽어 들이는데 걸리는 시간을 측정하고, 성능 문제에 대한 대책을 찾을 수 있기 때문입니다. 하지만 그림 17.12을 보면 알 수 있는 것처럼, 데스크톱 애플리케이션은 에셋을 읽어 들이는 시간이 굉장히 짧습니다. 이는 네트워크를 통해 에셋을 읽어 들이는 것이 아니라, 컴퓨터의 하드디스크에서 곧바로 에셋을 읽어 들이기 때문입니다. 그렇다고 Network 탭이 유용하지 않다는 것은 아닙니다. Network 탭은 다음과 같이 활용할 수 있습니다.

- 파일의 크기를 확인할 수 있습니다. 파일의 크기가 너무 클 경우에는 파일을 집핑(zipping)하거나, gzip 압축을 통해 파일을 줄이는 대책을 수행할 수 있습니다.

- 애플리케이션이 얼마나 많은 파일을 읽어 들이는지 확인할 수 있습니다. 이 수가 너무 많을 경우에는 파일을 합쳐서 애플리케이션의 성능을 올릴 수 있습니다*.

---

* 역주: webpack 등의 도구를 활용하면 자바스크립트 파일들을 쉽게 합칠 수 있습니다. webpack과 관련된 자세한 내용은 https://webpack.github.io/를 참고해 주세요.

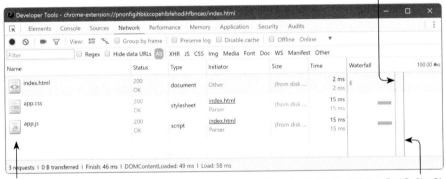

그림 17.12 Network 탭

애플리케이션이 읽어 들이는 에셋이 많을수록, 애플리케이션의 실행 시간이 오래 걸립니다. 따라서 이를 활용해 실행 시간이 얼마나 걸릴지 예측할 수 있습니다.

어쨌거나 애플리케이션 로드가 완료되면, 이제 중요한 것은 애플리케이션 자체의 성능입니다.

개발자 도구는 이와 관련된 항목을 여러 개 제공해 줍니다.

2. Performance 탭

Network 탭 옆에는 Performance 탭이 있습니다. 이를 사용하면 애플리케이션의 성능 문제를 확인하고 최적화할 수 있습니다. 이 항목에서 확인할 수 있는 것을 정리하면, 다음과 같습니다.

- 시간에 따른 자바스크립트 이벤트 발생과 메모리 사용량을 볼 수 있습니다.
- 애플리케이션의 어떤 부분에서 시간을 많이 소모하는지 알 수 있습니다. 흰색으로 표시된 부분은 idle 시간입니다.
- 시간에 따른 메모리 객체의 수를 확인할 수 있습니다.

Performance 탭에서 성능 데이터를 시각화하려면, 일단 사용을 기록해야 합니다. Performance 탭의 왼쪽 위에 있는 Record 버튼(동그란 검은색 버튼)을 누르면 기록이 시작됩니다.

그림 17.13 Performance 탭

기록 버튼을 누르면 성능 데이터 기록이 시작됩니다. 그리고는 일반적으로 애플리케이션을 사용할 때처럼 애플리케이션을 사용하거나, 느리다고 생각되는 처리를 사용해 보세요.

기록이 될 만큼 되었다고 생각이 들면, 다시 기록 버튼을 눌러서 싱능 데이터 기록을 중지히 주세요. 그러면 화면에 그림 17.14처럼 수많은 데이터들이 출력될 것입니다.

자바스크립트 이벤트가 발생한 시점, 메모리
사용 상태 등을 확인할 수 있습니다.

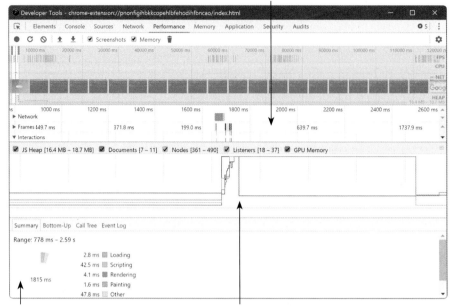

애플리케이션이 소모한 시간을 확인할 수 있습니다.
흰색으로 되어 있는 부분은 대기 시간입니다.

메모리 관련 객체들이 사용한 메모리를 시간
에 따라 살펴볼 수 있습니다.

그림 17.14 Performance 탭으로 성능 분석하기

그림 17.14를 보면, 어떤 시점을 기준으로 자바스크립트 힙(heap)이 굉장히 빠르게 올라가는 모습을 볼 수 있습니다. 따라서 이 시점에 어떤 문제가 있다는 것을 파악할 수 있습니다. 애플리케이션에서 사용되는 이벤트들을 확인해 보면, Design 탭을 클릭할 때라는 것을 확인할 수 있습니다. 어떤 것이 원인이 되어, 어떤 상황이 일어나는지 확인할 수 있으면, 코드를 쉽게 최적화할 수 있을 것입니다.

다만 자바스크립트와 관련된 세부적인 내용을 출력해 주지는 않습니다. 자바스크립트와 관련된 세부적인 내용을 확인하고 싶다면, 별도의 서드파티 도구를 사용하거나, JavaScript Profiler 탭을 사용합니다.

3. JavaScript Profiler 탭

개발자 도구 오른쪽 위에 있는 옵션 메뉴를 클릭한 뒤 "More tools → JavaScript Profiler"를 클릭하면, JavaScript Profiler 탭이 추가됩니다. 이 항목은 굉장히 많이 사용되므로 추가로 설명하겠습니다. 이 항목에서는 다음과 같은 처리를 할 수 있습니다.

- 애플리케이션이 코드를 읽고 실행하는데 걸리는 시간(CPU 사이클 기반의 기간)을 확인합니다.
- 애플리케이션의 메모리 사용량과 생성되는 메모리 개체의 종류를 확인합니다.
- 메모리 누수가 발생할 가능성이 있는 코드를 찾아줍니다.

그림 17.15 JavaScript Profiler 탭

왼쪽 위에 있는 Record 버튼을 누르거나, 오른쪽 패널의 Start 버튼을 누르면 기록을 시작합니다. 기록하는 동안 애플리케이션을 이리저리 사용해 본 뒤, 다시 개발자 도구로 돌아와서 기록을 종료하면, 그림 17.16처럼 성능을 분석해 줍니다.

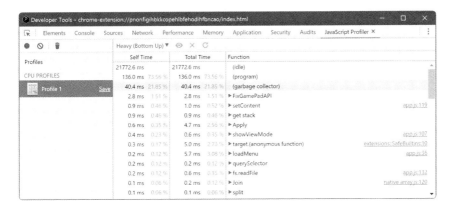

그림 17.16 Profile 탭으로 CPU 프로파일 출력하기

프로파일 결과를 플레임 차트로도 확인할 수 있습니다. **그림 17.16**에서 "Heavy (Bottom Up)"이라고 되어있는 드롭 다운 메뉴를 클릭한 뒤, "Chart"로 출력을 변경하면, **그림 17.17**처럼 출력합니다. 플레임 파트를 보면 시간을 기반으로 애플리케이션의 보틀넥을 쉽게 찾을 수 있습니다.

데스크톱 애플리케이션의 성능 분석과 프로파일링은 최종 사용자가 제품을 사용하기 전에 반드시 해야 하는 일입니다. 이를 해야 사용자가 애플리케이션을 편리하게 사용할 수 있는지 확인할 수 있습니다.

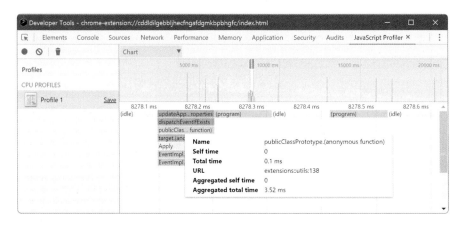

그림 17.17 플레임 차트로 출력하기

지금까지 NW.js의 개발자 도구를 살펴보았는데요. 이어지는 절에서는 일렉트론의 도구를 살펴보도록 합시다.

17-4 | 일렉트론 애플리케이션 디버깅

일렉트론도 NW.js처럼 크롬 개발자 도구를 사용합니다. 애플리케이션 메뉴에 있는 View →Toggle Developer Tools 메뉴를 누르거나, Ctrl+Shift+I(macOS에서는 Command+Shift+I) 를 누르면 개발자 도구에 접근할 수 있습니다.

일렉트론 애플리케이션에서 개발자 도구를 열면, 그림 17.18과 같은 화면이 출력될 것입니다.

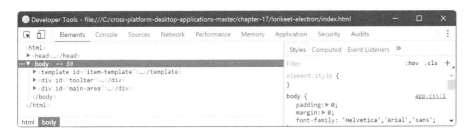

그림 17.18 일렉트론의 개발자 도구 화면

개발자 도구는 탭의 순서가 약간 다르지만, NW.js에서 사용했던 개발자 도구와 같습니다. 같은 개발자 도구를 사용해 NW.js와 일렉트론 애플리케이션을 모두 디버깅할 수 있으므로, 쉽게 사용할 수 있을 것입니다.

그런데 일렉트론은 NW.js와 다르게 메인 프로세스와 렌더러 프로세스가 통신하는 접근 방식을 사용합니다. 이 때문에 기본적인 개발자 도구만으로는 디버깅하기 약간 어렵습니다. 그래서 Devtron이라고 불리는 전용 디버깅 도구가 제공됩니다. 이어지는 절에서는 Devtron에 대해서 알아보겠습니다.

1. Devtron으로 일렉트론 애플리케이션 디버깅하기

Devtron은 일렉트론 애플리케이션 디버깅 도구입니다. 다음과 같은 다양한 것들을 할 수 있습니다.

- 메인 프로세스와 렌더러 프로세스에서 읽어 들이는 모듈을 확인할 수 있습니다.

- 메인 프로세스와 렌더러 프로세스가 서로 IPC 통신할 때 발생하는 메시지를 확인할 수 있습니다.

- 구문을 제대로 사용했는지 린트(Lint) 작업을 수행해 줍니다.

- 애플리케이션 내부에서 발생하는 이벤트를 모두 확인할 수 있습니다. 그리고 이를 기반으로 어떠한 이벤트가 발생했을 때, 어떤 처리를 하는지 확인할 수 있습니다.

Devtron은 구글 크롬 개발자 도구의 확장 프로그램입니다. 두 가지 과정으로 설치할 수 있는데요. 일단 npm을 사용해 개발 모듈로 설치합니다.

```
npm i devtron --save-dev
```

모듈 설치를 완료했다면, 일렉트론 애플리케이션을 실행해 주세요. 애플리케이션이 실행되면 Ctrl+Shift+I(macOS의 경우 Command+Alt+I) 단축키 또는 그림 17.19처럼 View 메뉴의 Toggle Developer Tools를 클릭해서 개발자 도구를 실행해 주세요.

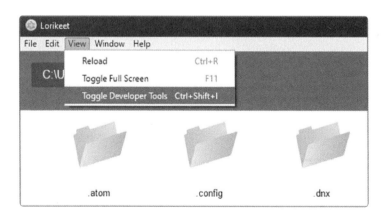

그림 17.19 일렉트론 애플리케이션의 개발자 도구 열기

개발자 도구가 열리면, Console 탭에서 다음과 같은 명령어를 입력해 보세요.

```
require('devtron').install()
```

명령어를 입력하면, 그림 17.20처럼 Devtron이라는 새로운 탭이 생성됩니다.

그림 17.20 개발자 도구에 추가된 Devtron 탭

Devtron은 개발자 도구의 확장 프로그램입니다. 따라서 개발자 도구의 다른 기능들과 함께 활용할 수 있습니다. 어쨌거나 Devtron 탭을 클릭하면, 그림 17.21과 같은 모습을 볼 수 있습니다.

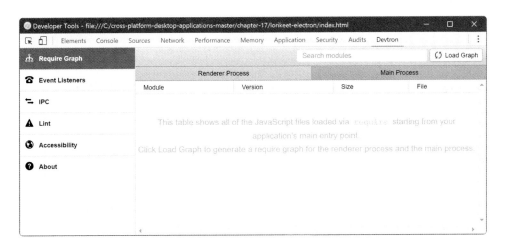

그림 17.21 Devtron 탭

왼쪽에 있는 사이드 바를 보면, 5개의 메뉴가 있는 것을 볼 수 있습니다. 이 중에서 마지막에 있는 About 항목은 디버깅과 관련된 메뉴가 아니라, Devtron 정보를 출력하는 메뉴입니다. 이 항목을 제외한 나머지 4개의 메뉴에 대해 알아봅시다.

Require Graph

Require Graph 메뉴는 애플리케이션의 렌더러 프로세스와 메인 프로세스에서 읽어 들이는 모듈 목록을 출력해 줍니다. Require Graph 메뉴의 정보를 사용하면, 모듈을 읽어 들이는 순서와 함께 모듈의 크기를 확인할 수 있습니다. 따라서 애플리케이션의 전체적인 크기에 어떤 모듈이 영향을 많이 주는지 알 수 있습니다. 참고로 오른쪽 위에 있는 검색 필드를 사용해서 모듈을 검색할 수도 있습니다.

Require Graph를 사용할 때는 메인 프로세스에서 읽어 들이는 모듈을 확인할지 또는 렌더러 프로세스에서 읽어 들이는 모듈을 확인할지 선택하고, 화면의 오른쪽 위에 있는 Load Graph 버튼을 누릅니다. Lorikeet 애플리케이션을 실행하고 렌더러 프로세스를 선택한 뒤 해당 버튼을 누르면, 그림 17.22처럼 출력합니다.

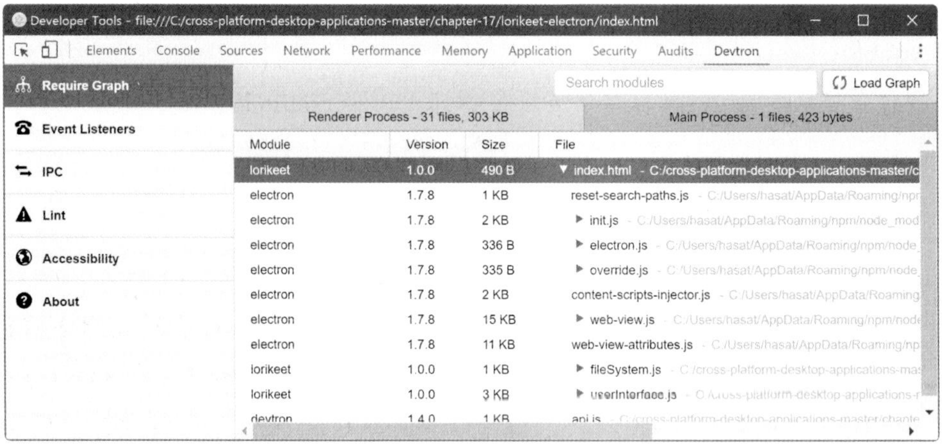

그림 17.22 Lorikeet 일렉트론 애플리케이션의 Require Graph 탭

결과를 보면 index.html 파일을 먼저 읽어 들이고, 일렉트론과 관련된 파일들을 읽어 들이고, Lorikeet 애플리케이션에서 사용되는 모듈을 읽는 것을 확인할 수 있습니다. 추가로 모듈의 크기들도 나오는데요. 전체적으로 크기가 작으므로, 애플리케이션 패키지를 만들었을 때도 용량이 크지 않을 것으로 예상할 수 있습니다.

Event Listeners

Event Listener 메뉴를 보면, 애플리케이션의 라이프사이클로 발생하는 이벤트를 확인할 수 있습니다. 현재 어떤 이벤트가 연결되어 있으며, 어떤 이벤트가 어디에서 발생하고 있는지를 쉽게 볼 수 있다는 장점이 있습니다.

Event Listeners 메뉴를 사용하려면, 왼쪽 사이드바에서 메뉴를 클릭한 뒤, 화면 오른쪽 위에 있는 Load Listeners 버튼을 누릅니다. 버튼을 누르면, 그림 17.23처럼 관련 항목을 출력합니다.

그림을 보면 알 수 있는 것처럼 일렉트론 API로 인해 호출되는 이벤트와 Node.js로 인해 호출되는 이벤트의 이름이 모두 출력됩니다. 이를 기반으로 애플리케이션에서 발생하는 이벤트를 확인할 수 있답니다.

그림 17.23 Event Listeners 메뉴

IPC

IPC 메뉴에서는 일렉트론 애플리케이션 내부의 메인 프로세스와 렌더러 프로세스가 어떠한 통신을 하는지 확인할 수 있습니다. 프로세스끼리 어떠한 데이터 메시지를 보내는지 확인하고 싶을 때 굉장히 편리한 기능입니다.

IPC 메뉴를 보면, 오른쪽 위에 **그림 17.24**와 같은 패널이 나옵니다. 이 패널을 사용하면 IPC 메시지를 기록하거나, 화면에 출력된 IPC 메시지를 모두 제거할 수 있습니다.

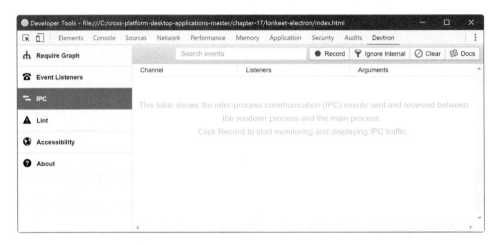

그림 17.24 IPC 패널의 IPC 버튼

IPC 메시지를 확인할 때는 Record 버튼을 누릅니다. Record 버튼을 누르면, 일렉트론의 내부 모듈들이 서로 데이터를 통신하기 위해 사용하는 IPC 메시지를 포함해, 우리가 정의한 IPC 메시지도 확인할 수 있습니다.

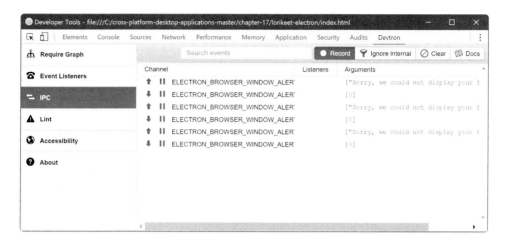

그림 17.25 Lorikeet 애플리케이션의 IPC 메시지 기록하기

IPC 메시지를 사용하면, 오류가 발생했을 때 렌더러 프로세스 쪽에 대화 상자를 출력하는 기능을 구현했을 때 그러한 과정을 하나하나 추적할 수 있습니다. 일렉트론의 내부 모듈이 수행하는 IPC 통신을 보고 싶지 않을 때는 Ignore Internal 버튼을 눌러주세요. 또한 화면에 있는 내용을 모두 지우고 싶을 때는 Clear 버튼을 누릅니다. 참고로 Clear 버튼을 누르면 모든 버튼이 초기화되므로, 다시 기록하고 싶을 때는 Record 버튼을 눌러야 합니다.

Lint

Lint 메뉴는 일렉트론 애플리케이션을 정리하거나 할 때 유용하게 사용할 수 있습니다. Lint 메뉴에서 해주는 것을 정리하면 다음과 같습니다.

- 현재 일렉트론 버전을 확인하고, 새로운 최신 버전이 있는지 확인합니다.

- asar 아카이브를 사용하고 있는지 확인합니다. 사용하고 있지 않은 경우 사용할 것을 추천해 줍니다.

- 애플리케이션에서 예외 발생 부분을 따로 처리하지 않았다면, 처리하라고 알려줍니다.

- 애플리케이션 크래시(crash)가 발생했을 때, 해당 크래시 상황을 기록할 수 있는 코드가 작성되어 있는지 확인합니다.

- 애플리케이션 화면에 이벤트 핸들러가 붙어 있는지 확인합니다.

왼쪽 사이드 바에서 Lint 메뉴를 클릭하고, 오른쪽 위의 Lint App 버튼을 눌러보세요. 그림 17.26처럼 애플리케이션의 코드와 관련된 제안을 해줍니다.

일반적으로 린트(Lint) 작업 애플리케이션 패키지를 만들어 배포하기 전의 마지막 단계입니다.

지금까지 IPC 메시지 확인, 이벤트 확인 기능처럼 일렉트론 애플리케이션을 디버깅할 때 사용할 수 있는 Devtron의 기능을 살펴보았습니다. 일렉트론 애플리케이션을 만들 때, Devtron을 사용하면 디버깅은 물론이고 애플리케이션의 전체적인 완성도를 향상할 수도 있습니다. Devtron과 관련된 추가적인 내용은 http://electron.atom.io/devtron/를 확인해 주세요

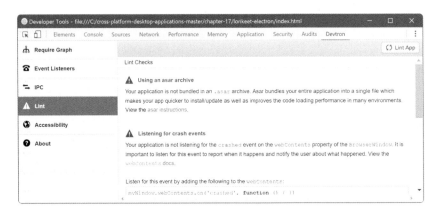

그림 17.26 Lint 탭

정리

이번 장에서는 애플리케이션의 버그를 수정할 때 활용할 수 있는 도구, 애플리케이션의 성능 문제를 확인할 때 도움을 줄 수 있는 도구들을 살펴보았습니다. 이번 장의 내용을 정리해 보면 다음과 같습니다.

- 문제가 발생했다면, 해당 문제가 프런트에서 발생하는 문제인지 또는 백에서 발생하는 문제인지를 확인해야 합니다.
- 개발자 도구는 구글 크롬의 개발자 도구와 같습니다. 따라서 웹 애플리케이션에서 활용할 때와 같은 방법으로, 데스크톱 애플리케이션에 적용할 수 있습니다.

▨ Node.js 원격 디버깅(remote debugging) 기능을 활용하면, 애플리케이션을 다시 실행하지 않아도 곧바로 애플리케이션을 디버깅할 수 있습니다.

▨ 애플리케이션에서 읽어 들이는 리소스를 최적화해서, 필요한 것들만 읽을 수 있게 해주세요.

▨ 개발자 도구의 Sources 탭을 사용하면, 실시간으로 애플리케이션을 디버깅할 수 있습니다.

▨ Profile 탭을 사용하면 애플리케이션의 성능 분석을 간단하게 할 수 있습니다.

▨ Devtron은 일렉트론 애플리케이션을 디버깅할 때 사용할 수 있는 굉장히 편리한 도구입니다.

18장에서는 애플리케이션을 macOS, 윈도우, 리눅스 버전으로 패키징 하는 방법에 대해 알아 보겠습니다.

애플리케이션 패키지 만들기

학습 목표

☑ macOS 전용 바이너리를 만드는 방법에 대해 알아봅니다

☑ 윈도우 전용 .exe 파일을 만드는 방법에 대해 알아봅니다

☑ 애플리케이션을 빌드할 때 사용할 수 있는 도구들을 알아봅니다

☑ 리눅스 실행 파일을 만드는 방법을 알아봅니다

☑ macOS와 윈도우에서 사용할 수 있는 설치 파일 만드는 방법을 알아봅니다

다른 사람들에게 제공해도 괜찮을 정도로 애플리케이션이 만들어졌다면, 이제 애플리케이션 패키지를 만들어 사용자들이 사용할 수 있게 해야 합니다. 애플리케이션 패키지를 만들 때는 어떤 프레임워크로 애플리케이션을 만들었는지, 애플리케이션을 사용하는 사용자들이 어떤 운영체제를 사용하는지 등에 따라 굉장히 다양한 방법을 사용할 수 있습니다.

이번 장에서는 macOS, 윈도우, 리눅스(Ubuntu)에서 사용할 수 있는 애플리케이션 패키지를 만드는 방법에 대해서 알아보도록 하겠습니다. 추가로 일렉트론 애플리케이션을 윈도우에서 쉽게 설치할 수 있게 해주는 인스톨러를 만드는 방법도 알아보겠습니다.

애플리케이션 실행 파일 만들기

애플리케이션을 넓은 세계에 공개할 준비가 되었다면, 사람들이 애플리케이션을 내려받기해서 실행할 수 있는 형태로 만들어야 합니다. 이번 절에서는 각각의 운영체제를 위한 실행 파일을 만들어보도록 하겠습니다. 하나의 코드 기반으로 모든 운영체제의 실행 파일을 만들 수 있는 것은 굉장히 기분 좋은 일이지만, 이러한 과정을 모두 우리가 직접 하는 일은 굉장히 힘듭니다. 다행이라면 이러한 것을 처리해 주는 보조 보구들이 있다는 것입니다. 어떤 도구가 있는지 알아보고, 그러한 도구를 사용해 실행 파일을 만들어봅시다.

그럼 마이크로소프트 윈도우에서 애플리케이션을 만드는 방법부터 살펴봅시다.

1. 윈도우 전용 NW.js 애플리케이션 실행 파일 만들기

윈도우는 전 세계에서 가장 많이 사용되는 운영체제입니다. 그런데 최근 몇 년 동안 정말 다양한 일들이 있었습니다. 윈도우7이 출시된 이후, 마이크로소프트는 태블릿 시장에서 애플의 아이패드와 경쟁하고 싶어 했습니다. 그래서 윈도우8을 출시할 때 터치를 지원하면서, 데스크톱 시장과 태블릿 시장을 한꺼번에 잡고자 했습니다. 굉장히 혁신적인 움직임이었습니다. 하지만 성공하지는 못했습니다. 시작 버튼을 제거하는 등의 변화가 사용자들에게 제대로 받아들여지지 못했던 것입니다. 그래서 윈도우8.1이 빠르게 다시 출시되었으며, 시작 버튼 등을 부활시켰습니다. 그리고 윈도우10을 출시하면서, 사용자의 업그레이드 유도를 위해 1년 동안 윈도우7, 8, 8.1 사용자가 무료로 윈도우10으로 업그레이드할 수 있게 해줬습니다.

윈도우가 1990년 대와 2000년 대 초반처럼 점유율이 지배적이지는 않지만*, 가장 큰 시장 지분을 차지하고 있는 운영체제입니다. 참고로 윈도우 중에 아직도 점유율이 가장 많은 버전은 윈도우7이랍니다. 오늘날에도 윈도우XP가 꽤 많이 사용되고 있습니다. 따라서 여러 버전의 운영체제에 대응해야 합니다.

이 책에서는 간단한 진행을 위해 독자의 컴퓨터가 윈도우10이라고 전제합니다. macOS와 리눅스를 사용하고 있다고 실망하지 마세요. 가상 컴퓨터 소프트웨어와 이미지를 설치하면, 윈도우10의 복사본을 실행하여 애플리케이션을 테스트할 수 있습니다.

2. 가상 머신 설치하기

사용할 수 있는 가상 머신 소프트웨어와 플랫폼을 정리하면, 다음과 같습니다.

표 18.1 인기있는 가상 머신 소프트웨어

가상 머신	플랫폼	URL	가격
VirtualBox	윈도우/macOS/리눅스	virtualbox.org	무료
VMware Fusion	macOS	vmware.com/products/fusion	$89
Parallels	macOS	parallels.com	$95

사용할 가상 머신 소프트웨어를 정했다면, 이어서 버전에 맞는 윈도우를 가상 머신으로 찾아주세요. 구글에서 검색하면 다양한 결과를 얻을 수 있을 것입니다.

윈도우 컴퓨터가 있거나 또는 가상 머신 이미지를 구했다면, 이제 운영체제에 맞게 애플리케이션 실행 파일을 만들어봅시다.

3. 윈도우에서 NW.js 실행 파일(exe 파일) 만들기

이전에 만들었던 파일 탐색기 Lorikeet를 사용해 실행 파일을 만들어보도록 하겠습니다. 4장에서 nw-builder라는 도구를 사용해서 윈도우 버전의 NW.js 애플리케이션을 만들어보았습니다. 이번 장에서도 같은 작업을 할 텐데요. 추가로 몇 가지 작업에 대해서 더 알아보도록 하겠습니다.

그럼 GitHub에서 Lorikeet 애플리케이션을 내려받습니다.

```
git clone git://github.com:/paulbjensen/cross-platform-desktop-applications/
  chapter-04/lorikeet-nwjs
```

이제 애플리케이션과 관련된 모듈을 설치합니다.

```
cd lorikeet-nwjs
npm install
```

Lorikeet 폴더를 기반으로 zip 파일을 만들도록 하겠습니다. 윈도우에서는 폴더를 선택하고 마우스 오른쪽 버튼을 클릭한 뒤, "보내기 → 압축(ZIP) 폴더"를 눌러 폴더를 압축할 수 있습니다.

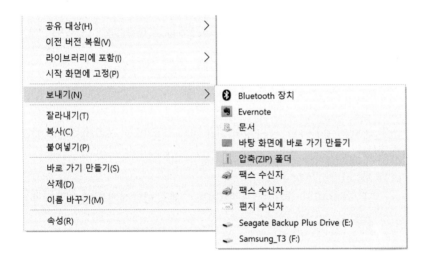

그림 18.1 Lorikeet 폴더 압축하기

이어서 생성된 zip 파일의 이름을 package.nw로 변경합니다. 변경할 때 그림 18.2와 같은 경고가 뜨는데요. 무시하고 "예(Y)"를 누르면 됩니다.

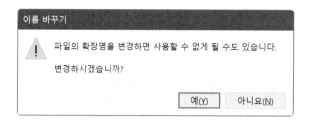

그림 18.2 zip 파일을 package.nw 파일로 이름 바꾸기를 할 때 나오는 대화 상자

그럼 이제 package.nw와 nw.exe 파일을 합치도록 하겠습니다. 미리 컴퓨터에 `npm install -g nw`로 NW.js가 설치되어 있으면, 다음과 같은 경로에 nw.exe 파일이 있습니다.

```
C:\Users\<사용자 이름>\AppData\Roaming\npm\node_modules\nw\nwjs\nw.exe
```

이 파일을 복사해서 package.nw와 같은 폴더로 옮겨주세요. 그리고 명령 프롬프트에서 다음과 같은 명령어를 실행합니다.

```
copy /b nw.exe+package.nw lorikeet.exe
```

명령어를 실행하면 스탠드얼론 실행 파일로 lorikeet.exe가 생성됩니다. 이를 다른 윈도우 컴퓨터로 옮기면, NW.js 애플리케이션을 곧바로 실행할 수 있습니다.

지금까지 윈도우 전용 NW.js 애플리케이션 실행 파일을 만드는 방법에 대해서 알아보았는데요. 다음 절에서는 일렉트론 애플리케이션의 실행 파일을 만들어보도록 하겠습니다.

4. 윈도우 전용 일렉트론 애플리케이션 실행 파일 만들기

일렉트론도 비슷한 방법을 사용해 스탠드얼론 실행 파일을 만듭니다. 일단 일렉트론 애플리케이션의 소스 코드가 필요한데요. 이전에 만들었던 예제를 그대로 사용하거나, 책과 함께 제공되는 GitHub 리포지터리(https://github.com/paulbjensen/cross-platform-desktop-applica-tions)에서 적당한 소스 코드를 준비해 주세요.

1장에서 만들었던 Hello World 일렉트론 애플리케이션을 사용해, 이를 스탠드얼론 실행 파일로 만들어보겠습니다. 이때 일렉트론 유틸리티 라이브러리 asar를 사용합니다. asar는 애플리케이션 패키지를 만들 때 사용하는 도구인데요. 다음과 같은 처리를 자동으로 해줍니다.

- 윈도우에서 파일 경로 256글자 제한이 발생하지 않게 파일의 경로를 짧게 만들어줍니다.
- `require` 함수의 속도를 빠르게 만들어줍니다.
- 소스 코드가 외부에 노출되지 않게 감춰줍니다.

그럼 npm으로 asar를 설치합니다.

```
npm install -g asar
```

이어서 소스 코드를 asar 아카이브로 변환합니다. 예를 들어 Hello World 일렉트론 애플리케이션을 사용하고 있다면, **cd** 명령어를 사용해 애플리케이션이 있는 폴더로 이동한 뒤 **asar pack** 명령어를 실행합니다.

```
cd cross-platform-desktop-applications/chapter-01
asar pack hello-world-electron app.asar
```

asar pack 명령어를 사용하면, 애플리케이션을 app.asar 파일로 변환해 줍니다. 명령어를 실행한 위치를 확인해 보면 app.asar 파일이 생성되어 있을 것입니다.

이어서 일렉트론의 GitHub 리포지터리(https://github.com/electron/electron/releases)에서 운영체제와 CPU 아키텍처에 맞는 일렉트론의 바이너리 파일을 내려받습니다. 이 책에서는 v1.4.15-win32-x64.zip을 사용해 보도록 하겠습니다(http://mng.bz/yH23).

압축 파일을 해제하면, electron-v1.4.15-win32-x64라는 이름의 폴더가 생성될 것입니다. 이 폴더 내부에 resources라는 폴더가 있을 것입니다. 여기에 app.asar 파일을 넣어줍니다. 그리고 다시 부모 폴더(electron-v1.4.15-win32-x64)로 이동한 뒤 electron.exe를 클릭하면, 그림 18.3 처럼 애플리케이션이 실행되는 모습을 확인할 수 있습니다.

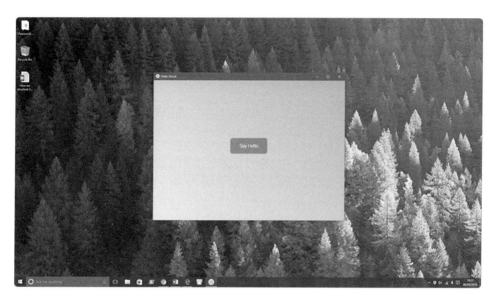

그림 18.3 윈도우 전용 일렉트론 스탠드얼론 애플리케이션 실행하기

애플리케이션 이름을 변경하고 싶다면, electron.exe를 helloworld.exe 등으로 적당하게 변경하면 됩니다. 추가로 애플리케이션 아이콘을 변경하고 싶을 때는 rcedit이라는 도구를 사용합니다. rcedit은 다음과 같은 명령어로 설치합니다.

```
npm install -g rcedit
```

이제 애플리케이션의 아이콘과 버전 번호를 수정할 수 있습니다. 아이콘으로 사용할 ico 형식의 파일이 있다면, 다음과 같은 명령어를 사용해서 애플리케이션에 아이콘을 붙일 수 있습니다.

```
rcedit electron.exe --set-icon "my-app-icon.ico"
```

이처럼 rcedit을 사용하면, 애플리케이션에 고유한 룩 앤드 필을 부여할 수 있습니다.

이어지는 절에서는 윈도우에서 애플리케이션을 설치할 때 사용하는 인스톨러를 만드는 방법에 대해 알아보겠습니다.

18-2 | 윈도우에서 사용할 수 있는 인스톨러 만들기

지금까지의 과정을 통해 스탠드얼론 애플리케이션을 만드는 방법을 알아보았지만, 대부분의 윈도우 사용자는 인스톨러를 사용해 애플리케이션을 설치한 뒤 사용하는 것에 익숙합니다. 인스톨러는 애플리케이션을 적절한 위치에 배치해 줄 뿐만 아니라, 바로가기 등도 생성해 줍니다.

그럼 각각의 프레임워크에서 인스톨러를 만들 때 사용할 수 있는 도구들을 알아봅시다.

1. NW.js 애플리케이션의 인스톨러 만들기

NW.js 전용 스탠드얼론 애플리케이션의 인스톨러를 만들 때는 다음과 같은 프로그램을 사용합니다.

- Nullsoft NSIS
- Inno Setup
- WinRAR

그럼 이 중에서도 굉장히 잘 동작하고, 사용하는 방법도 어렵지 않은 Inno Setup의 사용 방법을 알아보도록 하겠습니다. Inno Setup은 http://www.jrsoftware.org/isinfo.php에서 내려받기할 수 있습니다.

Inno Setup을 윈도우 컴퓨터에 설치했다면, 이를 활용해서 애플리케이션의 윈도우 인스톨러를 만들어봅시다. Inno Setup을 실행하면 그림 18.4처럼 출력할 것입니다.

그림 18.4 Inno Setup 초기 화면

Inno Setup을 시작할 때 나오는 Welcome 대화 상자를 보면, New File에 두 가지 라디오 버튼
이 있습니다.

- Create a new empty script file
- Create a new script file using the Script Wizard

처음 사용하는 사용자라면, 두 번째 옵션을 사용하는 것이 편합니다. New File 항목의 두 번째
라디오 버튼을 클릭한 뒤 OK 버튼을 눌러주세요.

스크립트 마법사가 실행되면 그림 18.5처럼 출력합니다. 처음에는 아무것도 없으므로 [Next]
버튼을 눌러 다음 화면으로 넘어가 주세요. 그림 18.6처럼 출력하면 애플리케이션의 이름, 버
전, 개발사, 웹사이트를 적어주세요.

그림 18.5 Inno Setup 스크립트 마법사

그림 18.6 스크립트 마법사의 Application Information 화면

애플리케이션과 관련된 정보를 입력한 뒤 Next 버튼을 눌러주세요. 이어서 **그림 18.7**처럼 Application Folder 화면이 나오면, 애플리케이션 폴더의 이름과 디폴트로 어떤 경로에 애플리케이션을 설치할지 지정합니다. 일반적으로는 C 드라이버의 Program Files 폴더를 사용합니다.

그림 18.7 스크립트 마법사의 Application Folder 화면

Lorikeet라는 이름의 애플리케이션이므로, 폴더 이름을 Lorikeet라고 지정하겠습니다. 추가로 사용자가 이러한 디폴트 애플리케이션 설치 경로를 변경할 수 있는지 확인하는 "Allow user to change the application folder"에 체크하도록 하겠습니다.

이어서 [Next] 버튼을 눌러 **그림 18.8**과 같은 Application Files 화면으로 넘어갑니다. 이 화면에서는 setup.exe 파일에 들어가야 하는 실행 파일 등을 지정합니다.

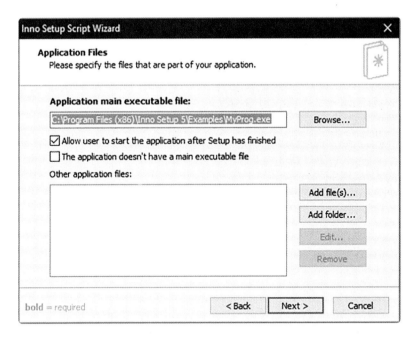

그림 18.8 스크립트 마법사의 Application Files 화면

그림 18.8에 있는 옵션들을 설명하면, 다음과 같습니다.

- 애플리케이션의 메인 실행 파일

- 사용자가 애플리케이션을 설치한 뒤 곧바로 애플리케이션을 실행하게 할 수 있게 할지

- 인스톨러에 포함되어야 하는 추가적인 파일

이때 첫 번째와 세 번째 옵션은 NW.js 애플리케이션 자체(파일과 폴더)를 지정하는 옵션이므로 굉장히 중요합니다. 만약 윈도우 애플리케이션이 단일 실행 파일이라면, 해당 exe 파일 하나를 선택해서 인스톨러에 추가해 주세요. 반대로 nw-builder 등을 사용해 여러 개의 파일로 구성된 애플리케이션이라면, 해당 파일과 폴더를 모두 추가해 주세요.

애플리케이션과 관련된 파일을 모두 추가했다면, Next 버튼을 눌러서 그림 18.9와 같은 Application Shortcuts 화면으로 이동해 주세요.

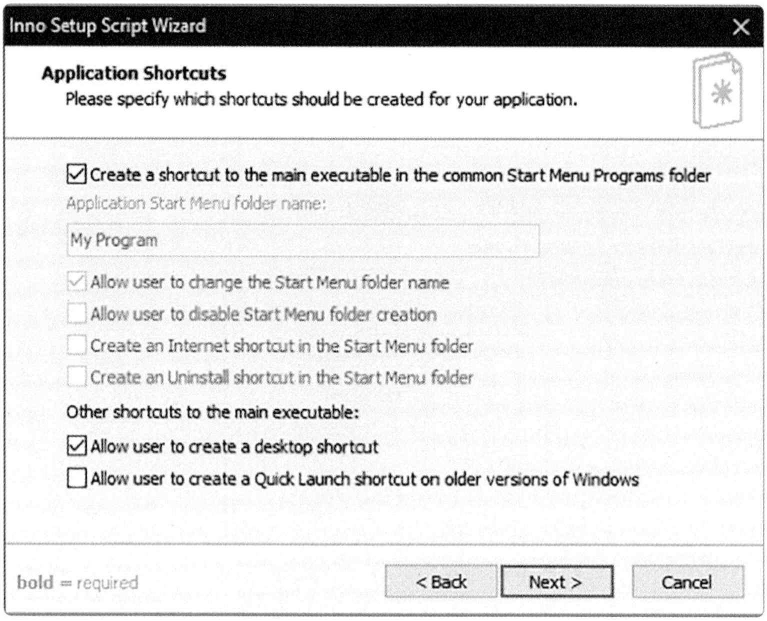

그림 18.9 스크립트 마법사의 Application Shortcuts 화면

Application Shortcuts 화면에서는 애플리케이션의 바로가기를 배치할 위치를 설정합니다. 바로가기는 시작 화면, 바탕 화면 등에 배치할 수 있습니다. 참고로 윈도우 XP 등의 이전 버전에서는 빠른 실행 아이콘(Quick Launch Icon)이라는 메뉴가 있었는데요. 이 항목에 바로가기를 배치하는 옵션도 제공합니다.

적당하게 옵션을 선택해 주세요. 디폴트 상태로 진행해도 거의 문제없습니다. Next 버튼을 누르면, 그림 18.10처럼 라이선스 정보 등을 입력하는 Application Documentation 설정 화면이 나옵니다.

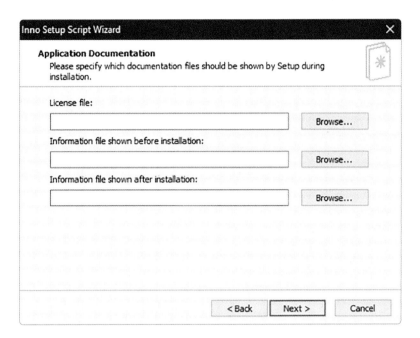

그림 18.10 스크립트 마법사의 Application Documentation 설정 화면

무엇을 지정해야 할지 모르겠다면, 딱히 지정하지 않아도 됩니다. 하지만 일반적으로 소프트 웨어의 라이선스와 관련된 첫 번째 항목은 지정해 주는 것이 좋습니다. 소프트웨어 라이선스 항목을 지정하면 사용자가 애플리케이션을 설치할 때 "동의(agree)"하는 버튼이 출력됩니다. 추 가로 설치 전과 후에 출력할 글자도 지정할 수 있습니다.

즐겁게 Next 버튼을 누르다 보면, 그림 18.11처럼 Setup Languages 화면이 나올 것입니다.

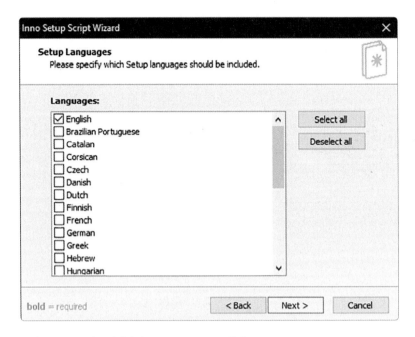

그림 18.11 스크립트 마법사의 Setup Languages 화면

언어 설정에 별다른 문제가 없다면, Next 버튼을 눌러 Compiler Settings 화면으로 이동합니다. 그림 18.12처럼 화면이 나오는데요. 다음과 같은 것들을 설정할 수 있습니다.

- setup.exe 파일을 출력할 경로
- 인스톨러 파일 이름
- 인스톨러에 사용할 아이콘(옵션)
- 인스톨러로 애플리케이션을 설치하기 전에 암호를 입력해야 하는 경우의 암호

화면의 내용을 모두 채운 뒤에 Next 버튼을 계속 누르면, 그림 18.13처럼 스크립트 마법사가 종료됩니다. 설정한 경로에 설정한 파일 이름으로 실행 가능한 인스톨러가 생성되어 있을 것입니다.

인스톨러가 생성되면, 해당 인스톨러를 다른 사용자에게 배포해서 NW.js 애플리케이션을 설치하게 할 수 있습니다.

당연히 일렉트론 애플리케이션의 인스톨러를 만들 때도 Inno Setup 5를 사용할 수 있습니다. 하지만 일렉트론은 굉장히 많은 추가 기능을 가진 패키징 도구들이 있습니다. 이러한 것들을 활용하면 Squirrel 프레임워크를 사용한 자동 업데이트 등의 기능도 구현할 수 있습니다.

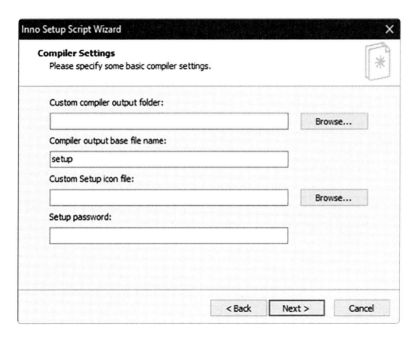

그림 18.12 스크립트 마법사의 Compiler Settings 화면

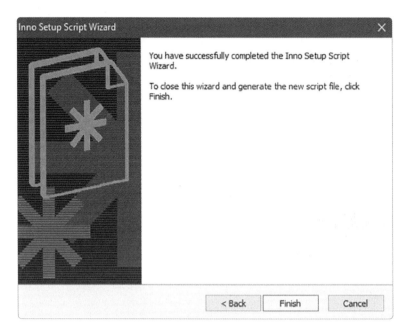

그림 18.13 스크립트 마법사 최종 화면

지금까지 NW.js 애플리케이션의 윈도우 인스톨러 만드는 방법에 대해 알아보았습니다. 이어서 일렉트론 애플리케이션의 윈도우 인스톨러를 만드는 방법에 대해 알아볼 텐데요. 훨씬 쉽답니다.

2. 일렉트론 윈도우 인스톨러 만들기

일렉트론 애플리케이션은 윈도우 인스톨러를 만들 때 굉장히 다양한 방법을 사용할 수 있습니다. 구글에서 관련된 내용만 검색해 봐도, 굉장히 많은 접근 방법과 라이브러리가 나올 것입니다. 몇 가지 소개해 보면 다음과 같습니다.

- Grunt-Electron-Installer
- Electron-installer-squirrel-windows
- electron-packager
- electron-builder

이 중에서 electron-builder는 다음과 같은 다양한 기능을 제공합니다. 따라서 이 책에서는 electron-builder의 사용 방법을 다루도록 하겠습니다.

- 애플리케이션 업데이트를 위한 패키지 지원 기능
- 애플 앱스토어와 마이크로소프트 스토어를 지원하기 위한 전자 서명 지원 기능
- 애플리케이션 빌드 버전 관리 기능
- 각각의 운영체제에 맞는 네이티브 모듈 컴파일 지원 기능

electron-builder는 명령 프롬프트 또는 터미널에 다음과 같은 명령어를 입력해서 설치합니다.

```
npm install -g electron-builder
```

명령어를 실행하면 electron-builder를 전역 모듈로 설치하게 됩니다. 그럼 이제 일렉트론 애플리케이션의 윈도우 인스톨러를 생성하는 설치 방법에 대해 알아보도록 하겠습니다.

일렉트론 애플리케이션을 준비해 주세요. 따로 준비된 것이 없다면, GitHub에서 Hello World 일렉트론 애플리케이션을 내려받아 주세요.

```
git clone https://github.com/paulbjensen/book-examples.git
cd book-examples/chapter-18/hello-world-electron
```

electron-builder는 package.json 파일에 작성되어 있는 설정 정보를 사용합니다. package.json 에 반드시 작성되어 있어야 하는 속성은 다음과 같습니다.

- Name
- Description
- Version
- Author

그럼 어떤 식으로 작성하는지 간단하게 살펴봅시다.

```
{
  "name": "hello-world",
  "description":"A hello world Electron application",
  "version": "1.0.0",
  "author" : "Paul Jensen <paul@anephenix.com>"
}
```

일단 현재 Hello World 일렉트론 애플리케이션의 package.json 파일에는 description 속성과
author 속성이 없습니다. 따라서 이러한 속성을 추가하기 바랍니다(내용은 원하는 대로 입력
해 주세요). 이어서 빌드와 관련된 추가적인 정보를 package.json 파일에 지정하도록 하겠습
니다.

일단 아이콘부터 지정할 텐데요. 윈도우의 .ico 파일을 지정할 때는 웹에 아이콘 파일을 올리
고, 그 URL을 입력해야 합니다. 웹에 아이콘 파일을 올리는 방법은 여러 가지 있는데요. 몇 가
지 소개하면 다음과 같습니다.

- Amazon S3로 파일 제공
- 드롭박스로 파일 제공
- GitHub 리포지터리에 파일을 올려서 파일 제공

파일을 웹에 올렸다면, 해당 파일에 모든 사람이 접근할 수 있는지 확인해 보세요. 현재 예제에
서는 https://github.com/paulbjensen/lorikeet/raw/master/icon.ico에 올린 아이콘 파일을 사
용하겠습니다.

그리고 package.json 파일에 다음과 같은 코드를 입력합니다.

```
{
  "build". {
    "iconUrl":" https://github.com/paulbjensen/lorikeet/raw/master/icon.ico"
  }
}
```

이어서 package.json 파일에 다음과 같은 스크립트 명령어를 추가합니다.

```
"scripts": {
  "pack": "build",
  "dist": "build"
}
```

이 명령어들은 **npm run** 명령어를 사용해 실행할 수 있습니다. 최종적으로 일렉트론 자체를 개발 모듈로 지정합니다.

```
npm i electron --save-dev
```

npm run pack 명령어를 실행하면 애플리케이션의 실행 파일이 생성되어 dist 폴더에 만들어지는 것을 볼 수 있습니다. dist 폴더에 들어가면, 두 가지 프로세스 아키텍처를 지원하는 .exe 파일이 있을 것입니다.

추가로 electron-builder는 electron-windows-installer라는 모듈을 기반으로 윈도우 인스톨러도 만들어줍니다. 자세한 내용은 https://github.com/electronjs/windows-installer#usage를 참고해 주세요.

package.json의 name 속성을 hello라고 변경한 뒤 **npm run dist** 명령어를 실행하면, electron-builder가 다음과 같은 파일들을 생성해 줍니다.

- NuGet 패키지 매니저를 사용해 애플리케이션을 설치할 때 사용할 수 있는 nupkg 파일
- .exe 파일
- setup.msi 파일(msi는 Microsoft Setup Installer를 의미합니다)

이러한 파일들을 사용하면 파일 하나만으로 다른 컴퓨터에 애플리케이션을 설치할 수 있습니다.

지금까지 일렉트론 애플리케이션의 윈도우 인스톨러를 만드는 방법에 대해 알아보았습니다. 이어지는 절에서는 macOS에서 NW.js와 일렉트론 실행 파일을 만드는 방법에 대해 알아봅시다.

18-3 | macOS 전용 NW.js 애플리케이션 실행 파일 만들기

NW.js 애플리케이션으로 실행 파일을 만드는 쉬운 방법은 nw-builder를 사용하는 것입니다. 그리고 이렇게 만들어진 실행 파일을 macOS에서 애플리케이션의 설치 파일이라고 할 수 있는 .dmg 파일로 변환할 때는 appdmg라는 것을 사용합니다.

그럼 일단 nw-builder를 사용하는 방법을 먼저 알아보고, appdmg를 사용해 어떻게 .dmg 파일로 변환하는지에 대해서 알아보겠습니다.

1. macOS 애플리케이션 실행 파일 만들기

nw-buidler는 여러 운영체제를 위한 실행 파일을 생성해 주는 도구입니다. 이전에 설치했지만, 만약 설치되어 있지 않은 독자가 있다면 다음 명령어를 사용해 설치해 주세요.

```
npm install -g nw-builder
```

그럼 이제 nw-builder를 사용해서 macOS에서 애플리케이션을 실행할 때 사용할 수 있는 실행 파일을 만들도록 하겠습니다. 일단 실행 파일로 만들 애플리케이션이 필요한데요. 이전에 만들었던 Lorikeet 애플리케이션을 사용하도록 하겠습니다.

일단 애플리케이션을 복사한 뒤, **cd** 명령어를 사용해서 애플리케이션 폴더에 들어갑니다. 그리고 다음과 같은 명령어를 입력하면, 애플리케이션의 macOS 실행 파일이 생성됩니다.

```
nwbuild lorikeet-nwjs -p osx64
```

명령어 실행이 완료되면, build라는 이름의 폴더가 생성됩니다. 그리고 폴더 내부를 보면 lorikeet라는 이름의 폴더가 있을 텐데요. 이 안에 애플리케이션의 실행 파일이 있을 것입니다.

그럼 이렇게 만들어진 실행 파일을 dmg 파일로 빌드해 봅시다. dmg 파일은 macOS에서 애플리케이션을 시각적으로 쉽게 설치할 수 있게 해주는 파일입니다. dmg 파일을 생성할 때는 appdmg 모듈을 사용합니다.

appdmg 모듈은 다음과 같은 명령어로 설치합니다.

```
npm install -g appdmg
```

명령어를 실행하면 appdmg 모듈이 전역 모듈로 설치됩니다. appdmg 명령어는 다음과 같은 형태로 사용합니다.

```
appdmg <json-path> <dmg-path>
```

appdmg 명령어의 첫 번째 매개변수에는 설정을 작성한 JSON 파일을 전달합니다. 그리고 두 번째 매개변수에는 .dmg 파일의 출력 위치를 지정합니다

설정을 작성하는 JSON 파일은 아무 이름이나 붙여도 상관없습니다. 일단 app.js라는 이름으로 작성하도록 하겠습니다. 다음 코드는 Lorikeet 애플리케이션의 설정 파일입니다.

코드 18.1　appdmg에 사용할 app.json 설정 파일

```
{
  "title": "Lorikeet",          ←——— 애플리케이션 화면에 출력할 이름입니다.
  "icon": "icon.icns",          ←——— 애플리케이션을 마운트 했을 때 출력할 애플리케이션의 아이콘 이미지입니다.
  "background": "background.png",   ←——— 인스톨러 화면의 배경으로 사용할 이미지입니다.
  "icon-size": 80,              ←——— 인스톨러 화면의 크기
  "contents": [                 ←——— 인스톨러 화면에 표시할 파일
    { "x": 448, "y": 220, "type": "link", "path": "/Applications" },
    { "x": 192, "y": 220, "type": "file", "path": "build/lorikeet/osx64/
        lorikeet.app" }
```

```
        ]
    }
```

이러한 appdmg 설정 파일이 있다면, 다음과 같은 명령어를 사용해서 dmg 파일을 생성합니다.

```
appdmg app.json ~/Desktop/lorikeet.dmg
```

터미널에서 명령어를 실행하면, 그림 18.14처럼 출력합니다. 추가로 바탕화면에 .dmg 파일이
생성되어 있을 것입니다.

```
lorikeet — -bash — 91×26

Pauls-MBP:lorikeet pauljensen$ appdmg app.json ~/Desktop/lorikeet.dmg
[ 1/20] Looking for target...              [[object Object]]
[ 2/20] Reading JSON Specification...      [[object Object]]
[ 3/20] Parsing JSON Specification...      [[object Object]]
[ 4/20] Validating JSON Specification...   [[object Object]]
[ 5/20] Looking for files...               [[object Object]]
[ 6/20] Calculating size of image...       [[object Object]]
[ 7/20] Creating temporary image...        [[object Object]]
[ 8/20] Mounting temporary image...        [[object Object]]
[ 9/20] Making hidden background folder... [[object Object]]
[10/20] Copying background...              [[object Object]]
[11/20] Reading background dimensions...   [[object Object]]
[12/20] Copying icon...                    [[object Object]]
[13/20] Setting icon...                    [[object Object]]
[14/20] Creating links...                  [[object Object]]
[15/20] Copying files...                   [[object Object]]
[16/20] Making all the visuals...          [[object Object]]
[17/20] Blessing image...                  [[object Object]]
[18/20] Unmounting temporary image...      [[object Object]]
[19/20] Finalizing image...                [[object Object]]
[20/20] Removing temporary image...        [[object Object]]

[object Object]
/Users/pauljensen/Desktop/lorikeet.dmg
Pauls-MBP:lorikeet pauljensen$
```

그림 18.14 macOS에서 appddmg를 실행한 상태

모든 처리가 끝나고 만들어진 .dmg 파일을 더블 클릭해서 실행하면, 그림 18.15처럼 인스톨러
가 나옵니다.

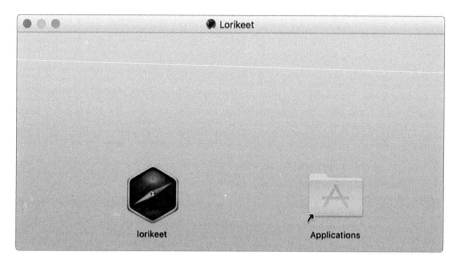

그림 18.15 .dmg 파일을 실행한 상태

2. macOS 전용 일렉트론 애플리케이션 실행 파일 만들기

일렉트론은 macOS에서 애플리케이션 실행 파일을 만들 때 사용할 수 있는 다양한 npm 모듈을 제공합니다. 이전에 언급했던 electron-builder도 이러한 모듈 중에 하나라고 할 수 있습니다. electron-builder 모듈은 설치 전용 UX 등도 제공합니다.

일단 Hello World 일렉트론 애플리케이션을 사용해 macOS 전용 .mac 파일을 생성해 보겠습니다. 애플리케이션 소스 코드를 가지고 있다면, **cd** 명령어로 해당 애플리케이션이 들어 있는 폴더에 이동한 뒤 다음과 같은 명령어를 실행해서 electron-builder를 설치합니다 이때 **--save-dev** 옵션을 붙여 개발 모듈 항목을 추가합니다.

```
npm i electron-builder --save-dev
```

electron-builder을 설치했다면, 이제 애플리케이션의 package.json 파일에 다음과 같은 필드가 제대로 설정되어 있는지 확인해야 합니다.

- Name
- Version

- Author

- Description

이러한 항목을 package.json에 설정했다면, 다음과 같이 빌드 관련 구성을 추가합니다.

코드 18.2   package.json 파일에 빌드 설정 정보 추가하기

```json
{
  "name": "hello-world",
  "version": "0.0.1",
  "main": "main.js",
  "description":"A hello world application for Electron",
  "author": "Paul Jensen <paul@anephenix.com>",
  "scripts": {         ←——— .app과 .dmg 파일을 만들 때 사용할 스크립트를 추가합니다.
    "pack": "node_modules/.bin/build",
    "dist": "node_modules/.bin/build"
  },
  "build": {    ←——— 빌드 관련 설정을 추가합니다.
    "mac": {
      "title": "Hello World",
      "icon": "icon.icns",
      "background": "background.png",
      "icon-size": 80,
      "contents": [
        {
          "x": 448,
          "y": 220,
          "type": "link",
          "path": "/Applications"
        },
        {
          "x": 192,
          "y": 220,
          "type": "file",
          "path": "dist/hello-world-darwin-x64/hello-world.app"
        }
      ]
```

```
      }
    },
    "devDependencies": {
      "electron-builder": "^13.5.0",
      "electron ": "1.4.15"
    }
  }
```

변경된 코드를 자세히 보면, appdmg로 N.W.js 애플리케이션의 .dmg 파일을 만들 때 사용했던 것과 비슷한 형태의 **build** 속성이 추가된 것을 확인할 수 있을 것입니다. 이는 electron-builder 모듈이 내부적으로 appdmg를 사용하기 때문입니다. 따라서 별도의 JSON 파일을 만들지 않고, 이러한 형태로 관련된 설정을 전달합니다.

스크립트를 구성했다면, 다음과 같은 이미지 파일을 적절한 위치에 배치합니다.

- 애플리케이션의 아이콘으로 사용될 icon.icns 파일
- 애플리케이션 인스톨러의 배경으로 사용될 background.png 파일

애플리케이션 소스 코드가 들어있는 폴더에 이러한 파일이 있다면, 다음 npm 명령어를 사용해서 .app 파일과 .dmg 파일을 생성할 수 있습니다.

```
npm run pack && npm run dist
```

유닉스의 **&&** 연산자를 사용해서 두 명령어를 차례대로 실행하게 했습니다. 첫 번째 명령어 (**npm rum pack**)이 종료되면, 곧바로 두 번째 명령어(**npm run dist**)가 실행됩니다. **npm run pack** 명령어는 애플리케이션의 소스 코드를 기반으로 스탠드얼론으로 실행할 수 있는 .app 파일을 생성하며, **npm run dist** 명령어는 다음과 같은 역할을 합니다.

- 사용자가 컴퓨터에 애플리케이션을 설치할 때 사용할 수 있는 .dmg 파일을 생성합니다.
- Squirrel을 기반으로 애플리케이션을 자동으로 업데이트할 때 활용되는 mac.zip 파일을 생성합니다.

첫 번째 파일은 새로운 사용자가 애플리케이션을 컴퓨터에 설치할 때 활용하는 파일입니다. 그리고 두 번째 파일은 기존의 사용자가 가진 애플리케이션이 자동 업데이트를 할 때 활용하는 파일입니다. 첫 번째 파일(dmg 파일)을 실행하면, **그림 18.16**처럼 출력합니다.

macOS에서 사용되는 일반적인 인스톨러의 모습입니다. 간단하게 정리하겠습니다. appdmg는 .dmg 파일을 만들 때 사용할 수 있는 굉장히 유용한 도구입니다. 하지만 일렉트론 애플리케이션을 .dmg 파일로 만들 때는 더 많은 기능을 제공하는 electron-builder를 사용하는 것이 좋습니다.

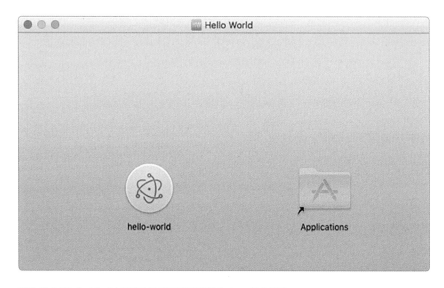

그림 18.16 Hello World 일렉트론 애플리케이션의 .dmg 인스톨러

그럼 이어지는 절에서는 리눅스에서 스탠드얼론 실행 파일을 만드는 방법에 대해 살펴봅시다.

18-4 | 리눅스에서 실행 파일 애플리케이션 만들기

리눅스에서 실행 파일 애플리케이션을 만들 때는 반드시 "리눅스에는 여러 가지 배포판이 있다"라는 것을 기억해 주세요. 리눅스 Mint, Ubuntu, Fedora, openSUSE처럼 널리 사용되는 배포판도 있으며, 그렇지 않은 배포판도 있습니다. 일반적인 리눅스 배포판은 다음과 같은 패키지 관리 도구를 사용해 소프트웨어를 설치합니다.

- Yum(Red Hat, Fedora, Cent 운영체제에서 사용 중)
- Yast(OpenSUSE에서 사용 중)
- Synaptic(Ubuntu, 리눅스 Mint에서 사용 중)

그냥 단순하게 tarball 형태로 소프트웨어를 제공하고, 사용자가 `make`와 `make install` 명령어 등을 활용해 직접 설치하게 해도 괜찮을 것으로 생각할 수도 있지만, 모든 리눅스 사용자가 tarball을 사용해 설치하는 방법을 아는 것은 아닙니다. 또한 최근에는 리눅스가 교육용 또는 정부용으로 진출하고 있으므로, 개발자가 아닌 사람도 소프트웨어를 사용할 수 있게 만들어야 합니다. 따라서 다음과 같은 과정을 꼭 거치기 바랍니다.

- 애플리케이션 프레임워크가 지원하는 리눅스 배포판을 확인한다.
- (가능한 경우) 고객이 사용하는 리눅스 배포판을 확인한다.
- 만약 이를 확인할 수 없을 경우, 가장 많이 사용되는 리눅스 배포판을 확인하고, 많이 사용되는 것부터 지원한다.

1. 리눅스에서 NW.js 스탠드얼론 애플리케이션 만들기

NW.js로 리눅스에서 스탠드얼론 애플리케이션을 만들 때는 일반적으로 이전에 살펴보았던 nw-builder를 사용합니다. 아직 설치하지 않았다면, 다음 명령어를 사용해서 설치해 주세요.

```
npm install -g nw-builder
```

이어서 애플리케이션을 리눅스 스탠드얼론 실행 파일로 변환해야 하며, 설정 파일을 만들고 nw-builder를 실행해야 합니다. 지금까지는 Lorikeet 애플리케이션을 사용해서 실습했는데요. 이번에는 이전에 만들었던 Cirrus라는 WYSIWYG 애플리케이션을 사용해 보겠습니다.

일단 https://github.com/paulbjensen/cirrus/archive/master.zip에서 애플리케이션의 zip 파일을 내려받기합니다. 이어서 압축을 해제하고, **cd** 명령어를 사용해서 폴더로 이동하고 관련된 모듈을 모두 설치합니다.

```
npm install
```

이제 nw-builder를 사용해 리눅스 스탠드얼론 실행 파일을 빌드하겠습니다. 다음 명령어를 터미널에 입력해서 32비트와 64비트 버전의 리눅스 애플리케이션을 빌드합니다.

```
nwbuild cirrus -p linux32,linux64
```

이렇게 입력하면 두 가지 버전(32비트 버전과 64비트 버전)의 리눅스 애플리케이션이 빌드됩니다. 빌드에 약간의 시간이 걸리는데요. 빌드가 완료되면 software(또는 Cirrus)라는 이름의 폴더가 생성되어 있을 것이며 내부를 보면 linux32와 linux64라는 이름의 폴더가 있을 것입니다.

애플리케이션을 실행하면, 그림 18.17처럼 리눅스에서 실행됩니다. 그림에서 뒤의 폴더 구성은 빌드가 완료된 파일입니다. 추가로 왼쪽 아래를 보면 애플리케이션 아이콘이 나오는 모습을 볼 수 있습니다.

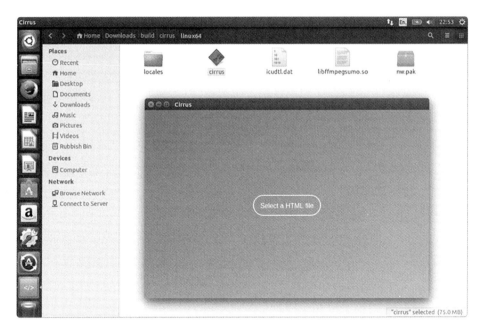

그림 18.17 Ubuntu 리눅스 14.04 LTS에서 동작하는 Cirrus

현재 소프트웨어는 다음과 같은 파일들의 집합이라고 할 수 있습니다.

- Cirrus(애플리케이션의 이름을 가지고 있는 바이너리 실행 파일)

- icudtl.dat(NW.js의 바이너리 데이터 파일)

- libffmpegsumo.so(Chromium에서 멀티미디어 지원을 위해 사용하는 파일)

- locales folder(지역화를 위한 파일이 들어있는 폴더)

- nw.pak(NW.js 파일)

이러한 파일들을 RPM, Yum, Apt, dpkg 패키지로 번들하면 쉽게 배포, 설치할 수 있게 됩니다*.

---

* 역주: 이와 관련된 자세한 내용은 각각의 패키지 관리 도구의 문서를 참고해 주세요.

그럼 이어지는 절에서는 일렉트론과 관련된 내용을 살펴봅시다.

2. 리눅스에서 일렉트론 스탠드얼론 애플리케이션 만들기

일렉트론은 리눅스에서 실행한 스탠드얼론 애플리케이션을 빌드할 수 있는 도구가 굉장히 많습니다. 몇 가지 예로 들면 다음과 같습니다.

- Grunt-build-atom-shell(grunt 플러그인: https://github.com/paulcbetts/grunt-build-atom-shell)
- electron-packager(npm 모듈: http://www.npmjs.com/package/electron-packager)
- electron-builder(npm 모듈: https://github.com/electron-userland/electron-builder)

이전에 macOS와 윈도우에서 빌드할 때 electron-buidler를 사용해 보았습니다. 따라서 이번 절에서는 electron-packager를 살펴보도록 합시다. electron-packager는 GitHub에서 Electron-userland라는 Organization에 속해 있는 프로젝트입니다. 일렉트론 커뮤니티의 수많은 컨트리뷰터들이 계속해서 유지보수하고 있습니다.

그럼 다음과 같은 명령어를 입력해서 electron-packager를 전역 모듈로 설치합시다.

```
npm install -g electron-packager
```

cd 명령어를 사용해 애플리케이션의 소스 코드가 있는 폴더로 이동한 뒤, electron-packager 명령어를 실행합니다. 다음 명령어는 Hello World 일렉트론 애플리케이션을 예로 들은 것입니다.

```
cd hello-world-electron
electron-packager FULL_PATH_TO/hello-world-electron --name=hello-world
    --platform=linux --arch=x64 --version=1.4.15
```

명령어를 실행하면 hello-world-electron 폴더 내부에 있는 소스를 기반으로 hello-world라는 이름의 일렉트론 애플리케이션을 생성합니다. 이때 일렉트론의 버전은 1.4.15이며, 플랫폼은 64비트 리눅스입니다.

명령어가 모두 실행되면, hello-world-linux-x64라는 이름의 폴더가 생성되며, 다음과 같은 파일들이 들어있는 것을 확인할 수 있습니다.

- content_shell.pak(일렉트론을 위한 파일)

- hello-world(바이너리 실행 파일)

- icudtl.dat(일렉트론을 위한 바이너리 데이터)

- libffmpeg.so(Chromium의 멀티미디어 지원을 위한 파일)

- libnode.so(일렉트론을 위한 파일)

- LICENSE(소프트웨어의 라이선스 정보를 담고 있는 파일)

- LICENSES.chromium.html(Chromium의 라이선스 정보를 담고 있는 파일)

- locales folder(지역화를 위한 정보를 담고 있는 파일)

- natives_blob.bin(일렉트론을 위한 파일)

- resources folder(애플리케이션의 소스 코드가 담겨 있는 폴더)

- snapshot_blob.bin(일렉트론을 위한 파일)

- version(소프트웨어의 버전을 담고 있는 파일)

애플리케이션 파일을 리눅스 머신에서 실행하면 그림 8.18처럼 실행됩니다. 참고로 그림 18.18
은 Ubuntu 14.04에서 실행한 화면입니다.

electron-packager를 사용해 리눅스에서 일렉트론 스탠드얼론 애플리케이션 실행 파일 패키지
를 만드는 방법에 대해 살펴보았습니다. NW.js와 일렉트론으로 실행 파일 패키지를 만드는 방
법에 대해서 모두 살펴보았는데요. 애플리케이션을 만들 때, 어떤 데스크톱 애플리케이션을
사용해도 애플리케이션을 만들 수 있는 유연성이 있으면 좋습니다.

참고로 윈도우 XP(국내를 포함해서, 중국 등에서는 아직도 많이 사용되고 있습니다)를 대상
으로 하는 애플리케이션을 만들 때는 일렉트론을 사용할 수 없습니다. 따라서 이러한 때는
NW.js로 애플리케이션을 만들어야 한다고 기억해 주세요.

그림 18.18 Ubuntu에서 실행한 Hello World 일렉트론 스탠드얼론 애플리케이션

정리

이번 장에서는 여러 운영체제에서 NW.js와 일렉트론 애플리케이션을 빌드하는 방법에 대해서 살펴보았습니다. 어떤 운영체제를 사용하는 사람들이 애플리케이션을 사용할지 생각해 보세요. 플랫폼을 정할 수 있다면, 해당 플랫폼과 관련된 지원을 조금 더 확실하게 할 수 있을 것입니다.

윈도우와 macOS 실행 파일을 만들 때는 nw-builder, electron-builder, electron-packager 등의 도구를 사용했습니다. 이러한 도구를 사용하면 쉽게 애플리케이션 패키지를 만들 수 있습니다.

윈도우의 경우 Inno Setup 5라는 도구를 사용해서, 설치 파일을 만들 수 있습니다. macOS의 경우 appdmg라는 도구를 사용해 .dmg 파일을 만들 수 있습니다. 이러한 도구들을 활용하면, 사용자들이 조금 더 쉽게 애플리케이션을 설치하고 사용할 수 있습니다.

참고로 현재 리눅스의 경우 Yum, YaST, Apt과 같은 패키지 매니저를 위한 도구가 따로 없습니다. 따라서 리눅스에서 패키지 매니저를 사용해 애플리케이션을 설치할 수 있게 하려면, 각각의 매뉴얼을 확인해서 수동으로 설치 파일을 만들어야 합니다.

부록 A | Node.js 설치하기

Node.js는 여러 가지 방법으로 설치할 수 있습니다. 가장 쉬운 방법은 https://nodejs.org에 들어간 뒤, 위에 있는 내비게이션 메뉴의 DOWNLOADS 링크에서 자신의 운영체제(윈도우 또는 macOS)의 설치 파일을 내려받아 설치하는 것입니다. 리눅스를 사용하는 경우 소스 코드의 tarball*을 내려받아 컴파일하거나, 패키지 매니저를 사용해 설치할 수 있습니다. 리눅스 패키지 매니저를 사용해 Node.js를 설치하는 방법은 https://nodejs.org/en/download/package-manager를 참고해 주세요.

---

* 역주: Tar Archive라고도 부릅니다.

NVM을 사용해 여러 버전의 Node.js 설치하기: macOS와 리눅스 사용자라면 nvm(Node Version Manager)을 사용해 여러 버전의 Node.js를 설치하고, 필요에 따라 버전을 전환할 수 있습니다. 이렇게 여러 버전의 Node.js를 설치하고 전환할 수 있게 되면, Node.js 애플리케이션을 테스트할 때 굉장히 편리합니다. nvm과 관련된 자세한 내용은 https://github.com/creationix/nvm을 참고해 주세요.

부록 B | NW.js 개발자 버전 설치하기

최신 버전의 NW.js는 개발 전용 버전과 배포 전용 버전이 나뉘어서 배포 전용 버전으로 설치하면, 개발자 도구를 볼 수 없습니다. 따라서 개발 전용 버전을 설치하는 방법에 대해 알아보겠습니다.

일단 NW.js를 설치할 때 다음과 같은 명령어를 사용합니다.

```
$ npm install -g nwjs
```

이렇게 NW.js를 설치하면 버전 관리까지 할 수 있습니다. `nw list-remote` 명령어를 사용해 설치할 수 있는 버전을 볼 수 있습니다.

```
$ nw list-remote
....
  0.25.1
  0.25.2
  0.25.3
  0.25.4
  0.26.0-beta1
```

이때 가장 최신 버전(독자분이 보고 있을 때는 다를 수 있습니다) 뒤에 "-sdk"라는 글자를 붙여 다음과 같은 명령어를 실행하면, 개발 버전의 NW.js를 설치할 수 있습니다.

```
$ nw install 0.25.4-sdk
```

책에서 제공하는 GitHub 리포지터리에서 적당한 애플리케이션을 사용해 NW.js 애플리케이션을 실행하고, 개발자 도구를 확인해 봅시다.

```
# 관련 모듈 설치
$ npm install
# NW.js 애플리케이션 실행하기
$ nw .
```

명령어를 실행하면 애플리케이션이 실행되며, 애플리케이션 화면을 마우스 오른쪽 버튼을 클릭하면 개발자 도구를 띄울 수 있습니다.

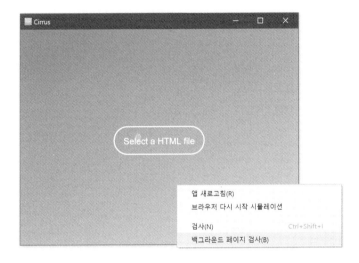

그림 B.1 백그라운드 페이지 검사

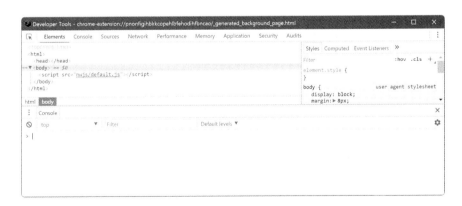

그림 B.2 NW.js의 개발자 도구

찾아보기